抚养

RAISING A THIEF
A MEMOIR

我们与依恋障碍女儿的 18 年

[美] 保罗·波多尔斯基 著
(Paul Podolsky)

刘波 译

中信出版集团 | 北京

图书在版编目（CIP）数据

抚养/（美）保罗·波多尔斯基著；刘波译. -- 北京：中信出版社，2022.11
书名原文：Raising a Thief
ISBN 978-7-5217-4675-4

Ⅰ.①抚… Ⅱ.①保… ②刘… Ⅲ.①家庭教育 Ⅳ.① G78

中国版本图书馆 CIP 数据核字 (2022) 第 169544 号

Raising a Thief by Paul Podolsky
Copyright © 2020 by Paul Gregory Podolsky
Simplified Chinese translation copyright © 2022 by CITIC Press Corporation
ALL RIGHTS RESERVED.
本书仅限中国大陆地区发行销售

抚养
著者：　[美]保罗·波多尔斯基
译者：　刘　波
出版发行：中信出版集团股份有限公司
　　　　　（北京市朝阳区惠新东街甲 4 号富盛大厦 2 座　邮编　100029）
承印者：　北京诚信伟业印刷有限公司

开本：880mm×1230mm　1/32　　印张：10.25　　字数：218 千字
版次：2022 年 11 月第 1 版　　　　印次：2022 年 11 月第 1 次印刷
京权图字：01-2021-4686　　　　　书号：ISBN 978-7-5217-4675-4
定价：68.00 元

版权所有·侵权必究
如有印刷、装订问题，本公司负责调换。
服务热线：400-600-8099
投稿邮箱：author@citicpub.com

献给我的女儿,还有其他像她这样的孩子
以及尽最大努力来抚养他们的父母

目　录

第一章　放弃　　　/ 001

第二章　开始　　　/ 009

第三章　抉择　　　/ 036

第四章　疑问　　　/ 068

第五章　鲍尔比　　/ 129

第六章　玛丽娜　　/ 148

第七章　我的问题　/ 185

第八章　客居之所　/ 209

第九章　希望　　　/ 232

第十章　离去　　　/ 270

第十一章　尾声　　/ 302

第一章　放弃

威斯康星州索普附近，2014年2月

在一个气温低于零摄氏度的下午，我在威斯康星州的森林深处，最终承认我女儿索尼娅的野性本能过于强大，我无力教养她。12年前，我和妻子玛丽娜收养了索尼娅，一个来自俄罗斯加里宁格勒、有着斯堪的纳维亚式金发的行动缓慢的婴儿。而此时，我笨拙地拥抱了一下她，转身走了出去，走向我租来的汽车。天气寒冷，雪在我的靴子下吱吱作响。她不会再和我们生活在一起了，但我当时还不知道这一点。

我把索尼娅留在了那栋房子里，在那里，一位工作人员将接手管理她，这位工作人员熟悉如何连续几个月在森林里管理像她这样的孩子。这样做是为了彻底改变这些孩子的生活，即使是最固执的青少年也会有所改变。在森林里，因果关系会更清晰一些。不把衣服穿好，你就会挨冻。

在放弃抚养她之后，我就不用再担心她的阴谋诡计了。这不是指她做的那些具体的事，如撒谎、偷我们的药、抢劫别人、操纵我和玛丽娜，而是指这些行为的总和，即她无休无止的阴谋诡计。当然，孩子不守规矩是常事，我小时候也偷过东西。区别在于，我事后感觉很糟糕，于是改掉了这个坏毛病。但她似乎没有感觉，对是非之分也不感兴趣。

她偶尔会放下警惕心，把注意力集中在我们身上，说一些可能是实情的话。

有一次她告诉我们："我希望我有愧疚之心，但我没有。"

她14岁了，如果现在就缺乏良知，那么几年后她会做什么？被收养者杀害养父母的案例时有发生，不过谢天谢地，索尼娅没有暴力行为。我应该教她如何获得良知吗？我不知道该怎么做，专家似乎也不知道。

放弃抚养她之后，我并不觉得难过。我感到一阵空虚，同时觉得如释重负。养育一个难缠的孩子，就像拖着一根铁锚艰难前行。但放手后，作为父母的孤离感依然存在。我离最近的明尼阿波利斯机场有三小时的路程。外面是黑沉沉的森林，再远处是农场，一切都包裹在白色的寒冰中，如同在冰箱里一般。

她脑子里在想些什么呢？这是一个谜。一个14岁大的女孩被丢在冰封的森林中，与家人和朋友分离，不知何时能重聚，但她几乎没有流露出任何情绪。

我曾以为一个人的行为跨越了一定的范围，我现在明白了，这个范围是有限的。我曾以为我的善意会得到对方的善意回报，特别是孩子。索尼娅打破了这些期望。

回想起来，真相的迹象早已存在于我的四周，只是我不想看到它们，而是把注意力集中在了她似乎有转变的时候。比如有一次，她和她哥哥在犹他州一个滑雪场的偏远角落里滑了一天雪，他们一起回了家，索尼娅脸红红的，非常兴奋。当时我告诉自己，她能和别人相处得不错，只是跟我和玛丽娜不搭调。

但那只是一种错觉。她甚至不惜背叛自己的哥哥。像索尼娅这样的人的存在，让现实变得丑陋得多。她迫使我窥视人类行为的另一面，从而令我看到另一种现实。索尼娅的行为不合逻辑：她似乎以摧毁她与我们的关系为乐，而我们是把她从孤儿院里带出来，并深爱她的两个人。世界上可能有很多像她这样的人，有的被关起来了，有的则执掌实权，后者更令人担忧。

我开了一会儿车，然后在一条小路的入口处停了下来。光线在迅速变暗。我下了车，穿上一件厚外套，用鼻子吸了吸空气，又披上一件衣服，抓起一顶帽子，然后拍了拍口袋，以确定钥匙在口袋里。在这么冷的天，如果锁了车又没带钥匙，我会被冻死的。我很清楚这一点。我的思绪又回到了索尼娅身上。她在这样的环境里能保暖吗？我曾多次带她到树林里，教她一些基本知识，试图和她建立更深层次的关系，尽管最终未能如愿。不要贴身穿棉袄。多穿几层衣服。注意手和脚的状况，谨防出现冻伤。吃能让身体系统保持足够能量的食物。也许其中的一些训练能派上用场。虽然她没有回应我的爱，但站在树林里，我还是像其他父母一样为她担心。

直到今天我还在为她担心。

我沿着小路走了一会儿，向黑暗中凝视。

这里长满了松树和雪松，有的没有叶子，看上去就像一头早已死去的巨兽的尸骨。这条小路一直延伸到黑暗中，只能通过雪地上稀少的脚印来辨认。小路两边是密密麻麻的树。人在这里很容易迷路。这里没有任何一丝生命存在的迹象。一切能冬眠的生物都在冬眠。一切不在冬眠的生物都在为生存而挣扎。我想到索尼娅要在这样的小路上一连走好几个星期。这能平息她对我们的愤怒吗？但除此之外别无他法。

沿着小路走了几十码[①]之后，我开始感到不安。没有人知道我在哪里。我没有照明灯，也没有地图和GPS（全球定位系统）。

我一动不动地站着，感受寒冷和寂静。然后我转身往回走，每一步都陷在深及小腿的雪里。我回到了车里。这时，透过玻璃朝外看，树林看起来不那么可怕了，甚至显得很迷人。但现实是另一回事。寒冷是沉默的，也是致命的。表面上，索尼娅是笑嘻嘻的，很迷人，但实际上她可能会玩阴谋诡计，操纵别人。前一种形象很动人，这让人很难认识到后一种形象。

※　※　※

驱车驶出森林时，我回想起20年前在莫斯科初为人父时的情景。当时玛丽娜还是我的女友，当我搬去和她一起住时，她告诉我她不能生育，她曾多年试图怀孕而未成功。但两个月后，她怀上了我们的儿子萨沙。

在我和索尼娅飞往威斯康星州的6个月前，我们把萨沙送到了

---

① 1码≈0.9米。——编者注

布朗大学。与放弃抚养索尼娅相比，那是一个令人愉快的时刻，事实上几乎令人惊叹。在萨沙蹒跚学步时，我们曾担心他学不会说话。当他牙牙学语时，我们又担心他学不会与人交流。当他学会与人交流时，我们又担心他学不会自然地与人开玩笑，交朋友。萨沙3岁时被诊断出患有轻度自闭症，我们只要醒着、不工作时就为他提供帮助，他的行为倾向逐渐发生了变化，过去他会着迷地凝视齿轮、地铁列车等机械，后来他变得越来越像十几岁的男孩，会关注运动、女孩和学校。我们很幸运。一些患有轻度自闭症的孩子接受治疗后病情有所好转，一些则不然。萨沙成了一名优秀的高中生，选修了大量课程，并顺利被布朗大学录取。

就像索尼娅说的："顶顶聪明。"

现在，在放弃抚养索尼娅之后，我们的两个孩子都离开家了。

我一边开车，一边想，已经发生的事应该在多大程度上归因于意图，在多大程度上归因于运气的随机波动。萨沙上了我的常春藤母校。而索尼娅则在美加边境以南130英里[①]的一处贫瘠荒野接受治疗。玛丽娜出生在西伯利亚一个没有自来水的小木屋里，现在她在康涅狄格州郊区一栋宽敞的房子里开了一家心理治疗诊所。在我们收养索尼娅时，我从未想过我最终会在冬日里把她带去威斯康星州。结局与起点相距甚远，令人难以置信。

我想知道她在这里是否安全。至少在这里，没有诱惑她的东西。如果工作人员知道如何给她保暖并阻止她逃跑，她就不会受到伤

---

① 1英里≈1.6千米。——编者注

害——这里没有网络，没有药品，也没有可以偷的东西。然后我又意识到，她可能会找到可以偷的东西：一根香肠，一块多余的面包皮，某个人的袜子。她似乎会本能地偷窃，时刻注意周围人的弱点，抓住机会适时出击，然后伪装成一个无辜、标致的金发少女来掩盖自己的行为。

世界上有多少像她这样的人？他们构成了一个单独的部落。他们看起来和你我一样，但他们奉行不同的行为规则。

我把车拐进一条铺着沥青的高速公路，视线中没有别的车。我一边努力盯着路，一边伸手拿手机，给玛丽娜打电话。

"喂？"她熟悉的声音从汽车扬声器里传了出来。

"嗨，是我。"我说。

"嗨，"她答道，"你把她放在那儿了吗？"

"是的。"

"她的反应怎么样？"

"她看起来就像没有这回事似的，就连最终直面自己的处境时，她似乎也没有任何感觉。外面真的很冷，大概有零下10摄氏度。她一定很害怕，很受伤……但我看不出任何情绪。看起来像是在说'好吧，我想我要在森林里过日子了。'"

"你不明白。"玛丽娜有点儿恼火地说，"她就是因此才去那儿的。她的一部分已经损坏了，我们无法凭自己的力量给她修好。除非你亲眼看到这一点，看到她的另一面，否则你不会相信这一点。"

和往常一样，玛丽娜是对的，她聪明，明察秋毫，能对每个人做出准确判断，只是有时对自己的判断不准。不过我想，我们在看待自身时都是盲目的。

"我知道。"我说,"我爱你,明天见。"

我心里在想,回到西港市的家,玛丽娜坐在棕色的皮革沙发上,我坐在她对面的壁炉旁,一起喝杯热茶,该有多好啊。

玛丽娜很早就看到了索尼娅的真面目,不仅早于我,也早于那些过度自信、滔滔不绝地说着临床用语、穿着宽松毛衣的治疗师。在一定程度上,这是因为玛丽娜极其敏锐。另一个原因可能是,索尼娅最喜欢惩罚的人是玛丽娜,她把最恶毒的言语和攻击施加在玛丽娜身上,然后努力拉拢我。这主要不是因为她喜欢我,而是她想让我质疑玛丽娜的判断。也可能是因为,玛丽娜也是俄罗斯人。作为美国人,我日益发现自己偏向于乐观,索尼娅也很明白这一点。我从小受到的教育是要看到人身上最好的一面,我读各种英雄克服千难万险的故事,从《哈迪男孩》到《坚不可摧》。也许我喜欢看这些简单故事的原因是,这些故事传递了善能战胜恶的理念,让我感到安心。

玛丽娜和很多俄罗斯人正好与我相反,喜欢设想最糟糕的情况。考虑到俄罗斯的历史,这是很容易理解的。但在这件事上,事实证明这种怀疑主义是对的,至少是朝正确的方向迈出的一步。玛丽娜更喜欢有话直说,即使这意味着指出一些非常令人不安的事实,例如我们的女儿可能很难和我们建立真诚的关系。

结束与玛丽娜的通话后,我看着紫色的天空逐渐变暗,车下的柏油路飞快地消逝于身后,就像机场的传送带拖着我前进一样。这里的星星很密,我想有可能是因为天气冷,星星显得更加明亮。我踩了一下油门,汽车在茫茫黑暗中向前疾驰。

几年前，索尼娅被诊断出患有反应性依恋障碍。这个术语描述的是，当孩子无法与主要照顾者建立联系时，可能会出现一系列反社会行为。索尼娅的生母沉迷于酒精，神志不清，婴儿饿得嗷嗷大哭，她置若罔闻，于是邻居不得不报警。一个婴儿需要的除了食物和拥抱，还有什么？我无数次地想，为什么索尼娅的病情会如此严重。玛丽娜和我的童年都不完美，但我们的人格都很健全。20世纪70年代中期，玛丽娜住在莫斯科的一个小公寓里，惊恐地听见她酩酊大醉的父亲顺着走廊步履蹒跚地走回家的脚步声。有时她会挨打。同样是20世纪70年代，在大西洋彼岸的华盛顿特区，当我一个人在客厅里玩时，我妈妈艰难地从我身边走过，由于癌症和化疗，她的皮肤变成了黄绿色，不久后她就因癌症去世了。我的思绪又转到了第一个给索尼娅的病命名的人，英国精神病学家约翰·鲍尔比。我想象他穿着人字花纹呢外套和白衬衫，煞费苦心地和英国的年轻小偷对话。当时是1939年，正值伦敦大轰炸前夕。经过几年的研究，鲍尔比得出了在当时属于非主流的结论：在许多情况下，孩子出现异常行为的原因可能是其主要照顾者突然消失。在我们收养索尼娅的11年前，鲍尔比去世。他可能已经预言了许多将要发生的事。

第二章 开始

莫斯科，1991—1994年

我挤出房门，推开一楼沉重的木门，欢快地走下已破碎的瓷砖楼梯，走上春日里的莫斯科街头，此时的天空呈现出了罕见的亮蓝绿色。在齐踝深的湿雪中跋涉了一个冬天后，就像变魔术似的，春天不期而来。

我的右边是莫斯科的环城公路，有10个车道，上面行驶着汽车和卡车，就像流进主动脉的血液一样。

时间是1992年，我已在莫斯科生活了近一年。回想起来，当时我做出了一系列看起来微不足道的决定，这些决定促成了后来发生的一切。

如果要回顾我们为何收养索尼娅，得从我决定去俄罗斯说起。

20世纪80年代中期，我上大学时，莫斯科看起来就像一个神秘的另类帝国的中心。据里根总统说，苏联人是邪恶的，这令我对他们产生了更大的兴趣。戈尔巴乔夫于1985年上台。苏联有数亿说各种各样语言的人，所处的时区从东欧延伸到亚洲。我在苏联也有亲戚，是我的祖父，我曾与他相处过一段时间，他出生于沙皇俄国时期。有时他在开餐前要喝一杯伏特加。

1989年柏林墙倒塌。1991年我从大学毕业,在莫斯科找到了一份工作,最初是做教师和翻译,我觉得那是一个毕生难遇的良机。

我曾为一个美国文化交流组织做过一些工作,在莫斯科住了近一年之后,该组织的创始人之一来到了莫斯科。他宣布要在我的公寓里举办一场聚会。在客人抵达前不久,我打算出去买一些啤酒和其他杂货。

我在那个春日离开公寓时,注意到一名女子正在用门边的电话亭。这个电话亭和当时莫斯科的许多其他电话亭一样,破旧不堪。有一些窗玻璃不见了,但电话能用。

她穿着一条紧身牛仔裤和一件与之相配的短款外套,这似乎凸显了她的身材。我看着她,她也径直看向我。她很漂亮,高颧骨,一头红褐色的齐颌短发。她身上最引人注目的是她的活力。站在我住的那个单调的苏联时代的公寓前面,她似乎是一道光,面带笑容,让我也忍不住冲她微笑。

我当时已经知道,在大街上接近一个漂亮女子并和她搭讪,是不会被社会反对的,特别是当她也看你的时候。但如果接近她,就需要和她交谈,我当时没有那么多时间。我也知道,在第一次走向一个如此可爱的女孩时,我会紧张,所以俄语水平会下降,那样的话,她会认为我是一个白痴。

于是我转过身,打消了和她说话的念头,去买东西。20分钟后我回来了,费力地提着袋子,里面装满了俄罗斯啤酒,很重。这种啤酒打开时可以闻到一股新鲜面包的味道。我把钥匙留给我老板了,所以我得按前门的门铃才能进去，然后坐着摇摇晃晃的电梯上到我家的楼层，走出电梯，走向家门。和很多公寓一样，我的门外放了脚垫。我按响了门铃，门突然打开了，迎面看到电话亭里那个光彩照人的姑娘。她是这场聚会的客人，是我的美国同事的朋友的朋友。

我有些不好意思。她刚刚看到我盯着她看了吗？她当然看到了，但我们都假装没有这回事。从近处看，她的眼睛是蓝绿色的。我猜她比我大。

我该说些什么呢？在楼下时，我是那个傻乎乎的美国人，对这位俄罗斯女子眉目传情。我打了声招呼，从她身边走过，来到窄小的厨房，放下了买的东西。她跟着我进了厨房。

"你好，我是保罗，住在这里。你叫什么名字？"我说。

"我是玛丽娜。"她笑着说，脸上洋溢着喜悦，令我心中有些慌乱。她的英语很好，几乎没有俄罗斯口音。

"你能帮我做饭吗？"我问。

"没问题，我能做点什么？"她说。

"给，"我边说边递给她一瓣大蒜，"把这切碎。我在做意大利面，这是调味汁的第一种关键原料。"

我试图给她留下好印象，说英语是我的第一招。我猜测，会做饭是加分项，因为俄罗斯男人通常不做饭。

"你经常做饭吗？"她一边问，一边热情地拿起大蒜切碎。我拿出一个洋葱，也切碎了。

"不。但我们从小就得做饭，我学会了。"我说。

她特殊在哪里呢？虽然很迷人，但美貌并不是她最吸引人的地方。我遇到过一些性感的女子。而她的主要特征是有活力，让整个房间一亮。我被她吸引了，在我看来，其他人也被她吸引了。房间因为她在而变得有生气了。她在观察和分析我，用语气、眼神和歪头的动作做出回应。对话持续了大约5分钟。我告诉她接下来该怎么做，然后转过墙角，走进客厅，我的同事和他的朋友彼得正在那里，我们在那里说话她听不到。

我之前没见过彼得，但我听说过他。他毕业于哈佛大学，后来在缅因州当农民。在戈尔巴乔夫时代，他在苏联和美国农民之间建立了交流，给冷战的敌人带来了一丝人性的温暖。虽然那段日子已经过去了，但当时许多人认为美苏之间的核对抗的确有可能发生，因此，一些人觉得可以通过公民交流来降低核对抗的可能性。

彼得穿着一件破旧的工作服，坐在一件廉价的苏联家具上。我和他打了个招呼，简单介绍了一下我是谁。然后我问彼得，能不能追求玛丽娜。

"不行，她结婚了。"他抬起头，以疑虑的眼光看着我。他大概45岁，相比之下我还是个孩子。

"那太糟糕了，她是我想娶的女人。"我对他说。

我转身回到厨房，玛丽娜正在厨房里切菜。

但我们并没有对彼此来电。我后来发现，她对我并没有特别的兴趣。但不知道为什么，我觉得她的内心世界和我是一样的。我从未有过这样的经历。

当她离开聚会时，我要了她的电话号码。我的借口是我有时需要别人帮忙翻译。当时她站在门口，疑惑地看着我，可能在怀疑我的真实目的。尽管如此,她还是迅速写下了她的电话号码。从那时起,她就令我魂牵梦萦。我大脑的某个部分一直在扫描,试图寻找玛丽娜的信号。她在哪里?她在做什么?

※ ※ ※

在莫斯科工作期间,我走遍了整个苏联。在遇到玛丽娜后不久,我被派往加里宁格勒,帮助安排一场文化交流。我还打算在那里写一篇报道。加里宁格勒曾是德国的飞地,位于立陶宛和波兰之间。希特勒曾从那里向苏联发动进攻,苏联则在二战结束时将该地收回。

我去那时,这座城市拥有后苏联时代许多城市的常见外观:破败的基础设施,市中心有一座混凝土铸成的苏维埃式建筑,是行政大楼,还有几座巨大的苏联式的现实主义雕塑。在那里的第一夜,我和一位同事在一位前高官的小公寓里一起吃晚饭。

晚饭后我们照常喝了几杯伏特加,和我一起出差的同事提议一起去夜总会。那位前高官告诉了我们一个地方,我们打了一辆出租车前往。我记得树林里有一些异样,汽车胡乱停着,进进出出,扬起尘土。夜总会里放着一种东欧风格的喧闹音乐。这种音乐显然很流行,但我一点儿都听不懂,不过夜总会里的人对此很熟悉。这种音乐伴着电子鼓的重击声,似乎既单调又铿锵猛烈。我们在一张桌子旁坐下,又点了一些伏特加,然后很快就进了舞池。

我看到一位娇小的金发女郎似乎是独自一人,于是去邀请她跳舞。扬声器里不断传出嘈杂的音乐。我们几乎听不懂对方说的话。

"我是保罗,你呢?"我忘了她是怎么回答的。我兴致很高,一切都显得很好玩。她也兴致盎然,显得既警惕又好奇。在莫斯科,美国人很少;而在加里宁格勒,可能一个美国人都没有。夜已深,她和我一起坐出租车回家。我住的公寓楼对面有一架直升机,我忘了俄语里"直升机"怎么说,因为所有公寓楼看起来都一样,所以要找到回家的路,就必须告诉司机这样的地标。出租车已行驶到市中心附近,我不记得那个单词,只好向司机解释直升机是什么:"能起飞和降落的飞行器,但不是飞机。"

他听不懂。最终,20分钟后,我想起了俄语中的"直升机"一词,脱口而出,他立刻知道了我住哪里。

她和我坐在公寓楼入口对面的公园长椅上。距我们离开夜总会已有一段时间,但我仍有醉意。初夏的凌晨空气清凉,我们偎依在一起。我轻轻咬了咬她的脖子。她也笑着吻我。

当时我24岁,那是1992年的初夏。8年后索尼娅出生在这座城市。她姐姐比她早出生一年。

1992年时加里宁格勒有多少夜总会呢?这座城市和纽黑文差不多大。

那个女子现在在哪里?索尼娅的生母有没有去过那个夜总会?我想着,我也许曾与她相遇,不禁浮想联翩。

天色破晓。我们又说了一会儿话,匆匆记下电话号码,彼此道别。

当时我以为我再也不会去加里宁格勒了。这座城市显得破败而粗俗,随着伏特加的劲儿逐渐消退,大脑逐渐清醒,我心中泛起了一丝悲伤，似乎让这座城市变得更加悲凉。

※　※　※

回到莫斯科后，每六个星期左右，我就找借口给玛丽娜打一次电话。有一次我们在咖啡馆见面，讨论一份翻译工作，但关系没有进一步发展。她对我没兴趣。

大约在我们初遇一年之后，有一次打电话时，我从她的声音中感受到她非常沮丧。她好像在哭。

"怎么了？"我问。

"我和我丈夫分开了。"她哽咽着说。

"真的吗？有什么我能做的吗？"

"带一些镇静剂来。"她听起来很严肃，不过我怀疑"镇定剂"这个词她说错了。

"要不我去找你喝茶吧？"我提议道。

她说好，然后把她的地址告诉了我。有进展了，只不过这与我曾经想象的场景不同。

很快，我就坐在了她的小厨房里。我心中充满同情，也有一丝内疚，因为我突然闯入了她家，而且意图并不全然高尚。大多数苏联公寓都贴着壁纸，通常还有一张挂毯，但她的公寓只有简单的白墙和木地板，这很罕见。至少家居风格表明她的品位与众不同。

玛丽娜拿一个雅致的白色陶瓷茶壶给我倒茶。她跟我说了她丈夫伊戈尔的事。他们曾为生孩子做了很多努力，包括在一家欧洲诊所进行试管授精，最终无果。后来伊戈尔和一名同事发生了婚外情，被她发现了。那个勾引她丈夫的女人叫达莎。玛丽娜把伊戈尔赶了出去，并拒绝了他的挽回请求。在滔滔不绝地给我讲了她的经历之后，她突然话锋一转。

"你有没有想过死？"

"一直在想。"我答道。我不是在忸怩作态，这是实话。我会读报纸上的讣告，也会在墓地里停下来读墓志铭。在二十几岁的时候，我就敏锐地意识到我们的尘世生命是多么短暂，我们之前已有多少人逝去。

她突然大笑起来，说当她提起死亡话题时，伊戈尔会很不高兴。显然，这道题我答对了。

※　※　※

很快，我们就开始分享日常生活。秋去冬来，我们醒来时会听到房子外面雪铲在人行道上刮雪的声音。我们都喜欢浓咖啡和英国歌手凯特·布什，以及在莫斯科的社区里长时间散步。渐渐地，她把我介绍给她的一大群朋友。

距离我在莫斯科住的公寓15分钟路程的地方，有一个全年开放的户外游泳池，名字叫"海鸥"。冬天，当地政府会用大水管向池内注热水，给池底加热。进游泳池时，我会先跳入一条充满水的通道，通道的入口就在更衣室里。这似乎是一个绝妙的苏联式装置。

每次跳进通道时我都有一种感觉：冷天我在家时绝不会做这样

的事。池面上飘荡着大量的水蒸气，朦朦胧胧，我看不到泳池的尽头。一张游泳池出入证的价格只有几美元，所以像这样的加热操作肯定是不利于现金流的。也许是这个原因，在20世纪90年代初那段混乱的日子里，这个游泳池的经营者不得不通过其他项目来赚钱，比如跳水。夏天时，他们会在泳池上方安设一个跳台，我可以一边来回游，一边看上面的人跳水。我怀疑，一些拥有模特身材的妓女在不工作时会懒洋洋地躺在水边的露天看台上晒日光浴。这里的泳池清洁设备不足，因此经营者会雇用潜水员，让他们戴着水肺，下去清洁跳水池。在游泳换气时，你也许会同时看到潜水员、妓女和跳水者。

进入游泳池需要一大堆证件，包括带照片的身份证、会员证和卫生部颁发的证明。如果其中有英文证件，还需要一些翻译件。像当时大多数俄罗斯女性一样，玛丽娜对健身概念并不熟悉。人们保持苗条的方式是少吃和吸烟。健身房和健美的体形对他们来说是陌生概念。原因也许是，真正拥有健美身材的人是那些从事体力劳动的人，而这种人在俄罗斯有很多。无论如何，我跟玛丽娜说，运动让我感觉更美好，尤其是游泳。

虽然有些不相信，但她决定和我一起游泳，这成了我们另一项共同的活动。在一次共同游泳之后，我误将入池所需的学生证落在了玛丽娜的钱包里。

玛丽娜后来告诉我，我们分别后，她去见了一个算命师。是她妈妈坚持要她这么做的，她妈妈当时还不知道我已经出现了，她想知道玛丽娜和伊戈尔的关系还能不能挽救。显然，在那里，找一个公认的好算命师算命是很自然的事，尽管我觉得我每一任美国前女友的母亲都绝不会要求女儿做这样的事。玛丽娜遵从母亲的意愿，来找那个女算命师，给她看了一张伊戈尔的照片。

"你想知道你和他的未来吗？"算命师带着疲倦的神色问道。

"是的，如果你能算出来的话。"玛丽娜说。

算命师看了照片一秒钟，还给玛丽娜，说："你们俩缘分已尽。"

"好吧。"玛丽娜说，她站起来准备走，同时打开钱包付钱。

"等等，再把钱包打开一下。"算命师说。

玛丽娜又打开了钱包。

"给我看一下那张照片。"算命师指着我的学生证说。

玛丽娜疑惑地看着她问："哪张照片？"

"你钱包里的那张学生证。"算命师说。玛丽娜把学生证递给她。算命师仔细看了一会儿，然后说："和他在一起，你将拥有光明的未来，你们会有两个孩子。"

玛丽娜刚刚和丈夫分手，没有孩子，而且被认为没有生育能力，她用怀疑的目光看了算命师一眼，走了出去。

※　※　※

1993年年底，我收拾行装，准备飞往西伯利亚的鄂木斯克，做一个报道。我和一位摄影师朋友同去，他也叫保罗，同行的还有一个摄制团队。我知道陀思妥耶夫斯基曾被流放到鄂木斯克附近的一个地方，当时他比我大不了多少。

在公寓的门厅里,当我们把装着摄制器材的黑色帆布包背上肩时,玛丽娜缓慢、大声地对我说话,以确保我能听懂。她是用俄语说的,这样我的朋友保罗就听不懂了。

"我怀孕了。"她说。

我看着她,拿着东西转身走出了门,向她点了点头,表示我听到了。

"你回来后我们再谈。"我记得她说。我们就这样分别了。

去机场的路上,我保持沉默。破旧的苏联式出租车轰轰作响,车里挤满了摄制器材。保罗和其他组员在聊天,我一句都没听进去。我呆坐着,一言不发。

到了西伯利亚,不出所料,天气冷得要死。那是一个庞大的铝厂,厂里堆满了闪亮的金属板,每一块都有一辆SUV(运动型多用途汽车)那么大。我们在铝厂里完成了一天的拍摄和采访,接着住进一家新建的酒店。我的房间里有一个像样的浴缸。我给浴缸加满热水,爬了进去。我在那一天里第一次感到了温暖,也第一次有了独处和思考的时间。

玛丽娜怀孕了。我该怎么做?我25岁,我们交往了不到一年。我坐在浴缸里,希望能厘清思绪。我想不出来,大脑一片空白。我甚至不知道该如何思考这样的问题,我认识的同龄人都没有孩子。

我们又工作了一天,空气极冷,仿佛故意跟我们作对一样。然后我们飞回了莫斯科。

第二天,玛丽娜请了假,来到我租的小办公室。她被激怒了,那时我已经知道她这种表情的含义了,这意味着她做好了打算。她穿着蓝色的裙子和时髦的高跟鞋,坐在我的办公桌上,跷着二郎腿。我坐着静静地听。

"你可以留也可以走,随便,但我要留住这个孩子。"她坚定地说。

我还在犹豫是否要做父亲。我觉得我和她是灵魂伴侣,但这意味着我的生活要突然加速,发生巨大的变化。我原本计划以后当一名作家,现在却要直面迫在眉睫的现实——在8个月后当爸爸。

"我爱你。我也想当爸爸,但我们可以推迟一段时间吗?"我说。

"不管你怎么想,我要生下这个孩子。我能怀孕是个奇迹。我的前夫和我努力了多年都没有成功。"她答道。她33岁了,这可能是她唯一的机会。

我把目光移向右方,看了看公寓的院子。外面还亮着,但每年这个时候,莫斯科的黄昏来得很早。夏天的景色很美,冬天则被一片黑暗和冰雪笼罩。我把目光转回玛丽娜身上,意识到她不会让步。

这次谈话后,接下来的几天我和保罗在莫斯科各地拍摄,我把自己所处的困境告诉了他。

"你要当爸爸了,"我们检查灯光时他对我说,"唯一的问题是,你是否要娶她。"

这确实是我面临的抉择。我的大脑一片混乱,好像里面塞了个天平,就像俄罗斯商店里称奶酪用的天平那么大。

虽然我对玛丽娜说我爱她,但我现在意识到,当时我并不真正明白"爱"是什么意思。我以前交过女朋友,但我并不真正明白一种深爱的关系意味着什么。

我知道她是一个天使，尽管我说不出准确的原因。我确信她是个好人。在此之前我还没有这么确信，也许只是自然的力量和我内心的力量让我觉得她很好，那是一种原始的幽深的信念。

想到要组成一个属于自己的新家庭，让我陷入了两难。我父亲得了一种罕见的、可怕的慢性的神经系统疾病，快要死了。他即将离去这一点，让我压力很大。也许我心中渴望一种解药。也许一个孩子将恢复某种秩序感，就像是在严酷的俄罗斯冬天之后的复活节。我想感受生与死的循环，而不仅仅是死亡与混乱的部分。而且我有一种强烈的责任感，我知道在父母不全的环境中长大是什么感觉，不想我的孩子经历那种生活。

但我已经身无分文了。长期缺钱让我感觉很糟糕，每一项支出都会带来痛苦。我不够成熟，以自我为中心，只不过到现在我才明白我当时有多么不成熟。我在美国没有房子，玛丽娜也没有保险。

疑虑就像是黑暗的走廊，我在其中摸索着前进，试图倾听内心的声音，辨别正确与错误。我以前做过坏事，知道做坏事之后的感觉。我不想抛弃玛丽娜和这个孩子，给自己做的坏事再加上一项。所以我做出了一项承诺，或者说尽我所能的承诺。我暗暗告诉自己，如果5年后我真的很痛苦，我就退出。人们通常不喜欢记住这样的事，那是我在自己心中订立的一项契约，但这确实是我当时的想法。我给自己留了一道心理出口，假如这段婚姻变得很糟糕，我就退出。

在我的美国朋友中，我会是最年轻的爸爸。我预料到，当我带着妻子和孩子回到家时，会受到众人严厉的评判。你没钱没房子，却要组建家庭？我知道他们会这样想，我很在意他们的想法。我交往圈子里的其他夫妇都是在结婚前6个月发出婚礼请柬,而我们却在没有结婚的情况下有了孩子。

相比之下,在俄罗斯,受过良好教育的人在20岁就有孩子并不罕见。以当地标准看,我不算很年轻。也许考虑到这一点,以及玛丽娜的天性,她比我要务实得多。她对我说:"谁会关心这件事呢?我们将组建家庭,这很好,没问题。放轻松。"

几周后,我和玛丽娜去莫斯科一家医院做检查。

在我听萨沙心跳的时候,一位面色疲惫的医生坐在我们旁边。这样的事医生已经见惯了,而我还没有经历过。

"怦怦,怦怦,怦怦",像鼓点一样,一个小小的心脏发出低沉的有节律的声音,透过玛丽娜光滑的腹部,清晰地通过听诊器传进我的耳朵。

"这让人难以忘怀。"我对玛丽娜说。

于是事情就定了,我们要组成家庭了。

就在那一刹那,我一直纠结的关于人生目的的存在主义的问题消失了,就像满天沉郁的灰云消散,湛蓝的天空重现。

对我来说,组建家庭的目标很明确。也许在类似情况下,像史蒂夫·乔布斯或爱因斯坦这样思维更天马行空的人会做出不同的反应——他们两人都在早年间放弃了意外到来的孩子。与其说这是一种想法,不如说是一种情感:想到一家三口在一起,让人感觉更好。

随着年龄的增长,我想知道索尼娅的亲生父母当时心中经过了怎样的权衡。他们是什么时候决定抛弃索尼娅的呢?像他们这样的父母并不罕见,据联合国统计,世界上大约有1.4亿孤儿。我还想知道索尼娅的情况,她现在已经成年了。她会选择要孩子吗?如果是,她会成为什么样的母亲?

※ ※ ※

1993年,玛丽娜怀孕3个月时,我们从莫斯科飞到华盛顿特区,去看望我父亲,过圣诞节。

此前玛丽娜在莫斯科的冰面上滑倒了,膝盖骨骨折,所以除了挺着肚子,她走路也一瘸一拐。我父亲被安置在华盛顿郊区一个单调的生活辅助中心,大厅里有几张皮沙发,如果液体洒在上面,可以用水管冲洗。

他住在一间一居室的公寓里。"嗨,爸爸。"我在走进公寓时说。他是一个整洁、严谨、有责任心的人,一个彻头彻尾的科学家。

他穿着一条卡其布裤子和一件蓝色衬衫,这是他的标准制服。他面色松弛,脸上缺乏表情,像其他患有特发性直立性低血压以及类似疾病的人一样。松弛的脸让本来就沉郁的表情变得更沉郁,他就像是一颗坍缩的恒星。

"保利[①]。"他说,听起来很高兴。

"爸爸,这是玛丽娜,我在莫斯科就是和她一起生活的。"我说。

玛丽娜穿着一条借来的卡其布裙子,以及一件宽松的蓝色衬衫,以遮住她微微隆起的肚子。

[①] 父母对作者保罗的昵称。——编者注

爸爸看了看她,又看了看我,好像认为我发疯了似的。

你去了一趟那个古老的国家就带回来了这个女人?他的表情似乎是这个意思。

根据我们家的传统认识,俄罗斯或与俄罗斯接壤的地方,都是贫穷和反犹主义盛行的地方。

"嗨。"玛丽娜笑着说,她的笑容通常能让人立即暖和起来。"我是玛丽娜。我经常听他说起您,很高兴终于见到您了。"她很擅长与人打交道。

爸爸盯着她,不是很认可她,也不是全然忽视她。

虽然他的脸像面具一样,基本没有表情,但他的眼神流露出了深深的焦虑。

"那你是做什么的?"爸爸终于问道。

"我是一名翻译。"玛丽娜说。

"哦。"爸爸说,显得有些困惑。

我没有提到怀孕的事。我们尝试和他聊天,但气氛很僵。爸爸很善良,也很聪明,但很难与人交谈。

不久后,玛丽娜和我起身离开,回到住的房子。一些以前的邻居允许我们在看望父亲期间借宿此处。第二天,玛丽娜在楼上的浴室里。我敲了敲门,走了进去。

"你还好吗?"我问。

"还好……我饿了。"她说。

她坐在一个金属浴缸里,浴缸的底座上雕刻着狮子的爪子。从莫斯科人的角度看,这带有一种旧世界的优雅。坐在浴缸里的她看起来既安全又快乐。我想保护她，保护她体内成长的孩子。

"我想我们可能应该结婚了。"我说。

我说这话时是直觉先于逻辑。如果以顺利结婚为目标的话，美国公民身份会有所帮助。我还考虑到，如果结婚证是美国法院签发的，把她的相关文件从莫斯科带回来就会更容易。

"你觉得怎么样？"

她看了我一眼，然后用俄语说道："好……当然行。"

这事就这么定了。

接下来的几天里，我们忙着把事情安排妥当。

玛丽娜和我又去了我爸那里。我母亲的一个老朋友康妮当时也去看望他了。

爸爸再次试图与我们交谈。

"所以，保利，给我们说说俄罗斯的事。"他说。

我一言不发地把萨沙的超声波照片递给他。他聚精会神地研究这些照片，就像过去仔细观察实验室里的 X 光照片一样。在这一刻，他回到了自己的职业舒适区，看起来很高兴。

"这看起来……像一个胎儿。"过了一会儿他说。

"是的。"我答道。

他又警惕地看了看玛丽娜，问我："你打算留着这个孩子吗？"

康妮对他的提问感到很吃惊，立刻转换了话题。

爸爸抬起头，很困惑为什么没人回答他的问题。

"哦，你们一定是打算结婚了。"康妮说。她是在哈莱姆长大的，和我妈妈相识时，她们都是纽约的年轻女性。

"是的，明天我们就去市政厅。"我答道。

爸爸的眼睛睁得很大。

我试着淡化这件事，说只是要去办帮玛丽娜获得公民身份的手续。但我看得出来，爸爸很受伤，他也许猜测，我不邀请他去，一是因为生气，二是因为现实的考虑。

我觉得我们面临的事已经很多了，如果还要考虑如何让爸爸坐着轮椅上下楼梯，进出浴室，就更难处理了。但我也对他对玛丽娜和孩子的评论感到恼火。如果他不能发挥什么积极作用，就不需要让他去。

几天后，一位公务员在华盛顿特区的市政厅为我们办理了结婚手续。我们很年轻，妻子怀孕了，也没有什么客人，这都是她亲眼所见的。但她对此没有做任何评判，我很感激这一点。

我和玛丽娜驱车回到N街上的塔巴德旅馆。我们在那里度过了新婚之夜，大肆挥霍了一把。我哥哥鲍里斯送了玫瑰花。我们在诺拉餐厅吃了饭，那是一家高级餐厅，远超我们的消费标准。在那天晚上，我们体验了我向往的那种生活——住在一家时髦的酒店，在城里玩一夜。我想，也许，只是也许，我们能把这个家经营好，我脑中隐约浮现出未来的样子。

我原生家庭的境况不是很好。爸爸已经尽了最大努力，但仍无法接替妈妈的角色。鲍里斯有时会关心和支持别人，但也有些喜怒无常，还有暴力倾向，而他似乎对自己的情绪波动毫无意识。

高中时，我会去别人家里，发现别人家的情况是不一样的。房子打理得很好，家里有爸爸和妈妈，孩子们相处得很好，前廊上卧着一只狗。即使这幅图景只是出自一个煽情的广告，甚至是对美国的一种宣传，也给我留下了强烈印象。

※ ※ ※

当我兴奋地期待孩子降生时，我们差点儿失去他。为保住他而进行的努力，以一种出乎预料的方式，将我和玛丽娜团结在了一起。我们慢慢地凝聚成一个整体。

回到莫斯科后，随着玛丽娜的预产期临近，她开始感到痛苦。她一向睡眠不好，这时患上了失眠症，并贪恋垃圾食品，特别是德芙巧克力棒，当时这种食品刚刚在莫斯科出现。她的体重激增，情绪起伏不定。她会心烦意乱，这时我会安静地注视着她。我是在男性而不是女性周围长大的，观察玛丽娜的变化是一种新的体验。

我们在莫斯科的医生说玛丽娜的身体有排斥胎儿的倾向。怀孕中期的一天，玛丽娜看到内裤上有血，就冲去了医院。

据玛丽娜说，医生当时宣布："你正在失去这个孩子。你要待在医院里，必须平躺。"

这种对病人的粗暴态度在俄罗斯很常见。但医生冷酷的态度让我感到震惊，更何况那还是一名女医生。她的第一句话竟然是玛丽娜要失去这个胎儿了。

每次遇到这样的情况，我都不可避免地要在心理上对俄罗斯和美国进行比较，这有助于我更好地了解玛丽娜。我意识到，西方社会的友好并非因为西方民众本性纯良，而是由于重重叠叠的商业利益。只要存在选择，也就是人们可以离开这个医生去找其他医生，同时行医执照委员会不腐败，还有相关的医疗事故法，医生就不会特别令人生厌。

玛丽娜被安排到了一个房间，那里还有六名怀孕的妇女。我不知道每天发生了什么。医生不需要解释任何事情，当我想了解更多信息时，他们觉得我很奇怪。我联系了美国的医生朋友来填补这个信息空白。我把检验结果从俄文翻译为英文。当时人们刚刚开始使用电子邮件，通过这种神奇的新电子渠道，我得到了一些更清楚的信息。我的美国医生朋友让我放心，说玛丽娜需要躺在床上，以减轻在走路时所要承受的婴儿带来的重力，这将有助于降低流产的风险。我们和那位当地医生的谈话很简短，只有几分钟，而且她经常像是在大喊大叫。

"等我们准备好了，我再跟你说。"她说，然后突然消失了，就像她会突然出现一样。

玛丽娜告诉我，那位医生的注意力不在病人身上，她正在装修她在附近的公寓，要不断地跑去那里指导装修。

渐渐地，医院里的人们都知道了，玛丽娜的丈夫是一名美国记者，因此他可以给医生塞红包。当时俄罗斯寡头刚刚形成，而且与普通俄罗斯人相比，任何美国人都被视为富人。那位俄罗斯医生觉得，如果一切顺利，我会给她红包，她的想法是对的。但她不知道我会给多少钱，我也不知道，这就进一步给我们的谈话增加了困难。

这家医院每天很早就不允许来访者进入了。我是一家报社的记者，下班后才能去。我每天写一篇报道，大约晚上7点交，到家时已经8点了。假如遵守医院的规定，我就见不到玛丽娜。

这家医院为孕妇提供基本膳食，比如卷心菜和小块的牛肉。这可不是什么能安慰人的食物，玛丽娜经常大声抱怨。我征求了莫斯科的朋友的意见，做出了决定。我雇了一个女人给我做饭。这个人是经别人介绍的，她的身材几乎是正方形的。她走路的样子有点奇怪，但有很高的职业道德。

我家附近有一个市场，里边有新鲜蔬菜、优质的肉、面条和其他美食。这个市场是赢利性的，由农民经营，这意味着它很不错。那位厨师会在上午步行到4个街区之外的市场，买菜后回家，然后在家烹饪一天。我们没有特百惠饭盒，所以她把准备好的饭放在金属锅和盘子里。我下班回家后，把那些锅和盘子放在一个运动包里，爬进我的俄制拉达汽车，开车20分钟去医院。有时车子发动不起来，我就得拦下一辆卡车，付给司机几卢布，让他拉着我的车绕着街区转一圈，而我则在车上不断踩离合器，把车子发动起来。那些卡车司机很愿意帮忙，只要我举起手，他们就会停下来。路经常是湿的，光线很差。汽车前灯的光线也很弱。

我第一次尝试去医院送饭时，正赶上一场巨大的暴风雪，尽管那时已是春天。一个医生朋友教我怎么进去，他给了我一件医生穿的白大褂和一顶白色无边便帽，和医生的穿着一样。然后他告诉了我一个暗号——"Svaiey"，让我用一种低沉的命令式的声音，就像外科主任那样去说。

"Svaiey"的意思是"你的"，就好像在一个你自己的团队里一样。这个暗号必须只有一个单词，因为我只能说简单的短语，不能说更多，否则他们就会听出我的口音。俄罗斯的体制偏官僚主义，比较压抑，但任何体制都有弱点。在俄罗斯，以专断的方式待人，会比以善良的方式待人更有效。

我下车走向医院时，雪花飘来飘去。医院是一座灰褐色的建筑，带有明显的苏联传统特征。我穿着白大褂，戴着帽子，拎着运动包，包里装满了美食。天气寒冷刺骨，我感到很不舒服，但要扮成俄罗斯人，我就必须看起来很坚强。所以我只穿了一件白大褂，显得像是一位因紧急情况被叫过来的重要医生。

我走到医院门口。守夜人不用锁，而是用一根U型钢筋从里边倒扣着门把手，这样任何人都必须经他许可才能进入。

我来到门口，用手粗暴地敲门，好像这是我的地盘一样。

没有反应。

我又用力地敲起来。

一个上了年纪的男人从黑暗深处走出来，头发雪白，上衣上佩着二战勋章，用怀疑的眼神看着我。

"Svaiey！"我大声说，努力把我的男高音变成深沉的男中音，并带着一种恼怒的神情看着他，好像在说我讨厌晚上被叫过来，但这是遇到紧急情况了。

这个单词和这件白大褂足以让这个多疑的守夜人卸下钢筋，让我进去。他甚至没有核验我的证件。

过了守夜人这一关后，我开始沿着铺着瓷砖的长廊，朝玛丽娜走去。整个医院几乎一片漆黑。每隔100码左右就有一名巴布什卡，或者说是老奶奶，她们既不看书，也不怎么睡觉。巴布什卡是俄罗斯非官方的民防部队，负责监视医院、学校、公共游泳池、火车和其他重要场所。

每次她们看到我走过，就会从半昏睡状态中苏醒，用挑衅的语气说类似这样的话："小伙子，你在这里做什么？医院关门了，你不能……"我对此的回答只有那个暗号"Svaiey"，这就像是遇到吸血鬼时拿出一袋大蒜。巴布什卡们听到后会一言不发地坐回去。

我走过她们身旁，走过有大冷藏室的停尸房，乘电梯来到3层的女病号房。推开门，我走进房间，满屋都是饥肠辘辘的孕妇，我受到了热烈欢迎，就像联合国人道主义代表团来到某个饱经战火的国家一样。

"波多尔斯基，喂我吃饭的时间到了。"玛丽娜郑重地说。

我真的很喜欢给她带饭。对我来说，满足做父亲的硬性要求不难，难的是掌握软技能，比如带着同情心去回应玛丽娜。我在心中很伤感地说"可怜的宝贝"，但这句话没有说出口。这让她抓狂，当她指出这一点时，我有些畏缩，但我发现我很难改变。

"我为你准备了一顿大餐，其他人也有份。"我答道。

在这样的情况下，假如玛丽娜独享这顿饭，会被视为违反了俄罗斯的礼节，是不可想象的。她必须与大家分享。我带着她们吃饭，然后聊天，之后的一个又一个夜晚，这一幕反复出现。大约一个月后，玛丽娜的情况稳定了下来。胎儿状况很好，在临产之前是不会出来的。玛丽娜被允许回家，等预产期临近时再回来。

预产期临近时，我们又来到了这家医院。最终，医生把手伸进玛丽娜的肚子，血流到了她的肘部，然后把萨沙拉了出来，我就站在旁边看着。萨沙没有发出哭声。他还活着吗？时间慢了下来，恐惧在我心中升腾。

接生医生把萨沙交给了另一个医生，那个医生抓着萨沙的两只脚，猛地拍了一下他的后背，位置很准确。萨沙这才发出巨大的啼哭声，一种我马上就能识别出来的哭声。

"我们给他洗洗，你先坐在这儿。"护士边说边把我领到手术室外的一张长凳上。

我很茫然。很快，玛丽娜被推着从我身边经过，沿着走廊被推向另一个方向。她依然处于昏迷状态，但医生们似乎很放松，所以我觉得她没事。过了一会儿，萨沙被带出了房间，抱他的人沿着走廊朝另一个方向走去。我从满是污垢的长方形大玻璃窗望出去。有一群流浪狗在外面乱跑。从那一刻起，我心中牵挂的人从一个变成了两个：妻子和儿子。

很快，我被叫到萨沙接受清洗的那个房间。他还在大声啼哭，我认为这是个好兆头。护士把萨沙递给了我，她是我妻子的朋友，也负责处理走后门的事。

我抱着萨沙，尽可能平静地和他说话。他听到的声音就是那个冬天，当我们看电视时，他在玛丽娜的肚子里时一直听到的声音。那个冬天有很多奥运会转播。

"嗨，伙计，我是爸爸。听着，我知道这一天很难熬，但你没事。爸爸妈妈爱你，会陪在你身边，我们很欢迎你走进我们的生活。"我说。

他立刻止住了哭声，他认识我。我们之间有一种联系，这种联系可以立即让他平静下来。多年后,当我试图想象索尼娅初生时的情况时,我记起了这个时刻。

后来,我回到家,玛丽娜已苏醒过来。她告诉我,她从病房慢慢走到了育儿室。

"我看了一眼,就知道那个就是我儿子。"她回忆说。

玛丽娜创造了我们的家庭。如果没有她的坚持,我是不会成为父亲的。我没有自愿冲锋在前,是她跑在前面,让我跟着她。

后来,当我们走上这条成为父母的道路时,也是她负责最棘手的部分。她的肚子变大,身体浮肿,情绪波动,躺在手术台上,肚子被医生一刀切开,从中取出了一个小生命。看着她经历这一切,不禁让人得出这样的结论:她更接近自然。尽管这听起来是一种过时的女性观,我担心如果我大声说出来,我在布朗大学的同学会斥责我。

我儿时经常在树林里玩,徒步旅行、攀岩、野外滑雪。我总是告诉自己,这样才能认识"真实的生活",而不是逛购物中心和看电视。但真实的生活一直在我眼前,而不是在某个遥远的森林里。生养孩子就是最真实的生活。

我们决定分担夜间喂食的责任。在我值班的晚上,玛丽娜上床睡觉,我待在客厅,躺在沙发上,萨沙的小摇篮放在我旁边的地板上。似乎经常是我刚睡着,耳边就传来萨沙的哭声。最初他的哭声很迷人,但随着这一情况的持续,我变得越来越疲惫。

在不能入睡、迷迷糊糊的时候,我惊叹一个小生命竟然可以改变我的整个世界观。在此过程中,我也修正了此前对一些人的看法，这些人拥有可靠的工作，在郊区有住宅，我曾认为他们的生活是平淡、狭隘的。孩提时，我就很欣赏那些反传统的人，无论是全球旅行者、艺术家，还是打破常规的政治家，而不欣赏做着稳定工作、还着抵押贷款的人。现在我恍然大悟：一个婴儿也有一定的需求，如果从别人的角度而不是我的角度看待生活，那些无聊的住在郊区的父母是在努力给孩子营造一个安全的生活环境。如果我们保持简单的节奏，萨沙就会很高兴。他想吃东西时能得到吃的，妈妈和爸爸在旁边。他通常走一小段路，拉一次大便，然后回去继续睡觉。萨沙不仅颠覆了我的生活，而且颠覆了我的思维过程。开快车、参加聚会、每月把薪水花光，以前我觉得这些很酷，但当它们影响我的儿子时，我就不这么觉得了。

当一个车队到来时，我的夜班戛然而止。从我们的公寓望出去，有一个仅容得下几辆车的庭院。

车队中有一辆S级奔驰轿车，其前后有几辆满载武装警卫的吉普车。保镖们检查了屋顶，上了楼梯，查看是否有可疑之处。当他们发出一切安全的信号后，我们的邻居走了出来，穿着一身剪裁考究的西装。这不是在拍戏。当时我从报上得知，许多这样的新富豪遭到了枪击，有时是由克格勃训练的狙击手在很远的地方射杀的。

兴奋过后，我知道该叫醒玛丽娜了。在我的窗外，俄罗斯正在经历一场转型，从苏联模式向新模式转变，转型过程有时很激烈。在我的公寓里，没有什么是新的。玛丽娜和我在重复我们的父母、祖父母、曾祖父母走过的路。

几个月后，孩子出生之前的生活对我来说遥远得就像史前时代一样，我再也回不去了。在现在的我看来，在萨沙出生之前，我还是个孩子。他迫使我成为一个成年人。他很小，毫无防御能力，但是他支配着我，而不是我支配着他。

当然，大多数父母都会经历类似的事情。不过也可以探究，如果父母没有经历过这种转变，如果父母的内心充满冷漠甚至更黑暗的东西，而不是深深的爱，孩子身上会发生什么。我逐渐知道，这会给孩子种下一颗分裂的种子：不正常的人不一定是因为生来就有缺陷，而是因为被父母忽视，从而逐渐产生了缺陷。就我而言，萨沙的出生就像开启了我体内的一个开关，线圈开始发热，让我变得更温柔。但在另一些案例中，这种事情没有发生，婴儿不仅被迫自己照顾自己，甚至在一些情况下，还要忍受难以言喻的残酷。这就是索尼娅的遭遇。

第三章 抉择

马萨诸塞州坎布里奇，1994年

10月中旬的一个傍晚，我预感到一股新英格兰的严寒将会降临。我开着我的老式本田车，轻轻地踩着油门，沿着街道慢慢地行驶，寻找玛丽娜和萨沙。

当时玛丽娜和我在争吵。争吵可能源于一次电话，我记不清了。我回来时她不在家。

玛丽娜怀孕时，我申请了读研，我们决定把家搬到美国。萨沙出生后，我们搬进了一幢砖砌的公寓楼里，那里距哈佛广场几个街区。尽管从邮政编码看这是一个繁华的地方，但我们还是很穷。所有东西都太贵了——杂货、尿布、医疗和房租。我们不睡在床上，而是睡在毛巾被上。

几年后，在决定收养索尼娅时，我们必须给收养机构写一份报告，陈述我们的家庭状况。我们得到了一些关于将要收养的孩子的零星信息，给了他们几份文件，包括纳税申报单、性格介绍、照片以及我们对自己家庭的主观描述。这几份文件好像陈述了一个连贯的故事，但真相很复杂，不是这些文件所能概括的。当我们的爱情在莫斯科进行得如火如荼时，我曾想象以后能和玛丽娜亲密配合，但事实证明并没有这么容易。

我们很少吵架，但一吵起来就很激烈。当时我们都不知道如何预见一场吵架将爆发，也不知道如果开始吵，如何以一种文明的方式吵。就像玛丽娜几年后告诉我的："所有人都会吵架，关键是如何吵架。"

我大概知道吵架时怎么做行不通，这种情况有很多，但因为我顽愚固执，所以一遍又一遍地重复这些错误。过度讲究逻辑是行不通的，严肃是行不通的，逃避是行不通的，在我认为玛丽娜"不讲道理"时指出来也是行不通的。而她对我大喊大叫、打断我、说些尖刻的话来刺激我也是行不通的。这就像是我们在学习一项新的运动，却没有经验丰富的教练来指导。

我们为什么吵得如此激烈？我想不出原因。

吵架时我觉得很羞愧。邻居有没有听到？走进教室时，我试图表现得若无其事，但事实上我因为一些口角而难受，会不会有一些同学能够从我脸上看出来？也许因为我的成长环境中只有父亲，所以我觉得父母之间一般都会相处得很好，吵架是反常现象。羞愧之后，紧接着是第二种痛苦的感觉——恐惧。玛丽娜和萨沙是我拥有的一切。爸爸已经病了，妈妈去世了，哥哥鲍里斯远在他方，性情有点喜怒无常，我无法依赖他。玛丽娜和萨沙是我生活的中心，至少我希望他们是。当我们面对一些小困难并克服掉它们时，我会把这些当作我们共同的胜利，比如找公寓，捡街上的旧家具，在萨沙耳部感染时照顾他等。吵架则会破坏我们的亲密关系。每次吵架都像是一个装满东西的袋子要倒了。

据我所知，我们的冲突可以归结为两件事。要么是我在学校和工作上花的时间太多，要么是在家时我没有好好听她说话。哪种情况都会令玛丽娜感到孤独，如果两种情况一起发生，她就更孤独了。因为玛丽娜身在一座新的城市和一个新的国家，有一个小孩子，又得不到任何支持。

当我停下车时，从玛丽娜大步走的气势，我能看出她生气了，她就像是要去什么地方提起抗议一样。她推着一辆柠檬绿色的质量很差的葛莱牌婴儿车。我知道她走不远。她方向感很差，而这里是坎布里奇，道路弯弯曲曲，像牛圈里的道路一样，很容易迷路。

我停下车。

"嗨。"我边说边摇下了副驾驶侧的车窗。"外面越来越冷，越来越黑。我担心萨沙会筋疲力尽。我开车送你们回家好吗？"

玛丽娜爬进车里，一言不发。我打开车后门，把萨沙放在汽车座椅上。当我给他系上安全带并检查是否系好时，这个小东西朝我笑了笑。我把婴儿车折好，放进后备厢。回到车里时我也一言不发。

倘若我自嘲一下，或是做出一些其他的和解表示，也许有助于缓解气氛，但我做不到。我觉得不讲道理的人是她，不是我。虽然我知道架是两个人吵起来的，吵架时我也有过错，但当我们吵架时，我觉得那都是她的错。我很难想象她是怎么看这件事的。

虽然她对我很生气，但她对萨沙就像爱护一朵鲜花一样。在这方面我们没有争论。我们都想给他最好的一切，并愿意把我们的不和放在一边。一次又一次，照顾萨沙这项共同任务让我们和好如初。

在玛丽娜和前夫尝试怀孕并多次流产后，萨沙的出生近乎一个奇迹。他确实给我们带来了巨大的快乐。但拥有这个孩子并不是解决一切问题的灵丹妙药，玛丽娜心中还有更多的愿望。孩子是中心，但她也很需要一定程度的物质安慰和一个能理解她的丈夫。

在没有这种理解的情况下，玛丽娜似乎从内心深处涌起一股愤怒，变得冲动。

一天我对她说："有一场和同学们的社交聚会，我想去。"研究生院里的社交聚会和大学里的相似，不适合孩子参加。

"浑蛋！那我是什么人？清洁工吗？"她尖叫道。

有几次当她失去冷静时，我变得非常不安，于是带着萨沙出门一下午，甚至一天，去科德角或缅因州。问题出在什么地方，是她的大吼大叫还是我的抗压能力弱？当我觉得她已经消气时，就会回家，通常我回来时她已经消气了。萨沙似乎注意不到这种变化。只要爸爸或妈妈在身边，他就很高兴。

当我回来时我们通常不会讨论吵架的事。她会伸出小指，用下唇盖住上唇，像个小孩一样，似乎在说"让我们做朋友吧"。有时她会背诵一首俄语短诗，大意是："保持和平，平静心绪，我们要注意一定别吵架，如果你选择吵架，我就不得不还击。"

吵架过后，我们又开始为了营造美好家庭而共同努力。我们的冲突很激烈，但我们共建美好家庭的热情同样强烈。

可能是由于苏联时期的消费品很少，所以玛丽娜能很轻松地缝制窗帘、衣服或桌布。我当过木匠，知道如何用胶合板和木料来做桌子和长凳。玛丽娜用羊毛给萨沙缝制了一套老鼠装，有尾巴、耳朵和胡须。萨沙有一双蓝色的大眼睛和圆圆的脸颊,穿上之后确实像一只老鼠。我和萨沙玩扮老虎的游戏,我们爬来爬去,我咆哮着,用头撞他,他咧开没长牙的嘴大笑。游戏玩得很成功,以致我们那位6英尺①高、身材魁梧的荷兰女房东从楼上的公寓里走下来,问我们在做什么。当我回答我们在玩扮老虎的游戏时,她想了想要怎么回应,但没想出来,就走了。玛丽娜和我笑得前仰后合。

在平静的日子里,沉浸在家庭生活中,萨沙出生时我最初感受到的那种温暖开始变得更加强烈。每一天的目标很清晰。工作不是为了去别的地方,也不是为了得到社会承认,而是为了挣足够多的钱,付房租和买其他生活必需品,从而使萨沙拥有我曾梦想过的童年。出门散步并不是一种分散注意力的方式,而是一个和萨沙分享东西的机会。当气温下降,雪堆积起来时,我就给萨沙裹上老鼠装,再套上几层衣服,带他去树林里。我在越野滑雪板上,他在婴儿车里,不过此时他已经很有力气了,能用脚踩金属架的底部,把自己推倒在我的头顶上方。

我艰难地爬上山时,他会模仿我的呼吸。

"呼,呼,呼。"他轻声学我,好像在喘气。

我大笑了起来。我们体会到了彼此之间的联结。当他伏在我背上听我呼吸时,我感受着他身体的温暖。

虽然和玛丽娜有争吵,萨沙老是吐一身,得用水管给他冲洗,而且家里总是缺钱,但我有一种归属感。我人生第一次不感到孤单。

---

① 1英尺≈0.3米。——编者注

我感觉身体内部变得不一样了，包括胸部和脸部，特别是当我抱起萨沙把他搂在怀里时，或者玛丽娜和我晚上一起蜷缩在床上时。我很害怕玛丽娜或萨沙会出什么事，我担心玛丽娜会像我妈妈一样得癌症，而萨沙没有一对爱他的父母陪伴他成长。

大约在那个时候，我们在旧货拍卖会上买了一台旧电视机。我们没钱支付有线电视费用，天线只能收到四个频道。一天晚上，美国公共电视台在播放英格玛·伯格曼的《善意的背叛》。萨沙睡着了，玛丽娜在厨房里缝制另一件作品。我自己看电视。但这所公寓很小，所以我们距离彼此只有几英尺。

在电影的结尾，木讷的丈夫试图与妻子和解，修补关系。他需要她，但又不知道该如何满足她的需要。这对夫妇一起坐在长凳上，身体挨在一起，情感上却彼此疏远。看着这部电影，我开始抽泣，大声痛哭。

玛丽娜走进来问我怎么了。我试图解释，但说不出来。我情感上先崩溃了，但还没想清楚原因。强烈的悲伤令我感到尴尬。我妈妈去世后，我就不再哭了。现在突然间，我因为一部电影而哭泣。也许是因为主角让我觉得很熟悉：他试图与对方和解，他需要爱，但他在表达爱时的做法不恰当。这不就是我吗？

一想到我内心一定埋藏着悲伤，我就感到很奇怪、很不安。除了悲伤，我内心中还有什么？这些情绪的浮现让我想起，有一次我、鲍里斯和爸爸一起看鲸鱼。一头巨大的座头鲸向我们的观鲸船游来，它一度深潜到水下，我只能辨认出白色的鳍在幽暗的水底逐渐消失。过了一会儿，它在船的另一边浮出水面。一只形体奇异的庞然大物从水中浮出,喷出水柱。我哭泣时的感觉就像这一样。那是一种藏在内心深处的力量,这种力量会浮现,既美丽又丑陋。

随着时间的推移,家庭关系回归正常。争吵是我和玛丽娜之间的私事,我们在领养申请中没有提到这些情况,和朋友交谈时就更不会提了。每次吵架之后,我们都神奇地和好如初。但我能理解为什么其他夫妇做不到这一点。我们能和好,可能是因为忍耐或相爱,也可能是因为这是我俩唯一的家。

研究生毕业之后,我在纽约找到了一份记者工作。我们搬进了位于布鲁克林温莎台的一套公寓。不久后,我们就开始尝试给萨沙生一个弟弟或妹妹。我满怀希望。白天,我们有工作和一大堆家务要做,要把大量衣服拿到当地的洗衣房那里去洗,这些衣服的口袋里都是硬币,还要购物、付账单等。当萨沙睡着,当世界上大部分人都睡着时,我们就努力再生一个孩子。这个孩子没有出现,但为此而共同努力,进一步将我们彼此相融,比以前更加永恒和义无反顾。在领养申请中我们确实陈述了这一点:作为一对年轻夫妇,我们很想再要一个孩子。

我们为什么这么渴望再要一个孩子呢?原因之一是,我和玛丽娜在成长中都曾感到孤独,我们一家三口在一起是疏解这种孤独感的最佳解药。如果三个人在一起感觉很好,那么四个人、五个人岂不是更好?此外,一位医生就萨沙的阿斯伯格综合征给过建议,他说,我们能做的最好的干预就是给他生一个弟弟或妹妹,这样他就能不断地与别人互动,从而迫使他把注意力集中在外部世界,而不是自己的想法上。

※ ※ ※

玛丽娜喜气洋洋地向我展示塑料验孕棒，上面有一条蓝色的杠，意思是怀孕了。她再次怀孕了。

我们的运气似乎一天比一天好。很多年过去了，已经到了1999年。在熬过了一段相对贫穷的记者生涯后，我跳槽去了一家银行的交易大厅工作，我们的儿子在当地的公立学校上学，另一个孩子也即将出生。虽然没有明说，但玛丽娜和我都知道我们想要的是什么。在我的脑海里，我们就像是两个陶工，推着轮子转动，努力创造一件完整而美丽的作品。

玛丽娜会用更简单的话来说明这个意思："我想建立一个正常的家庭。"

我们不会就究竟什么是"正常"进行学术讨论。我们都明确知道，我们两个原来的家庭都不算正常家庭。在她家，父亲酗酒且虐待家人，母亲暴躁，妹妹似乎有多重人格。在我家，父亲聪明但冷漠，哥哥性情不定。家庭是一个很基本、很合理的概念，在大学里我所有的朋友都没有谈论过这个概念。我们谈论事业、政治、文学，但没有人坐下来谈论接下来要发生的真正大事——抚养孩子。

我们现在住在马萨诸塞州的布鲁克莱恩。我们住的公寓楼里有很多年轻家庭。虽然独生子女的情况不少，但我们的家庭规模还是让人觉得有些小。一天晚上，一个儿时的朋友带着她的家人前来，与我们共进晚餐。他们有三个孩子和一辆沃尔沃。这给我留下了深刻印象，并产生了强烈的愿望，比我曾想象的还要强烈，我想拥有这样一个家庭。朋友的丈夫是一个木匠，自己动手建造了他们的第一所房子。这样的生活美好又真实。对一些人来说，组建家庭可能是一种平淡无奇的渴望，但对我俩来说，这就像是开垦一块原生土地一样令人兴奋。

但实现这个目标的过程并不容易。

"保罗，我们得去医院，我要流产了。"几周后玛丽娜对我说，当时她怀孕快三个月了。

时间大约是晚上九点或十点。萨沙早就睡着了，盖着玛丽娜为他做的柔软的被子，平静地呼吸着。

我给大学里的朋友格里和他的妻子艾比打了电话。他们的生活很忙碌，但还没有自己的孩子。他们住在附近，同意过来照看萨沙。我很感激，又为找他们帮忙而感到不好意思。

在开车去医院的路上，玛丽娜默默地哭着，看着窗外。我不知道该怎么办。我曾看到玛丽娜发自本性地安慰她的女性朋友，既温暖又抚慰人心，但我似乎不可能产生这样的情感，虽然说当时的场合正需要这样的情感。相反，我内心紧张起来，好像在等待一记重拳打过来。

驱车过程中，我觉得夜色把我们紧紧包围了。我们家和医院之间的街道似乎既冷清又无情。我把注意力集中在道路、交通灯和玛丽娜身上。她的哭声似乎是从一个深深的、幽暗的蓄水池里发出来的，这个蓄水池的内部已经裂开了，就像一块石头裂开了一样。她正在失去一个对她的存在、她的使命和我们的家庭至关重要的东西。

急诊室里有各种各样的人，他们最不想来的地方就是这里。正如诗人米沃什所说,这是人群中不安的苦难。

"你们来这里的原因是什么?"分诊台的护士问道。

我不想大声说出"流产"这个词,尽管我想很多人都不愿描述来急诊室的原因。我认识格里很多年了,但我也很难告诉他这件事。

"我想我的妻子要流产了。"

这位女士和其他人一样,不会对我的话表示同情。她的职责是获取信息,而不是因信息的内容而动感情。

"好吧,请坐。"她平淡地说,仿佛谈论我妻子流产的事就像谈论天气一样平常。

我们坐在候诊室的塑料椅子上,片刻后终于被叫进了检查室。一切都显得太过明亮,就像白天走出电影院一样。

我对"流产"这个词的理解是抽象的,而不是发自内心的体会。像这样的词有很多,比如"癌症"、"校园枪击"或"飞机失事"。我知道这些词是什么意思,但没有切身体会过。

玛丽娜的宫缩一波接着一波。

我静静地站在那里,希望这个小小的举动能给她一些安慰。同时我还想起了玛丽娜经常说的一句话:"每个人都有力量去忍受他人的痛苦。"我们后来发现这句话是17世纪的法国作家弗朗索瓦·德·拉罗什富科说的。

玛丽娜开始呻吟,不停地说:"我要失去他了。"两位医生走了进来。年长的是一位深色头发的女子,我猜她可能是波斯人。另一个医生是年轻的白人男子,也许是住院医生。

那位女医生确认玛丽娜流产了。她的态度不冷不热,只是陈述事实。男医生则不停地说他感到非常遗憾。

玛丽娜每隔几分钟就要哭一次。

"你宫缩了,但你会没事的。你静静待着,让它出来就好。"那位女医生解释道。

我笨拙地把一只手放在玛丽娜的背上。我记得我小时候烦恼时,我父亲对待我是多么不自然,他会机械地把一只手放在我身上。

玛丽娜的子宫里流出了血和无法辨认的组织,流了半小时,直到医生宣布流完了。她不再呻吟了。病房里的紧张气氛消失了。我们曾想创造某种美好的东西,让萨沙有一个弟弟或妹妹,让一个人来充实我们的家,给世界带来一些美好。结果却是我们深夜来到急救室,看到血淋淋的组织。

我们挽着手,静悄悄地离开了。我们从自动售货机上买了一包万宝路,就是那种拉一下控制杆商品就会掉到底部的售货机。然后我们去了芬威公园附近的麦当劳。我们开车到外卖窗口,买了两个巨无霸汉堡。

我们想单独待在一起,但还不想回家。我们坐在车里,停车场潮湿而空荡。这是太阳升起前几小时的无人时光,除了病人,所有人都在睡觉。

我们吃了汉堡,然后默默地吸烟。再之后我们驱车回家,向朋友道谢,但对医院发生的事只字未提。然后我们上床睡觉。几个小时后,我听到了萨沙的脚步声,他在朝卧室走来。我翻身一看,他就站在那里,穿着印着蓝火车的睡衣。一瞬间,秩序恢复了。萨沙没有问太多,只要我在身边,他就会很高兴。因为睡眠不足,我觉得有些头晕，我珍惜有他陪伴的每一刻。他总是很开心。

※　※　※

2000年秋，我们又开始备孕，就好像登上了一列过山车。在咨询了一位做试管婴儿的医生后，我们开始了一系列治疗，包括我提供精子样本，玛丽娜接受激素注射。令人惊叹的是，一个附着在卵子上的精子沿着她的输卵管向下移动，这些细胞开始成长为一个胎儿。

几周后，玛丽娜躺在一张用医用白纸裹着的床上，护士用超声波仪器检查她的腹部。我很兴奋。当我们在莫斯科走到这一步时，我能听到萨沙的心跳。这一次，到目前为止，没有流产。

"一切都准备好了，我去叫医生，"护士说着，转身走了出去。

我觉得很奇怪，都走到这一步了，她为什么不给我们看胎儿？这时医生走了进来，身材瘦削但态度热情。在他办公桌上，有一张他打着伞骑自行车的照片。

"嗨，让我看看。"然后他小心翼翼地补充道，"很遗憾，这个卵子萎缩了。胎儿已经死了。"

我不知道卵子萎缩是什么意思，但我听懂了后一句。

"啊！"玛丽娜发出一声野兽般的哀号。我说不出话来。

医生解释说，萎缩的卵子意味着，细胞没有形成和繁殖，进而发育成一个健康的胎儿。

"你们已经经历了很多磨难，"他带着同情的口吻继续说，他面前放着一个文件夹，里边详细记录了玛丽娜的多次流产，"为什么不收养一个孩子呢？"

在开车回家的路上，玛丽娜转头看着我，郑重地说："我们应该收养一个孩子。我受够了试管授精，我们收养一个孩子吧。"

※ ※ ※

与收养机构的代表交谈，就像是在与汽车销售人员交谈。一些人很古怪，一些人在你问麻烦的问题时变得戒备，还有一些人很低俗。收养是一个市场：西方的中上层家庭愿意买，一些贫困家庭，包括美国贫困家庭和来自贫困国家的移民家庭，则愿意放弃他们的后代。

关于这些机构必须披露哪些关于孩子的信息，似乎并没有什么精确的规定。事实上，信息似乎是不对称的。要领养孩子，我们必须得到本州一个机构的批准，该机构能获得所有可能与我们有关的文件，但关于孩子的信息很少，而且根据我的回忆，关于领养可能给父母带来的风险的信息则一点儿都没有。

一个熟人给我们介绍了一位专门做美国国内收养业务的律师。他要求预付7 000美元。他很快在佐治亚州找到了一名年轻女子，她想要放弃自己的孩子。

"我们能见见她吗？"我问这位名叫菲尔的律师。

"当然，不难安排。"菲尔说。

很快，玛丽娜和我坐上一架飞机，降落到佐治亚州的一个中等城市。

菲尔开着他的捷豹在机场接我们。

"哦,我很高兴为你们服务——你们会喜欢这个女孩的,她是个好孩子。"他说。

菲尔驾车在车流中穿行时,我静静地盯着他。难道放弃一个孩子不是一个很复杂的决定吗?

他先把玛丽娜和我带到他的办公室。

"我和我儿子一起经营这里。"他说。他给我们看墙上各个家庭的照片,每个家庭都显得很快乐,但看起来彼此间没有血缘关系。

"这是我们服务过的所有家庭!"他说。

这个人的心中似乎没有任何一丝阴云。

菲尔说那位母亲同意和我们在当地一个有户外休息区的星巴克见面。我们只知道那位母亲的名字,不知道她的姓氏。

我们四个人在那里相见。她25岁左右,是一名服务员。

"我只想让我的孩子有一个充满爱的家。"她说。

她说话时,风力稍稍变大了一些,我觉得我闻到了一股威士忌的味道,然后是一股薄荷糖味。

我们说了再见。

"不觉得她很棒吗?"菲尔在驱车回去的路上说。玛丽娜和我都说,她看起来是一个不错的姑娘。

与菲尔分别后,我把我闻到的气味告诉了玛丽娜。

"她似乎性情不稳,只是在勉强保持平静,我觉得有些地方不对劲。"我说。

我们不顾菲尔的强烈反对,坚持进行随机的酒精和血液测试。

几周后，测试显示那位生母有严重的酒瘾。她血液中的酒精浓度已达到常人所能承受的极限。那个可怜的胎儿前途难卜。

菲尔问我们是否还想收养这个孩子。

我们拒绝了，因为我们已经有了一个需要额外照料的孩子，而且没有来自父母的支持。

"我再给你们找一个。"他坚持说。

我们对这位律师的霸道行为感到不快，他要求我们预付一大笔钱，又在做测试问题上与我们作对。于是我们决定不再继续接受他的服务，并要求退还押金。他立即拒绝了，并威胁起诉我们。

我们尝试联系波士顿的一家代理机构，从国外收养一个孩子。

"你们做从俄罗斯领养孩子的服务吗？"玛丽娜问。

我们坐在波士顿那家代理机构的办公室里。白墙，荧光灯，塑料家具，热诚的收养代理人。

"做。"她答道。

"那里的条件怎么样？"

"很好，他们有很好的孤儿院。"

玛丽娜和我交换了一下眼神。我们都去过俄罗斯的孤儿院，知道那里可能境况不佳。

"我知道了。事实上，我来自俄罗斯，去过那里的很多地方。你们是与特殊的孤儿院打交道吗？因为我见到过的孤儿院情况并不怎么好。"玛丽娜说。

那位代理把头往后一仰，双臂交叉。

"如果你们不想收养，那就别收养了。"她简短地说。

玛丽娜对在美国找到收养机构感到绝望，于是飞往俄罗斯，试图从那里收养孩子。最终无果。但她找到了一位俄罗斯的社会工作者，此人与美国的一家机构合作。玛丽娜回来后，我们给那家机构打了电话。他们的总部设在北卡罗来纳州，与天主教会有关系。我们把相关文件寄给那家代理机构，这些文件说明了我家为什么适合收养孩子。从纸面上看，没有比我家更理想的家庭了。保守的金融工作，没问题。俄罗斯母亲、美国父亲，没问题。富有爱心的哥哥，没问题。文件里没有提我们吵架和彼此沉默以对的事。

2001年夏天，我们收到了一盒录像带。我们在录像机里播放了这盒录像带，这是一个短视频：一个胖胖的中年俄罗斯妇女穿着医疗服，抱着一个可爱的、警觉的金发小天使。我们把视频拿给波士顿儿童医院的一位医生看，这位医生是收养方面的专家。医生看了看，说我们应当马上同意，并说我们很幸运，因为孩子很活泼，没有表现出任何患有胎儿酒精综合征的迹象。萨沙6岁了，多年来我们一直试图给他一个弟弟或妹妹。

※　※　※

我们计划在2001年9月前往俄罗斯。

在敲定旅行计划之前，我和其他经理坐在交易大厅外的一间公司会议室里。一位名叫宾的利率交易员探出头来，对我们说："一架飞机撞上了世贸中心，利率下降了几个点。"

这意味着债券市场在担心会有不好的事情发生，但尚不认为存在任何特别的反常——几点意味着债券价格略有上涨（在不确定时期，债券作为避风港价格会上涨）。当债券价格上升时，利率下降。

从我们的交易大厅可以看到所有已知的信息，一眼就能看到市场价格、电视内容、新闻专线和洛根机场的着陆跑道。双子塔倒塌后，我沿着空无一人的街走回家。萨沙上床睡觉后，我们打开电视看新闻报道，彼此拥抱，蜷缩在沙发上，像其他人一样震惊不已。

在发现这起袭击似乎更像是一起个别事件后，我们买了去俄罗斯的票。

几周后我们飞往加里宁格勒，那座我曾以为再也不会去的城市。

边检柜台是用胶合板草草拼凑而成的，这与我们中途停留的哥本哈根形成了鲜明对比。

"护照！"粗暴的边防警卫说。

我递上我和萨沙的美国护照。萨沙的出生地一栏写着"俄罗斯"。

"他……是我们这里的人。"那位警卫指着萨沙的出生地说。

一阵恐惧掠过我的心头。他的意思是萨沙属于俄罗斯吗？

我用俄语向警卫解释道，我是萨沙的父亲，因为我是美国人，所以萨沙也是美国人，他之所以出生在俄罗斯，是因为我曾在俄罗斯工作。

"明白了。"警卫简短地说。

我尝试开一个玩笑。他打断了我，这次更恼火了："明白了。"

很快，我们行驶在一条鹅卵石铺的路上，这条路看上去是德国人占领时期修的，在那之后就再也没有翻修过。车是一辆很破的奔驰，开车的是一名烟不离手的出租车司机。萨沙透过肮脏的窗户，看着外面泥泞的、雨水浸透的田野。

"爸爸，我想我更喜欢丹麦。"他口齿不清地说，语气很平静。

我们在一所很大的混凝土房子里住下来，这是当地一位妇女租给来领养的夫妇住的。领养似乎是这里的一个小型产业。在公寓里安顿下来后，我、玛丽娜和萨沙坐车沿着一条乡村公路走了两小时。鸡从地里跑出来，穿过公路，迫使司机时不时地踩刹车。最终，在一个小乡村里，我们看到了一幢两层楼高的黄色房子，四周围着篱笆。这就是那家孤儿院。

我们走上前去，打开了大门。然后一群孩子出现在我左边的一个有篱笆的小棚子里，篱笆只围了三面，有一面没围，这样孩子就能蹦蹦跳跳地走到外面，在下雪天也能呼吸新鲜空气。

他们都把手伸向我们，请求拥抱。我从未见过这样的画面。孩子们伸手的场景似乎在暗示：忘掉爸爸妈妈吧，任何大人都可以是父母。这就像是去流浪狗收容所一样，只不过在这里是孩子。他们都希望有人收养自己。

孩子大约有10个，只有一个看管人。看管人和他们说了一些话，但没有挑出某一个。外面很凉爽，下着小雨。空气湿冷，树叶也是湿的。虽然还不晚，但在这么靠北的地方，光线已经很弱了。暗黄色、棕色和绿色，只有这三种颜色。

玛丽娜用俄语和看管人打招呼。看管人很惊讶，俄罗斯人很少收养孩子，像我这样的外国人说俄语也很不寻常。她人很好，看上去也很关心别人。

看管人带着我们上楼,来到一个灯光明亮、整洁的小房间,几个箱子里装着玩具。这里是介绍室。这房间感觉有点像汽车展示厅。在后面,也就是维修汽车的地方,肯定有油罐、办公室政治和其他的一切。但在这里,在展示厅的地板上,一切都很干净。

不一会儿,孤儿院院长领着一个小女孩走到大厅,我一眼就认出她是我们收到的视频里的那个小女孩。这就是索尼娅隆重出场的时刻。她很美丽,胖乎乎的,虽然只有16个月大,但她走得很稳,就像上岸休假的水手一样。看管人把她介绍给我们,然后迅速走了出去。我们家的第四位成员就站在我们中间,我们家终于完整了。

索尼娅跟跟跄跄地从我们三个身边走过,走向一箱球,从中抓了一个。萨沙想和她玩,但不知道如何与一个小孩儿互动。玛丽娜和我也试了一下,但索尼娅对我们不感兴趣。她对那些球很感兴趣。

据我们所见,她是一个健康的小女孩。我很高兴能带一个孩子离开这所孤儿院,去一个温暖的家。这感觉就像是我们在纠正一些错误,至少是弥补一些坏运气导致的不幸。

玛丽娜和我最终把她从球那里引开,和她一起玩。我坐在地板上,给她看一个毛茸茸的球,引起了她的注意。她依然更注意球而不是我。当我把球藏在身后,伸出双手,让她看我的两只手都是空的,她才把注意力集中在我身上。

然后萨沙开口了:"嗨,索尼娅,你想踢足球吗?"他边说边挥舞着一个小足球。

"萨桑,"玛丽娜温和地介入进来,"萨桑"是她给萨沙起的一个昵称,"她不会说英语,也不知道足球是什么。"萨沙没有作罢,这就像是他拥有了一个新宠物。给萨沙治疗阿斯伯格综合征的医生说对了一件事:当另一个孩子出现时,萨沙的注意力会向外转移。

次日,我们匆忙地在镇上签署了收养索尼娅的文件。一位俄罗斯办事员也许对玛丽娜接受的美国牙科手术的效果感到惊讶,在文件签署过程中突然插话,向玛丽娜提出了一个问题:"那些牙……你的牙?"

"是的。"玛丽娜说。

这位办事员没有再追问。

我们在该镇的向导曾做过警察。

我们从他那里得知,索尼娅的生母不给她喂奶,把她一个人留在"公共公寓"里,那里有很多房间,但只有一个厨房和一个卫生间。她妈妈离开后,索尼娅大声哭叫,其他住户听到了她的声音,最终报了警。这种情况发生了很多次。这是一个关键信息,那所孤儿院没有告知我们。

我想象索尼娅一个人躺在那个房间,浑身脏兮兮的,饥肠辘辘,大声哭叫。一个没有东西吃的婴儿会受到多大的伤害?要成为一个思维操纵大师,需要经历多少苦厄?

我读到过成年人受折磨的故事。从囚犯身上,克格勃剥夺了与尊严有关的一切——睡眠、食物、隐私、亲密的人际关系。在这种情况下,最有效的生存技巧就是把自己封闭,不再让自己产生任何情感。似乎在这种情况下,要活下去,你不仅要坚强,还需要泯灭你的一部分人性。

是什么让一个母亲做出这样的事情?我猜是精神疾病、酗酒或吸毒成瘾。

玛丽娜和我问那位前警察,他对索尼娅的生母了解多少。

"我知道她,是的。"他谨慎地答道。

我们似乎得从他嘴里撬出信息来。

"她长什么样子?"玛丽娜问。

"她长得像你,不瘦,不太高,很正常。"他说。

"你了解她的性格吗?"

"了解一点儿。她有点散漫。"他有点含糊地答道。

他说她在附近的一个露天市场里卖东西。一天他带我们去了那里,那天雨下得很大。我们走来走去,假装是在购物,他会悄悄把她指给我们看。在市场里,这位穿着皮夹克的侦探走在前面,我们在后面跟着。20分钟后,他告诉我们,她不在那里,于是我们走了。

索尼娅的生母让她挨饿。因为没有营养,6个月大时,索尼娅感染了肺炎,被送进了医院。据我们所知,大约在那个时候,政府剥夺了那个女人的抚养权。我知道玛丽娜的成长环境,她家的情况从未严重到需要政府干预的程度。对俄罗斯人来说,如果父母已经无可救药了,就意味着他们真的是在虐待孩子。

也许此时其他的准养父母会被吓跑。但当时我唯一的想法是,这个可怜的女孩受到的虐待太可怕,我要尽快把她带离加里宁格勒。

索尼娅的第二个家是医院。她在那里得到了喂食,几个月后体重恢复。那里的情况怎么样?这是故事里的又一个空白。英国广播公司的一个报道记录了俄罗斯的一家医院,在那里孤儿的嘴被胶带封住了,这样他们就不会哭,也不会打扰工作人员。索尼娅也被这样对待过吗?

网上的另一张照片显示婴儿床里的婴儿被排成一行。如果仔细看,你会发现他们伸出了手去摸旁边的婴儿床。这表明渴望被拥抱是一种很原始的情感。如果没有其他人愿意拥抱他们,婴儿们就会彼此拥抱。索尼娅的第三个家是我们遇到她的那家孤儿院。

我们还有一场最后的法庭问话。一个一脸凶相的法官分别问了玛丽娜和我几个问题。

"保罗·波多尔斯基,你住在美国马萨诸塞州的布鲁克莱恩吗?"

"是的。"

"你准备好承担所有抚养责任了吗?"

"是的。"

这位法官的面前放着一个厚厚的活页夹,里边是我们的文件。她飞快地签了字,于是俄罗斯的法律系统就把这个孩子的抚养权转给了我们。我们准备当晚就去接索尼娅。

我们决定由我去接索尼娅,玛丽娜和萨沙留在公寓里。那天晚上,我又坐进了那辆破旧的奔驰,还是那位烟不离手的司机。到达孤儿院时,天已一片漆黑,是那种俄罗斯式的漆黑。

以往,索尼娅此时应该已经睡着了。但这一晚,她在院长办公室里,穿着绿色的衬垫连衣裙,戴着毡帽,遮住耳朵,以迎接外面的天气。当时是9月下旬,但加里宁格勒的夏天消逝得很快,任何称职的俄罗斯母亲都会给婴儿穿上足够多的衣服,以抵御可能突然降临的暴风雪。

院长小心翼翼地把她递给我,她反复说着"爸爸、爸爸"。我把她抱在怀里,立刻感到一种父亲的保护本能充满全身。虽然被交到一个陌生男子的怀里,但索尼娅没有哭,她一点声音也没有发出。现在保护这个小东西免受宇宙间的一切威胁,成了我的职责。也许她在想我是不是这些威胁中的一个。

我们一起走向门外的汽车。司机打开后门,我和索尼娅坐在后座上。她没有从孤儿院带玩具出来,没有任何东西能把她和之前的生活联系在一起。在这漆黑的夜里,她身边只有我。

在车驶出车道时,院长喊道:"保护她,照顾她!"

我点了点头。

索尼娅坐在我腿上,盯着我看。最初,我不太明白这种表达方式。这跟我在萨沙脸上看到的表情不一样,也跟孤儿院里的孩子们的表情不一样。她一个字也没有说。她的眼睛睁得大大的,圆圆的。这时我明白了,她很恐惧。我从没见过一个婴儿这么恐惧。这并不是突然听到一声巨响之后的恐惧,这是一种永久性的警戒状态。我努力用平静的声音和她说话,就像萨沙出生时我所做的一样。

"是的,这是一个重要的夜晚。你来得太晚了。现在我们在车里,准备回家,你可以睡个觉,醒来就会见到萨沙和妈妈。明天早上我们吃早饭,然后去莫斯科看外祖母。你很安全,我会照顾你的,妈妈和萨沙也会照顾你的。"我对她说。

我把她放在膝上,但没有拥抱她。我觉得那样做不对,我们刚刚认识对方。这跟拥抱一个新生儿的感觉不一样。对待一个新生儿，只能紧紧地搂在怀里；但她是一个蹒跚学步的孩子，把她放在膝盖上，我们之间有一小段距离。我想知道她是否会朝我靠过来，以表示她想被抱得更紧一些。但她没有，她笔直地坐着。

到公寓时，玛丽娜和萨沙正在激动地等我。那天晚上，我们4个人第一次睡在一个房间里。玛丽娜和我把两把扶手椅推到一起，为索尼娅做了一张床。索尼娅激动地睡不着觉。她跟萨沙和我玩了躲猫猫，从扶手椅后面突然露出头来，然后又蹲下去。我们玩了很长时间，然后都睡了。她似乎想要确认我们知道她来到这个家了。我们怎么会忽视她呢？

次日，我和萨沙一起坐飞机回家，送他回学校。我们降落在纽瓦克，之后开了一整夜车，萨沙睡在后座上。玛丽娜则带着索尼娅飞往莫斯科，为她办理美国护照。

※　※　※

一周后，我又来到了纽瓦克机场，站在玻璃屏后面，看着那些经过海关检查出来的旅客，他们的眼神很迷离。大多数旅客走得很慢，两只脚有点儿不太稳，在机上度过很久后，第一次踏上坚实的地面还不习惯。

她们呢？

我知道玛丽娜生病了。她发高烧了，从莫斯科打电话告诉我说，她不知道自己的体温是多少度，但能确定发烧了。她很少发烧，我怀疑在经历了领养孩子的曲折后,她的免疫系统崩溃了。

我很快就找到了她们。玛丽娜走得很慢,索尼娅坐在行李车里。那时大约是当地时间的中午,也就是说索尼娅该睡觉了。她们俩看起来都很茫然。我的心跳加速,我把手举到头顶,挥舞手臂。玛丽娜说我的手臂像大猩猩的手臂,我的步态也很明显,所以我希望她能认出我摆的这个姿势。

最终,玛丽娜从人群中认出了我。她径直走向我,把索尼娅从行李车里抱出来,仿佛是用全身心的力量对我说:"你抱着她。"我分别给她俩一个大大的拥抱,然后把索尼娅从玛丽娜的怀里抱出来,让她的胳膊搂着我的脖子。

我们走出了那座棕灰色的混凝土建筑,走向我们的本田车。正值晚秋,天气却异常温暖。走在停车场里,让人不禁感到生在美国是幸运的。天气很好,水很干净,政府不压迫人民。

我把索尼娅放在汽车座椅上,系上安全带,然后踏上了北上波士顿的旅程。虽然洛根机场比纽瓦克机场近很多,但那里机票更贵。越过乔治·华盛顿大桥时,从我们右手边的桥梁能看到纽约,这时索尼娅哭了起来。我很惊讶,我以为索尼娅会很快睡着,就像处在那个年龄的萨沙一样。

坐在副驾驶座的玛丽娜转过身去,试图安慰她。

"索尼奇卡,一切都好。我们正在回家,萨沙哥哥在那里等你。温暖的床在那里等你。索尼奇卡,一切都会好的。"她用俄语说。

"奇卡"是俄语中一个迷人的后缀。把这个后缀加到任何单词后面,都能传递一种"我亲爱的小家伙"的感觉。

车开上哈得孙公园大道时,她还在哭。

玛丽娜和我开始猜测她怎么了。

是不是她的尿布满了?

玛丽娜抬起她的一条腿,没有看到任何异样。

她是不是想喝水?我们递水给她,但她似乎不渴。

她是不是晕车了?

"她上次吃东西是什么时候?"我问。

"也许是这个原因。她在飞机上吃了一点,但不多。也许她只是饿了。"玛丽娜说。

这时我们已经快到康涅狄格州了。

"15分钟之后会有一个休息站。我们在那里停下,看看能做些什么。"我对玛丽娜说。

我把车开进休息区,玛丽娜推开车门,快步走进加油站。我看了看索尼娅的大眼睛,她松散的金发斜斜地从头上垂下来。

我把她抱到停车场前的一小块草地上。我握着她胖乎乎的小手,帮她保持平衡,带她来回走。她的平衡性不好,但走得很坚定,虽然摇摇晃晃,但像行军一样。我觉得她的手有点湿。我计算了一下要几个小时才能把她送回家,然后给她洗个热水澡,放到舒适的床上。

玛丽娜从商店里走出来,带着一袋食物和一杯咖啡。

"鸡块。"玛丽娜挥舞着袋子大声说。

索尼娅一边拉着我的手,一边抬起头来。

我们回到车里后,玛丽娜从一块鸡块上掰下一角,转身递给索尼娅。

我们正在沿着梅里特公园大道行进,经过一些小镇,我曾看到一期《纽约客》的封面称这些小镇为"富人国"。

索尼娅伸出一只手,拿了鸡块,放进嘴里,一边嚼着,一边伸出手要另一块。

"她饿了,所以才会哭闹。"玛丽娜说,她的语调似乎在责备我们俩对索尼娅照顾不周。

过了一会儿,玛丽娜不再给她吃鸡块了。

"我想她可能吃得够多了。"玛丽娜说。

"应该是。"我说。

一个不会说话的孩子有没有吃饱,本来就很难判断,考虑到我们对索尼娅并不熟悉,就更难判断了。

无论如何,她不再哭了,所以我们认为这是个好兆头。到哈特福德时,她已经睡着了。

※ ※ ※

我们家是索尼娅的第四个家。她在孤儿院时和另两个孩子共住一间小屋,与那里相比,我们在布鲁克莱恩郊区的住所就像是一座宫殿。她有自己的小房间,里面有一张舒适的宜家床。沿着走廊走几英尺,她就能找到父母和哥哥。

索尼娅进家不久,我们就带她去了波士顿儿童医院。这家医院有一个专门为新收养的孩子开设的儿科诊所。由一位医生、一位社会工作者和一位收养专家组成的小组,对她进行了一系列测试。她全都通过了。医院说，我们很幸运。我们把她抱进怀里，走出了医院，这是一个秋高气爽的日子，风吹起树叶，发出松脆的声音，一切看起来都那么美好。

随着索尼娅的到来，我们开始分工。一对父母面对一个孩子时，父母占主导地位。一对父母面对两个孩子时，稳定的秩序就动摇了，同时局面似乎变得更有趣了。

玛丽娜和我试图发明只有我们自己知道的习惯，这是我一直想要的。我甚至有点想领养更多孩子。虽然领养索尼娅的过程很艰难，但既然她已经来了，我就觉得为什么不再领养几个呢？星期天时，我会做薄煎饼。到了晚上，玛丽娜会用酱油和生姜煮鲑鱼。考虑到玛丽娜和我从小都不信教，我们发明了自己的餐前祷文。

"谢谢这顿饭。这是美好的一天。现在我们开吃吧。"

萨沙会说这句话，他把"吃吧"留给索尼娅说，然后他们就会大笑起来。

晚上，我们会在卧室给他们读我们觉得有益于身心健康的书，比如给索尼娅读《月亮，晚安》，给萨沙读《哈利·波特》系列，房间里散发着新洗的床单的味道。

萨沙和索尼娅一见如故。萨沙是分析性思维，可能在社交方面有些笨拙；而索尼娅一眼就能察知社交线索，讨厌独处，一点都不喜欢分析。这可能就是互补吧。在我的记忆中，他们从没打过架，原因之一也许是萨沙总是很温柔。

当时索尼娅仍主要说俄语，但她知道基本的英语单词。她总是笑着，看上去热情洋溢。我试图和她玩我曾和萨沙玩的游戏，如扮老虎游戏，我在地上爬，咆哮。

"不，爸爸，抱抱。"她说。

好吧，那就抱抱。

不久后，一个宜人的秋日，我带她去我们家附近的植物园。我找到一个大草堆，和她一起坐下，脱下她的鞋子和袜子。我估计俄罗斯的看护人员不会让孩子光脚走路，以免他们感冒。现在她可以用脚感受青草和泥土了，我怀疑这是她人生中第一次这么做。

我觉得，我比那些老派的、疑心重重的俄罗斯看护人员更高明。我觉得，让孩子稍微接触一些我们这种生活方式，他们会茁壮成长。

但索尼娅站在那里看着我，并不高兴，而是很困惑。她似乎是在审视我：能让一个小孩子做这样的事吗？然后她转身走开了。

我摸不着头脑。她就这样走开了。我看着她，期待她走几步后会回过头来看我，就像在俄罗斯玩躲猫猫时一样。但她没有转身，只是一直往前走。她要去哪里呢？

"索尼娅！"我喊道。也许她还不知道自己的名字。

我叫的就是她生母给她起的名字。

没有回应。

最终我只能站起来去追她。我意识到，她正在以小孩子的方式发号施令，至少是尝试这么做。我追上她，把她抱了起来。这件事让我觉得很奇怪，但并没有太在意。

有迹象表明，在我们收养她之前，她非常害怕。但对我们来说，这些迹象太模糊，难以从中猜出当时究竟发生了什么。在布鲁克莱恩，我们家对面，住着了不起的一家人。他们有四个女儿，两个在上高中，两个在哈佛大学读书，她们都很善良、聪明、美丽。这似乎是玛丽娜和我偶尔发现的完美家庭之一。

有一次我们在社区里散步，玛丽娜抱着索尼娅站在我家门外，这时那一家的父亲走出了家门。他从未见过索尼娅，所以我们决定走过去打个招呼。

他留着大胡子。他和往常一样和蔼可亲，慢慢向我们走来。索尼娅一看到他的脸，突然变得歇斯底里，把脸掩在玛丽娜的肩膀上。玛丽娜和我试图安慰她，那位父亲伸出两个手指，轻触她的背，说了些安慰的话。她对我或其他男人都没做出过这样的反应。也许是他的胡子让她想起了一些收养前的不好的事，她的反应很强烈，但这事过后我们没有多想。

秋去冬来，我们开始了第一次四人家庭度假。

随着出行日一天天临近，玛丽娜越来越兴奋，不禁让我微笑起来。

在出发前的几天里，玛丽娜小心翼翼地把凉鞋和泳衣拿出来。也许这是在北方天气下生活所遗留的习惯，但玛丽娜最重视鞋子。她反复提到度假时要脱下靴子，穿上她所说的"露趾鞋"，也就是凉鞋。

那一天到来时，闹钟把我们叫醒了。周六早晨我们通常不会起这么早，而是睡在暖和的毯子里，远离屋外马萨诸塞州的严寒和刚蒙蒙亮的天。玛丽娜和我把索尼娅和萨沙从床上拽起来，喂饱了他们。我们喝着泡沫塑料杯装的咖啡，驶往洛根机场。

在飞机上，我一直有睡意，就像被地心引力牵引一样。但我不能向睡意屈服。萨沙已经7岁了，给他一本书就能自己玩一会儿，但索尼娅就像一只小狗，蹦蹦跳跳。玛丽娜和我需要轮流把她抱在腿上，逗她开心。

索尼娅似乎在感应我们周围的能量，这能量就像气体一样，没有固定的形状，不断变化。她和坐在旁边的人进行眼神交流，对他们微笑，但似乎对我们兴趣不大。而且她似乎不停地这么做，一直盯着别人，吸收能量，但她毕竟还是个孩子。她有一头闪亮的金色头发，看起来就像一家芬兰旅行社的模特。我想知道她的金发是遗传的谁，是母亲还是父亲？也许确实和芬兰有关，是去加里宁格勒参加派对的芬兰人吗？

机场里的很多人夸索尼娅是"可爱的孩子"，我怀疑他们是否注意到了我们头发颜色的区别。

飞行几小时后，我们落地了。飞机的前后门都打开了，阳光照了进来，温暖和潮湿的空气也涌了进来。飞机外光线很强，几乎让人睁不开眼。这对皮肤雪白、仍然不熟悉我们三个的索尼娅来说，又是一个冲击。我在想，多米尼加共和国距离俄罗斯的加里宁格勒有多远。

在去海关检查站的路上，玛丽娜在肩包里找到一管防晒指数为50的防晒霜，涂在两个孩子身上。我发现她具有美丽、感人的母性本能，这在我看来有一种奇特的异国风情。

我们过了海关，坐上一辆出租车到了度假村，那是在茂密的丛林中开辟出来的一片小绿洲。我们很快找到了泳衣，带着萨沙和索尼娅下了水。萨沙已经会游泳了，很高兴地在海浪中跳跃，他的腿细细的，跑来跑去。我们给索尼娅戴上一顶松软的帽子，让她坐在我们旁边的沙滩上。她很喜欢。她没有走开，而是坐在那里，不断舀起沙子，然后往下倒，海浪在旁边轻轻拍打着沙滩。她仍然没有把注意力放在我们身上，但她看起来确实很开心，只不过没有邀请我们和她一起玩。我想，大自然与和睦的家庭将治愈她。

第四章　疑问

马萨诸塞州布鲁克莱恩，2001年

"蛋糕，谢谢。"我说。

索尼娅在两点钟醒了。我们在她房间里玩游戏，我坐在地板上。她有意识地在房间里走来走去。她大约有3英尺高，一头白金色的头发，胳膊和腿胖乎乎的，让人很难想象大约一年前她生母曾不给她吃东西，把她饿坏。

她以极严肃的神情看着我，这让我想笑。然后她转过身，在一堆塑料玩具中翻来翻去，找到了一个大体是圆形的东西，递给我。这就是蛋糕。

我要去小便。我从地板上站起来，走进她房间旁边狭窄的卫生间。

"我很快就会回来。"我说。

小便完，刚刚拉下抽水马桶，我就回到了她的房间。她不见了。我沿着走廊快步走到萨沙的卧室，那里没人。然后我走进萨沙卧室对面的卧室，也没人。

"索尼娅！索尼娅，你在哪里？"我喊道。

我有些惊慌失措。

我跑下楼,在厨房和客厅里很快地转了一圈,叫着她的名字:"索尼娅!索尼娅!"

没有人回答。

我的本能现在处于高度戒备状态。她会不会从窗户掉下去了?我想我在窗户上装上了防护栏。紧接着又怀疑,我在窗户上装上防护栏了吗?一个小孩子为什么要跳窗呢?

这时我注意到了前门,是开着的。这看上去不对劲。玛丽娜和萨沙出门去了,但玛丽娜出去时是不会忘记关门的。而且,空气中还弥漫着新英格兰冬季的严寒。假如门一直是开着的,楼上的我应该早就感觉到飘进来的寒意了。一个蹒跚学步的孩子懂得如何开门吗?看起来我需要去看看。

我把前门又打开了一些,扫视着院子和车道。找到她了,索尼娅坐在我们那辆破旧的本田车的驾驶座上,双手放在方向盘上。我感到如释重负——她还活着。

我从砖铺的台阶上一跃而下,跑向汽车,在绕过灌木丛时一直盯着她。我眼睛看着她,腿在奔跑。假如萨沙看到我这么生气地跑向他,他会哭出来的。但索尼娅茫然地盯着我,脸上毫无表情。

我打开车门,把她抱在怀里。

"你这样做不好,索尼娅。"我训斥道。身为父亲和丈夫,需要做到无尽的谦卑,现在我却朝着一个两岁的孩子大吼大叫。理论上我应该保持得体,但在当时的情况下我无法做到这一点。当时我感到非常沮丧。那是一种过敏反应,就像被蜜蜂蜇了的反应一样。当然,事后我为自己发脾气而感到难过。

她在汽车方向盘后面做什么?是在玩吗,还是想逃跑?

当我把她抱回屋时,她全身无力,也很听话。她既没有抗议,也没有哭。她似乎接受了我比她高大的事实。但她似乎也在耐心地等待,至于等待什么,我说不清楚。

回到屋里后,我让她坐下,然后盯着她看。这么小的一个人,却把我吓了个半死。

我感到一阵恐惧。我怀疑她是一种不同类型的动物,野生动物,而不是渴望与人交朋友的家养动物。她是一只狼。

这个想法一浮现出来,我就责备自己竟然会这么想。她是个孩子!这是在我脑海中反复浮现的许多矛盾想法之一。我想集中精力在她身上,但我经常走神。我想信任她,但从我身边逃走这一点,极大地动摇了我的信任。

随着时间的推移,我开始一步步地滑向另一个世界,那里充满了困惑、自我怀疑和对索尼娅的疑虑。我对索尼娅有很多疑问,同时多年来我一直觉得,有些事可能是我想象出来的。她身上发生的很多事都是小事,似乎是偶然的,但加在一起就不小了。每件事都能找到理由来解释,但放在一起,这就是一个需要诊断的问题。

索尼娅跑向汽车事件后不久,玛丽娜在她面前放了一杯水。索尼娅挑衅地瞪着玛丽娜,拒绝喝水。她经常拒绝喝水,在玛丽娜面前尤其固执。她一定渴了,不是吗?我们认识的所有孩子都会咕嘟咕嘟地喝水、喝牛奶,或者放在他们面前的任何喝的东西,特别是在外面跑来跑去之后。

玛丽娜曾试图把索尼娅放到高椅上，直至她喝水。索尼娅就是不喝，最终玛丽娜屈服了。有时索尼娅似乎有不屈不挠的意志。也许这种坚不可摧的意志曾帮助她忍受饥饿，但这无助于我们与她建立良好的关系。

萨沙若有所思地看着这一幕，然后用一种哲学的口吻，甚至对他这个年纪来说有些职业化的口吻说："有意思，她的行为好像骆驼，尽管她并没有骆驼的构造。"索尼娅似乎从未惹他生气过。

虽然索尼娅会拒绝喝水，但有时她会克制不住，吃个不停，尽管只有特定的食物会让她这样，比如通心粉和奶酪。在我们收养她的头几年，家庭聚餐是围着一张亮绿色的餐桌进行的。玛丽娜还把厨房的墙壁刷成了像冰冻果子露一样的橙色。在这种亮色调的氛围中，我们让萨沙坐在椅背比他的头高的椅子上，让索尼娅坐在一个塑料儿童座椅上。他们都有一双明亮的蓝眼睛，在我和玛丽娜准备晚餐时，他们就一直盯着我们，看过来看过去。

一天晚上，到吃饭的时候，我把盘子放在桌子上，然后抱起索尼娅，让她坐进她的红色塑料座椅。她会对我微笑，并经常用俄语说些什么，比如"吃"。

"是的，我们准备吃饭了。"我说，以表示我听懂了她说的话。

"是的，姑娘，我们准备吃饭了。"玛丽娜用抚慰的语调说。

索尼娅很轻松地喝完了她的汤。这可能是习惯使然。我初见她时，有一次和她吃饭，是在孤儿院里的一张小桌子上。当时看护人把系在索尼娅脖子上的围嘴压在一个大汤碗下面，这样她就能用勺子舀起汤，然后把那个大勺子塞进嘴里喝汤，同时下面有一块布，能接住洒下来的汤汁。

"看,她已经能自己吃东西了。"当时看护人夸赞索尼娅。

我想他们在孤儿院里长得很快。

汤喝完后,我起身把孩子们面前的碗收拾了,又放了一些沙拉、鱼和罗勒酱意大利面。索尼娅狼吞虎咽地吃着意大利面,就像一天没吃东西一样。吃完后,她盘子里还剩一点儿鱼和沙拉,这时她会指着意大利面,带着哀怨的神情看着我和玛丽娜。

我怀疑碳水化合物对她有特别的意义。我曾看到俄罗斯人初次来美国时狼吞虎咽地吃水果。有时一些美国家庭会装饰性地摆一些水果碗,俄罗斯来访者也会把这些水果吃掉。这是因为在20世纪90年代,苏联水果短缺,这些俄罗斯人缺乏维生素。但索尼娅会吃不上碳水化合物吗?她已经离开孤儿院一段时间了,还会吃不饱吗?

"如果你把那些沙拉和鱼吃完,还是感觉饿的话,我会再给你一些意大利面。"我对她说。

她推了推盛着鱼和沙拉的盘子,一点儿也没吃。

"好吧,那你就是吃饱了。"我边说边看了玛丽娜一眼。

我帮她从高高的座椅上滑下来。

玛丽娜和我会在教育孩子的方式上争吵,但在吃饭问题上我们意见一致。孩子吃饭必须营养均衡,如果不吃了,就说明吃饱了。

萨沙慢慢地吃着,但他什么都吃。他吃得特别慢,我有时怀疑这顿饭永远不会结束。他会咬一口东西,慢慢咀嚼,然后问一个很长很复杂的问题,因为他要组织问题,所以吃饭就会停下来。

"究竟是什么导致了云的形成?为什么有云时有时下雨,有时不下雨呢？"他有一次大胆地问。

然后他会带着好奇的神情等待，直到获得一个他觉得合理的回答，才切下另一块食物，慢慢放进嘴里。

我、玛丽娜和索尼娅的吃饭方式一样，吃得很快。我们做饭用的时间比吃饭用的时间长得多。

当萨沙还在吃的时候，玛丽娜会泡茶。我把索尼娅放在大腿上，上上下下地颠她，同时努力回应萨沙提的问题。在索尼娅到来之前，我们在吃饭方面没遇到过麻烦。但我知道十几岁的女孩出现饮食困扰是常见的现象，于是担心我是不是做错了什么，在索尼娅长大后给她造成了伤害。

坚持要她吃蔬菜会造成问题吗？我一边盯着坐在我腿上的她，一边想着。

萨沙终于吃完了，之后就是洗澡时间。

"保罗，你能不能带孩子们上床睡觉，我来打扫？"玛丽娜问道。

"没问题。"我说。

我带着索尼娅上楼。

同时让萨沙在他的房间里等我。

只要我们在身边，他就能待在自己的房间里，看书或玩游戏，不会出什么问题。

我放出热水，帮索尼娅脱掉衬衫、裤子和尿布，然后把她放在浴缸里。

她坐在浴缸里，着迷地盯着自己在水里的手。离开孤儿院后，当我们第一次给她洗澡时,不知是由于太兴奋还是太放松,她马上在浴缸里拉了一坨大便。现在她不这样了,但她会开心地用手掌拍水。我们有一个黄色的塑料大勺子,她可以给勺子装满水,然后倒出来。我从地板上的一堆玩具里找出那个勺子,递给她。她玩得很入迷,有时蹲着前后摇晃,以保持身体平衡,这是因为她有时舀的水多,有时舀的水少,有时把勺子拿得远,有时拿得近。她会把勺子插进水里,把勺子装满,举起来,然后把水倒掉。

我往手里倒了一点婴儿洗发水,然后开始轻轻洗她的头。她的金发有些稀疏,湿的时候看起来几乎像秃头一样。把她小小的头捧在手里时,她的头骨显得那么脆弱。这就是我梦想要养的孩子。我给她全身抹上肥皂,哄着她,让她把塑料勺交给我,给里面装满水,从头上往下轻柔地浇在她身上。

这时玛丽娜已经洗完了碗。我们一起把索尼娅从浴缸里抱出来,轻轻地把她擦干,把浴缸的水放掉,用毛巾把她裹起来,然后喊萨沙,给萨沙洗澡。

哄孩子们上床睡觉后,玛丽娜和我坐在客厅沙发上,讨论怎么处理索尼娅的吃饭问题。我横躺在沙发上,玛丽娜坐在我脚边,拿着另一杯热茶。她一天到晚喝茶。我已经困得睁不开眼睛了。

这是我们在养育第二个孩子时遇到的许多需要决策的问题之一。养育萨沙时没有这些问题。虽然吃得慢,但他在好好吃饭,吃饱了就不吃了。我们能感觉到,索尼娅想吃更多的碳水化合物,当然,我们知道她以前挨过饿。但是,和我们住在一起,每天有规律地吃三顿饭,似乎并没有影响她的进食方式。

"也许我们只需要让她根据自己的意愿吃？也许她需要看到，她永远不会缺吃的？"我问玛丽娜。

"好吧，我们试一下。"玛丽娜说。

几天后，餐桌上的碳水化合物是一种宽意大利面，上面有一些融化了的帕玛森芝士酱。索尼娅以最快的速度，狼吞虎咽地吃了第一份。

"还要吗？"我问。

她点了点头。

我又给她舀了一份意大利面。她就像没吃第一份一样，飞快地把一勺勺面条塞进嘴里。

我看得很痛苦。我不是营养师，但她吃的似乎比我多得多，而我的体重是她的四倍多。

要让她知道她在家不会挨饿，就必须让她这么吃吗？想到这一点我心里有些发怵。

最终，她突然停了下来，放下勺子，茫然地看着我，然后开始呕吐。

似乎她的脑子和身体不同步，或者她本能地在为挨饿做准备，尽管她已经不会再挨饿了。

在此之前，我从未考虑过身体限制的概念。

但带她上床睡觉后，我想了想我们的身体是如何根据各种体内节律运行的。熬夜太晚，第二天我们就想睡懒觉。工作一会儿，我们就会疲惫，就要休息。我们的行为也是这样。我们在沮丧时会发怒，说一些蠢话，然后会冷静下来，向别人道歉。大多数人都有一种与生俱来的内部机制，这一机制支配着我们做的大部分事情。这些限制就像是一个无形的栅栏，就像圈狗一样，当狗离开圈养地时，会受到电击。饱腹感让我们保持健康。但以前索尼娅没有体验过饱腹感，我在想还有什么其他的身体限制她没有体验过。

当我对这样的事情感到焦虑时，我经常浮想万千。各种想法奔涌，没有逻辑，而这些想法和联想有力地冲击着我的头脑。我的思绪离开我目前努力抚养的这个小孩，转向一些我认识的、让我担心的成年人。我在生活中遇到的这些人似乎没有自己的内部机制，比如我哥哥和玛丽娜的姐姐。这两个人有时似乎没有意识到自己越界了，例如和不该调情的人调情，或者向自己不熟悉的人要钱。

无论是美国还是俄罗斯，任何社会都会排斥这样的人，我很害怕我的两个孩子最终会遭遇这样的命运。我觉得我有义务尽我所能养育他们，以免他们遭遇这样的结局。索尼娅的主要问题是她生活在一种内部现实之中，她的内部现实与外部现实几乎毫无关系。当然，这只是程度的问题。所有人都对现实有扭曲的看法，我奔腾的思绪本身就是一种对现实的扭曲，但如果一个人按照远离现实的扭曲想法行事，会付出巨大的代价。

也许索尼娅的生母小时候的遭遇，就和索尼娅小时候一样，而这种对正常界限的漠视——索尼娅生母的育儿理念——以某种方式影响到了索尼娅对食物的态度。我觉得这个想法太荒谬了，我不敢告诉任何人。

除了逃跑和暴食，索尼娅还有一些别的行为，让我感到担忧。她似乎觉得玛丽娜和我与其他成年人一样，对我们没有形成特别的依恋。我曾天真地以为，她会像一只初生的小鸭子一样，跟在我们后面摇摇摆摆地走。但她不这样。和萨沙一起在游乐场上时，我注意到那里所有的孩子都在盯着自己的父母。在本地的游乐场上，孩子们会爬上娱乐设施，顺着滑梯滑下来，但当他们兴高采烈地从滑梯口出现时，他们会抬头寻找爸爸妈妈。他们只需几秒钟就可以找到爸爸妈妈，然后又会跑去玩其他东西，比如荡秋千。

如果我是附近唯一的成年男子，索尼娅会留意我。但如果还有其他成年男子在场，她有时会跑向其中一个，仿佛那是她爸爸一样，而且对我们的朋友她也会这么做。在布鲁克莱恩时，玛丽娜和我碰巧进入了一个波兰人的社交圈，他们的孩子和我们的一样大。我们和一对夫妇特别亲密，他们叫库巴和祖娅。

库巴是一个喜欢交际的人，和我差不多高，无忧无虑，就他的年纪来说，显得有些孩子气。他会本能地抱起朋友的婴儿或蹒跚学步的孩子，温柔地拥抱他们，或者亲吻他们的头。

祖娅和库巴常来我家。虽然我给索尼娅洗澡、喂饭、带她散步，但当库巴到来时，她经常围着他转，就像他是她父亲一样。对我来说，这是另一个迹象：她的内心定位似乎有一些混乱。萨沙喜欢祖娅和库巴，但他清楚地知道我和玛丽娜是他的父母。他不会坐在祖娅的腿上，要祖娅抱他。但索尼娅会这么做，她会跟着库巴，绕着我们的桌子，走到库巴的座位旁边，然后伸出手臂，表示想要库巴把她抱起来。

"啊，索尼娅，你想像飞机一样飞吗？"一天下午，库巴在我们家说。

他亲热地抱起她，把她举到空中，发出像飞机一样的噪声。

索尼娅咧着没长牙的嘴大笑起来。

我隔着桌子看着。当时屋里很吵，大家在谈各种各样的事，但我不顾别的声音，只是盯着索尼娅。我该怎么办？叫库巴把她放下来吗？她玩得很开心，似乎根本不在意玛丽娜和我在哪里。

"索尼娅，让我把你放到儿童座椅上，然后吃点东西吧。"我最终开口了。

"好的，飞机就要着陆了。"库巴说着，轻轻地把她放到地板上。

※　※　※

2004年，我们搬到了康涅狄格州的韦斯特波特，那里毗邻长岛海湾。我找了一份新工作，在该镇的一位基金经理手下工作。我的许多邻居都要在韦斯特波特和纽约之间通勤。那是一个富裕的小镇，比玛丽娜和我长大的地方时髦。许多家庭都有昂贵的德国车。夏天，孩子们经常去夏令营。镇上的餐馆里挤满了人，用玛丽娜的话说，这些人看上去都是"在良好的环境里长大的"。他们的牙齿整齐洁白，男子腹部扁平，中年女子身着无袖连衣裙，手臂上没有赘肉。

我们把索尼娅送到了日托中心，这样一来玛丽娜能去上班，二来我们觉得和同龄的孩子打交道，对她的成长有好处。我们感觉到索尼娅有些不对劲，但这只是一种直觉。当时玛丽娜和我并没有很频繁地讨论她的行为。在我们看来，她逃跑、暴食、不把我们当回事，这些只是令人担忧的迹象，所以我们开始温和地提出疑问。

搬到韦斯特波特后,有人向我们推荐了一位儿科医生——戴斯利医生。

戴斯利医生是20世纪50年代的那种医生——中年白人,有些秃顶,身材匀称,和蔼、乐观,通常能很好地倾听别人说话。当我们身无分文住在布鲁克莱恩时,我会在夜班结束后和萨沙一起看《芝麻街》。《芝麻街》里的角色看起来有点像戴斯利医生。

玛丽娜和我坐在戴斯利医生的检查台上,她抱着索尼娅,我们移动时,检查台上的纸沙沙作响。

"有什么情况要告诉我吗?"戴斯利医生问。

我们讲了吃饭的问题。

"哦。"他若有所思地咕哝着。

"她的体重基本正常,也许只需留意观察即可。"他说。

我们从很多医生那里听到了相同的意见。模棱两可、礼貌,但对索尼娅逐渐引起我们注意的各种问题避而不谈。

很快,索尼娅开始从日托所带回一些不属于她的东西——一个人字拖、一个发卡、一些粉笔或者一双袜子。玛丽娜问她这些东西是从哪里来的。

"朋友给我的。"她万分肯定地解释道。

玛丽娜和我的眼睛睁大了。怎么可能呢?首先是常识,朋友不会以这样的频率送她东西。其次是她否认的方式,她否认时显得很自信,让我们觉得自己一定是疯了。4岁的她似乎对自己很有信心。

但我感觉有些地方不对劲。这种感觉是刚刚萌发的,但如果我倾听自己内心的想法,这种感觉是实实在在的。如果一个人感觉到冷或饿,这是一种清晰的生理感觉。恐惧在很大程度上也是生理感觉,心跳加速,肩部耸起,身体为承受击打做准备。不诚实的情况则不一样。当她撒谎时,那感觉更像是一股蒸汽麻痹了我的感官,但这股蒸汽没有明显的气味。这感觉不对。哪位同学送了她一个发卡呢?

很快日托所就当场抓住了她,她翻遍了孩子们的小柜子,把那些东西偷走了。她在午休时间假装休息,等工作人员去另一个房间后,她就爬起来,去偷玩伴的东西。就像在我去洗手间时逃跑一样,她的眼睛一直盯着工作人员,如同一个赌徒在算牌。

我们的厨房里有一张大理石操作台,四周有几张凳子,玛丽娜和我把她放在一张凳子上。她前后晃着腿,脚后跟轻轻碰着凳子的腿。玛丽娜站在她对面,我坐在她旁边的椅子上。

"索尼娅,你们学校今天和我们谈话了。"玛丽娜说。

她认真地点了点头。

"他们说你偷别的孩子的东西。"玛丽娜说完停顿了一下,是为了让她听清楚。

索尼娅点了点头,直视着玛丽娜,但没有流露出任何情感。她似乎对接受质问感到无所谓。4岁的孩子知道什么是偷窃吗?我不清楚。

"索尼娅,偷东西是不对的。你不能这么做。"我插话说。

她看着我,又点了点头。

她似乎很顺从,但又不太理解我们说的话。我觉得我就像《花生漫画》动画片里的那个老师,一直在"哇哇哇"地说。我们在说话,但她好像在听外语。应该点头时,她会点头。但偷窃这个概念似乎不能触发她的内疚感,我们的斥责也不能。我知道这个年龄的孩子偷窃并不罕见。但她一副面不改色的样子,在我看来很奇怪。

索尼娅大约5岁时,有一次她上完厕所后,我走进去,发现卫生间的棕色石头台面上放着玛丽娜的面霜,盖子是开着的。我看了看那排小玻璃容器。

"索尼娅,是你把这个打开的吗?"我问。

她用清澈的蓝眼睛看着我,说:"我没有。"和往常一样,她似乎百分百真诚。

我看了看面霜。有时玛丽娜会忘事,但和不会忘记关门一样,她不会忘盖面霜盖子。

"索尼娅,你什么也没碰吗?"我又问道,声音严厉了一些。

"没有!"她非常理直气壮地抗议,而且她的语气里透露出,她注意到了我对于指责她有点不舒服。于是我没有动面霜,走开了。

那天晚些时候,玛丽娜愤怒地问:"谁打开了我的面霜?"

我感到一阵痛苦。我没有当场抓到索尼娅动面霜。她撒谎时我并没有盯着她,并对她说:"你在说谎,我知道。"我放过了这件事,因为我没有证据。

我当时假定她是无辜的,但接着又怀疑这是不是一个正确的决定。

回顾这段时间的家庭录像,玛丽娜立刻想起了一种无法言说的感觉,那就是她总是需要寻找索尼娅的踪影,以免出现某种新的障碍迹象。索尼娅和其他同龄孩子在家庭聚会上玩捉迷藏,很快就会演变成某种令人不安的事情。

例如,在康涅狄格州,我们隔壁的邻居有四个漂亮的孩子,年龄都和索尼娅差不多,最多相差几年。这个家庭就是我一直想要创造的那种家庭。在我看来,这个家庭的成员都富有好奇心、温暖、相互支持,家里的男孩挤在双层床上,还有一个女孩,比三个男孩都聪明,另外有一条狗时常跟在孩子们身后。大约在这个时候,我们两家的孩子在我们的车道上跑来跑去玩捉迷藏,我、玛丽娜和他们的妈妈在家里说话。突然我们听到了一声尖叫,声音很大,导致我耸起了肩膀。

"索尼娅给我们看了她的私处!"他们家最大的男孩马克斯喊道。

我们三个大人都跑去车道。索尼娅站在那里,还是那副茫然的神情,但她的裤子刚拉上来。

在这些时刻,她心里究竟在想些什么?

一位老师在索尼娅所在的日托所里听到了孩子们的尖叫声,尖叫的原因和马克斯一样。索尼娅在显露她的私处。这位老师向她跑去。表面上看,这是一幅田园诗般的场景,在康涅狄格州的绿野里,一群四五岁的孩子在一座图书馆前跑来跑去,背景里灰色的索格塔克河在缓缓流淌。但索尼娅站在那里,裤子脱到了脚踝处,抬头看着老师。

"我没有那么做。"她大声说。

裸露下身之后,她又在家里的地板上大便,并称是邻居家的年幼的孩子拉的。

"索尼娅，卧室的地板上有大便，楼上只有你、奥利弗和怀尔德。发生了什么事？"玛丽娜说，声音里带着警惕。

"是怀尔德干的。"她迅速地说。

怀尔德比奥利弗小，很容易成为指责的对象。政府官员会用一个术语来形容索尼娅指责怀尔德这种现象——"似是而非的推诿"，而索尼娅凭直觉掌握了这些技巧。怀尔德从来没有在自己家地板上大便过，但根据索尼娅的说法，当怀尔德和她玩时，他就这么做了。

随着年龄的增长，索尼娅有时偷了东西却不承认。比如有一次，她否认从邻居家的一个孩子身上偷了一张5美元的钞票，而钞票的一角已经从她的口袋里露了出来。她的谎言听上去很疯狂，是公然撒谎，没有任何明显的目的。

上述的每一件事都深深地刻在了我的脑海里。每一件事都很可怕，令人痛苦。我觉得也许都是我的错，我想我一定是没把她教育好。

当我们三个人坐下展开"严肃的家庭对话"，和她谈起这些行为时，她似乎没有不适感。当我们跟她说这些做法不对时，她只是点了点头。也许她确实理解了我们说的一些东西，至少在一定程度上是这样。

2006年夏天，我听到车道上有轻轻拍打东西的声音。

巨大的前门半开着，因为索尼娅在外面的车道上玩，那时我们会尽量让她待在我们的视线范围内。她带了一个洋娃娃、一些粉笔和一个溜冰鞋在那里玩。洋娃娃是一个穿着黄色衣服的年轻女子,而玛丽娜曾坚持要买一个棕色皮肤的。

索尼娅跪在地上,敲着洋娃娃的头。

"你在干什么?"我问。

索尼娅抬起头来看着我。她跪在黑色的车道上,金发剪得很短,一缕头发盘绕在耳后。

"我在试着治好她。"她说。

"她怎么了?"

"她的头有点儿不对劲,她脑子不好使,我在敲她的头,把她治好。"索尼娅说。

"等一下,亲爱的,用这种方法治她的头是不行的,实际上可能会伤到她。"我边说边走到她面前。

"好吧。"索尼娅说。

我怀疑她可能真的觉得娃娃的头有问题。

※ ※ ※

索尼娅逐渐长大,但偷东西的习惯没有变。随着年龄的增长,她变得越来越善于操纵别人。

让问题变得更复杂的是,玛丽娜很快注意到这个问题,而我有时会怀疑玛丽娜。除了一个撒谎的女儿,玛丽娜还要面对一个无视她直觉的丈夫。在萨沙的问题上,我们达成一致并不难。和很多父母一样,我们的育儿方式略有差异。在抚育萨沙时,这些差异可能是互补的。但索尼娅很聪明,能以不同的方式对待我们,从而在我们之间制造不和。

数学作业是一个典型例子。

我们给索尼娅和萨沙报了一个数学补习班,这个班是由日本的一所学校开办的。

在和我一起时,索尼娅做数学作业做得很吃力,但相对来说是合作的。我们会坐在厨房操作台那里做作业。她通常会很快做完作业,犯一些马虎的错误。一旦速度慢下来,就像其他孩子一样,她会做得更好。

但和玛丽娜一起时,情况就不这么好了。

"她对我的态度是不同的。"玛丽娜说。

时间是2006年左右。我们一起在附近散步,经过一些超大型的新英格兰风格的房子,然后绕个圈,经过市中心的比萨店。

我不记得索尼娅那天在哪里。也许在进行游泳训练,也许和保姆在一起。

冬天刚过去,天气开始转暖,那个冬天似乎比往常长了一个月。

"她把作业交给了我,但大多数题都做错了,我让她检查一遍,但她最后交给我的作业还是错的。"玛丽娜说。

玛丽娜说,索尼娅用一种受伤的语气说:"我只是一个小姑娘,你为什么对我这么刻薄?"

玛丽娜吃了一惊。

玛丽娜对索尼娅刻薄吗?我不觉得。玛丽娜的爱心很强烈,也并不刻薄。

※ ※ ※

我们开始四处征求建议。先是找了一个波士顿人，是一个朋友的朋友介绍给我们的。他是哈佛大学的研究员，研究过幼时挨饿对罗马尼亚孤儿的影响。他是"布加勒斯特早期干预项目"的成员。他和同事在科学期刊上发表过一系列论文。该项目的研究表明，孤儿在孤儿院待的时间越长，接受脑部扫描时他们大脑中变黑的区域就越多，变黑意味着这部分没有神经元活动。这种损伤是永久性的。

玛丽娜和我仔细阅读了他们在《儿童心理学和精神病学杂志》等刊物上发表的研究。从公共政策的角度来看，这些论文可能很重要，因为它们记录了幼时挨饿造成的影响。他们测量了受访对象的智商得分，发现孤儿在孤儿院待的时间越长，智商就越低。当我看到那些带数字的图表时，立即开始计算索尼娅在孤儿院待了多久。

她只在那里待了四个月，我心想。这让我稍微松了一口气。但她的生母让她挨饿会造成多大的影响呢？一个孩子在这种会造成脑部伤害的情况下待多久，就不适合被收养了？证据表明似乎是两岁左右。我们在索尼娅两岁之前就收养了她。看到这些数据时我的情绪起伏不定。如果你要对这些孩子中的一个负养育之责，就不可能平心静气地盯着这些数据，特别是罗马尼亚孤儿的大脑扫描结果，那些结果与健康大脑有明显的差异。

这项研究虽然很有意思，但没有就如何抚养这样的孩子提供任何信息。如果我们抚养的孩子大脑受到过惊吓，我们应该怎么做？有无数儿童受类似问题困扰，他们的看护人应该怎么做？相关建议非常含糊：把孩子送到一个"健康"的家庭，他们的大脑就会痊愈。如果这治不好孩子的病，那该怎么办？

"对我们这些做养父母的人来说，你们有什么建议吗？"我问那位哈佛大学的研究员。

"没有。"他说。

在他之后，玛丽娜又去找了一位当地的治疗师，她的办公室就在我家附近的一条街上。她一本正经，自信满满，在把索尼娅留在等候室之后，她自信地告诉玛丽娜，她需要在玛丽娜不在场的情况下，对索尼娅进行一对一治疗。

玛丽娜觉得这样不妥。我们决定找其他治疗师。

※　※　※

那段时间，我正准备去澳大利亚出差。这对我家造成了很大的压力。当时，如果我一个晚上不在家，两个孩子就会变得反常。而我往返澳大利亚至少要花一周时间。

当我把黑色的手提行李箱放在床上，开始装东西时，我能感到家里的气氛开始变得紧张。如果我不在，萨沙会特别难过。我在卧室里把一叠熨好折好的衬衫放进手提箱，他坐在一旁和我聊天。

"你什么时候回来？"他问。

"一周左右。现在是周六，我马上就要走。会有车来接我，送我去机场。我下周五晚上回来。"我说。

他的眼眶湿润了。我可以看出,在他看来,我出门一周就相当于出门很多周。

以前我父亲曾连续几周出差,即使是在我母亲已经去世之后。我知道那种感觉有多糟糕。

"你能给我们打电话吗?"萨沙问道。

"当然能。"我说。几年前Skype(一款即时通信软件)就出现了,现在可以在澳大利亚与美国之间进行视频通话。我们周围的世界正在发生非凡的变化。

我最终拿起手提箱,给了他和索尼娅一个大大的拥抱,轻咬了一下玛丽娜的脖子,然后钻进一辆等候着的黑色汽车,驶往机场。

玛丽娜后来告诉我,车开走时萨沙开始大哭,导致哮喘发作。

玛丽娜问他,他的哮喘吸入器在哪里,并大声提醒说,哮喘发作时可能需要住院。她一边努力安慰他,一边寻找吸入器。

在提到有住院风险后的第二天,萨沙的哮喘吸入器就不见了。

玛丽娜让索尼娅坐到厨房的操作台旁边。

"索尼娅,你知道萨沙的哮喘吸入器在哪里吗?昨天他需要用它,但今天我找不到了。"

索尼娅摇了摇头,她长及脖颈的金发左右摇摆着,加深了否认的意思。

玛丽娜后来对我说,她当时盯着索尼娅,又陷入了我们经常遇到的情况,即怀疑发生了蹊跷的事,却不能确切证明。

几天后,玛丽娜打电话给我,描述了这样的场景:索尼娅盯着玛丽娜，手拿铅笔，在她卧室外面的米色墙上画大圈。玛丽娜恳请她停止，索尼娅的表情像是在说："有本事你就来制止我。"最终，玛丽娜走上前去，从她手里夺过铅笔，把她带到了楼下的厨房。玛丽娜一边让她坐在椅子上，一边照顾萨沙。索尼娅用脚踢了椅子几下，然后坐下了。

那天晚上，在把两个孩子哄上床后，玛丽娜坐在电脑前，打开了一些文章。她输入"收养的孩子……行为……偷窃……撒谎……俄罗斯……创伤"等搜索词，试图找到关于索尼娅问题的线索。以前询问过的医生、治疗师和善意的朋友都不知道索尼娅到底出了什么问题。朋友会说："哦，有一次我女儿也撒谎了。"

第二天早晨，在墨尔本，在去开会之前，我一边喝黑咖啡，一边通过Skype和玛丽娜对话。这样的对话很不容易。一方面，这是一个奇迹：我能和家人视频对话。当年我父亲出差时，我和哥哥收到一张明信片就很兴奋。墨尔本是世界上最美好的城市之一，我待在这里让一个事实变得更明显，那就是玛丽娜要对付很多麻烦事，而我不用。我住的旅馆位于市中心。在外面，衣着考究、有思想的人们在悠闲地散步，这里天气很好，医疗保健和养老条件很不错，经济繁荣，让人们的心态很放松。如果说成功的婚姻意味着夫妻之间有很多相互重叠的共同利益，那么在这样的时刻，我所处的环境和她所处的坏境大相径庭。

她那里像夜晚一样黑暗，而我这里像清晨一样光明。

"我弄明白了。"玛丽娜大声说。

我不大相信。"是怎么回事？"

"她得了一种叫反应性依恋障碍①的病。"玛丽娜说。

"那是什么?"我问道。

"那是指在我们收养她之前,她就出了一些问题。很多被收养的孩子都有这种病。"玛丽娜说。她解释到,这些孩子被称为"RAD孩子",幼年时未能与母亲形成"依恋",因此无法与任何人建立联系或发展关系。她说,如果没有有爱心、性情稳定的看护人照顾,这样的孩子就不会形成同理心、良知和对其他人的认知。这些孩子对世界只有一种冷漠、工具性的态度。相关症状索尼娅都有,包括疯狂地撒谎、偷窃和毫无悔意。

这可能就是她行为异常的原因吧。

我想知道她的行为会恶化到什么程度。

※ ※ ※

2007年秋天,萨沙准备去参加游泳训练,急匆匆地在屋里走来走去。这时他已长大,骨瘦如柴,有极客范儿。他每年冬天都去铲雪,赚了足够多的零花钱,买了一部全新的设备——一部苹果手机。当时他已展现出营销天赋,把铲雪的工作分成了销售和产品两部分。索尼娅负责销售,他负责产品。两个人会走到一所房子前,房前人行道上的积雪很深。萨沙会站在人行道尽头,倚着雪铲,蓝色冬大

---

① 反应性依恋障碍(Reactive Attachment Disorder,简称RAD):儿童社交关系模式持续异常的一种精神障碍。伴有情绪紊乱,并随环境变化而产生反应。——编者注

衣的拉链拉开一半，以散发热气，免得在搬运重物时过热。索尼娅会蹑手蹑脚地走到前门，她有粉红色的脸颊和蓝色的眼睛，因为缺两颗门牙，所以说话时口齿不清。

"我们帮你把人行道上的雪铲了怎么样？"

几乎没有人会拒绝。

然后萨沙就会开始工作。索尼娅什么都不做，甚至不会表示要帮忙。萨沙把雪铲向两边时，她躺在雪地里，用身体创作雪天使。萨沙会给索尼娅一定的提成，但大部分钱留给自己。我不知道索尼娅用那些钱做了什么，可能是在自动贩卖机上买了东西。萨沙买了我们家的第一款苹果产品，他是家里唯一有苹果产品的人。

"有人看到我的手机了吗？"他着急地问道。

玛丽娜快步走来走去，和他一起找，因为他已经要迟到了。他经常迟到，做事杂乱无章，容易激动。但他非常温柔、体贴和善良，让人不忍心对他的缺点感到失望。

"萨沙，你检查你的背包了吗？"玛丽娜问道。

索尼娅在厨房里，主动提出要帮忙。

"萨沙，我能帮你吗？你想让我去哪里找？"她问。

玛丽娜听出索尼娅的语调有点儿不对劲，于是突然转身。

"索尼娅，你知道萨沙的手机在哪里吗？"

"不知道。"索尼娅不悦地说。

玛丽娜立即产生了警戒心理。她和我都知道，当索尼娅听起来过分自信时，她通常是在掩盖事实，甚至可以说是在捏造事实。

当我知道她经常不说实话之后，还是会陷入她编织的罗网，要费很大力气才能弄清楚真相。有时我会半夜从床上坐起来，突然醒悟。"很显然，当时她在对我撒谎！"

"索尼娅，你的背包呢？"玛丽娜说。

"你为什么想要我的背包？"索尼娅问。她的表情变得不自然，这种面部变化是另一个迹象，表明我们问对了。她撒谎时，表情是活跃而专注的。但如果我们问到了点子上，就像戳破了一个气球一样，她的表情会失去活力。

玛丽娜拿起家里的电话，拨了萨沙的电话号码。她听到索尼娅的背包里发出微弱的声音，于是径直从索尼娅身边走过，打开了背包上面的拉链。萨沙的手机在里面，铃声是关着的。铃声关着，这是一个值得注意的细节。虽然索尼娅学习吃力，拒绝读书，但当执行自己的计划时，比如拿走萨沙的手机，然后享受玛丽娜和萨沙着急寻找的场面，她就会专注于细节。

"索尼娅！"玛丽娜喊道。

索尼娅茫然地抬起头来，她的眼睛里缺乏感情。你抓到我了，那又怎么样，她似乎是在这么想。这是我们已经学会识别的另一个信号。她几乎从来不会慌乱。

越来越明显的是，索尼娅迫切需要进行幕后操纵。她很善于找角度。也是在那段时间，有一次，我抓住她在干某件事，具体细节我记不清了。可能是她把数学作业扔了，也可能是我在她的背包里发现了钱，她无法解释钱的来源。为了让她得到教训，避免再犯，我严肃地宣布，我要从她床上拿走一件宝贵的东西。这种严肃的神情是为了给她留下深刻印象，我专门练习过。她直视我的眼睛，直截了当地说:"反正我从来都不喜欢那个东西。"

这可以说是漂亮的一招。为了不失去对形势的控制,她已经让自己本能地不依恋任何东西了,即使放弃宝贵的东西也在所不惜。我以为找到了跟她讨价还价的筹码,但她巧妙地一闪身,转到我背面回击我。如果我们让萨沙回自己的房间,他会哭,然后会恳求让他坐下来,然后拥抱我们,试图弄清楚发生了什么事。我们和他的关系就是我们的筹码。索尼娅的情况不同。我们尝试过叫停、不让她玩,她会回到自己的房间,把墙面弄坏。我们让她坐在椅子上别下来,她会一边坐着,一边用脚蹬椅子,以传递一个简单的信息:她仍然能够反击。我们应该怎么做呢?按住她的脚吗?不管我们做什么,她都会努力想出对策,来表达自己的态度。

渐渐地,我们周围的人开始疏远她。

一天,与我们隔几户的邻居汤姆给我打电话,语气急迫。

"我们得谈谈,索尼娅说了一些卡洛塔的坏话。我们得坐下来谈谈。"他说。

索尼娅那时上二年级。

"没问题,你带着家人过来吧,我们坐下来讨论讨论。"我说。

过了一会儿,汤姆和艾丽莎夫妇带着女儿卡洛塔进来了。

卡洛塔温柔可爱,经常斜着眼睛看人,看起来有点儿幽怨也有点儿害羞,很难分清楚那到底是幽怨还是害羞。玛丽娜和卡洛塔的母亲聊过,我从玛丽娜那里得知,这对夫妇快要离婚了。他们团结起来就这件事讨说法,说明索尼娅干了很不好的事。

我们在客厅的沙发上面对面坐了下来。窗外正是新英格兰的早春,树上的花将开未开,地面看起来很松软,仿佛一冬天的雨和冰还在往外冒似的。越过汤姆的头顶,我能看到那棵老糖枫树。

"卡洛塔告诉我们在校车上发生了一件事。"汤姆直视着我说。

我听着,试图用全部身体语言告诉他,我愿意承认这件事,而不是为索尼娅辩护。

玛丽娜坐在我旁边,也是这样。索尼娅坐在一张椅子上,与我们有一段距离。她脸上毫无表情,这表明她已经进入了镇定状态。汤姆夫妇来我家,令我感到紧张,但我发现索尼娅对此无动于衷。

"卡洛塔说,索尼娅告诉其他孩子她又胖又丑,这让她很伤心。她非常伤心,因为她把索尼娅看作朋友。对吗,卡洛塔?"汤姆说。

卡洛塔点了点头,把目光转向一边。她的表情很哀伤。

虽然这些女孩有时在一起玩,但索尼娅也许觉察到了,卡洛塔的玩伴没有她多,这是事实。索尼娅很容易交到朋友,只是她留不住朋友。

"索尼娅,你为什么要对一个朋友说这么难听的话?"玛丽娜平静地问。

我们五个人看着索尼娅,而她沉默地凝视着前方。

她是房间里体格最小的人。她不准备道歉。玛丽娜开始引导她。

"索尼娅,给你的朋友卡洛塔道个歉吧。"

"对不起。"索尼娅平静地、不动声色地说。

"索尼娅,"我插话进来,主要不是说给她听,而是说给卡洛塔听,"这样做不对。你在霸凌别人。这是错误的,我们不会容忍。要是你不能善待自己的朋友,你可以一个人玩。"

"好吧。"索尼娅说。

※ ※ ※

我们联系了当地的公立学校,那是一栋砖砌的建筑,距我家约一英里,面朝索格塔克河。学校的工作人员有许多关于儿童教育的经验,也许他们能给出一些建议。

该校的副校长参加了这次家长会,她是一位心理学家。

这位副校长是一位年长的女性,给人一种教育经验丰富、"懂孩子"的感觉。参加家长会的老师是一位年轻女子,经常微笑。

我们描述了索尼娅在家的一些难缠行为。我们问她们有没有见到过这种情况。

那位老师说没有。她的书面评价显示,索尼娅"善良,乐于助人,是同学的好朋友"。

接下来发言的是那位心理学家。她一边说一边点着头,仿佛是对自己的话表示赞同。她说索尼娅正在经历成长过程中的里程碑,说这番话时,她的头上下摆动着。

我们是一对在其他方面很普通的家长,为什么会这么关心索尼娅的心理健康呢?而且,萨沙也在这所学校上学,我们对他并没有表现出同样的关切。对于这个问题,她们二人似乎都不感到好奇。

※ ※ ※

索尼娅在操纵别人时会说很多话，而且语速很快。当你质问她时，她几乎什么也不说。我是有了很多实际经验之后，才接受她几乎总是在撒谎这一事实。但随着时间的推移，我会看着她，从她的话里分出真话和假话，而在此过程中，我对她所抱有的同情开始慢慢减少。真话和假话的区别几乎是无法察觉的，最初只是一个裂缝。我开始把索尼娅分成两个不同的部分。一部分是一个毫无防备能力的孩子，我想照顾这个孩子，并努力和她发展亲子关系。另一部分的她在不断地操纵别人，以占据上风。事实证明，养育孩子所需的动力是相互之间的爱。尽管萨沙有时会把我逼疯，但我知道他深深地依恋我，我对他的宽容是无限的。

在收养索尼娅之前，我一直认定人们通常都会说真话，至少会说一些真话。这是一个方便的假设，会让现实变得简单。但和许多简单化的假设一样，这个假设是完全错误的。在意识到索尼娅习惯性撒谎之后，我开始意识到，只要我注意听，我就能意识到周围的谎言是多么常见。政客们当然会说谎（"我没有和莱温斯基女士发生性关系"），但广告商、同事、亲戚也会这么做，这很常见。事实上，谎言包围着我们。

但谎言中存在一些重要的层级。善意的谎言说的就是这种情况。我觉得，如果身边的人被发现说谎，他们会内疚。事实上，我觉得身边的很多人在说谎时会有不安感，即使谎言没有被揭穿。

说谎为什么如此令人不安？换言之，为什么真相如此重要？在我看来，真相就像是人际关系的纽带。说谎让人感觉很危险，就像打开一个散播混乱的魔瓶，玛丽娜和我精心打造的一切都会被破坏。一定是由于这个原因，社会才认为可以把在重大问题上说谎的人长期监禁。说谎是一种禁忌，因为说谎会威胁到社会的运转，当然在大多数社会交往中，撒点小谎（比如"碰见你真好！"）可以拉近人际关系。

我小时候家里不信教，但索尼娅的谎言让我想到了《圣经·旧约》中的权威。旧约很严厉、苛刻，不适用于评价一个小女孩，但当我想象索尼娅的未来时，特别是在她不发生改变的情况下，旧约的经文会浮现在我的脑海。一分耕耘，一分收获。不可作假见证。几千年前人们就阐述了这样的智慧，这说明玛丽娜和我遇到的并非新事。自古以来就有谎言和孤儿。但如果索尼娅不说真话，我们就不能和她形成良好关系。这是人际关系的基本原理。

尽管有这些不情愿的认识，我仍然不断怀疑自己。原因有两个：一是每件事本身并没有那么令人不安（但加在一起令人不安）；二是关系的破坏就像一个正弦波，屡屡发生危机，又屡屡暂时性地摆脱危机。如果我能构建一个机制，削弱索尼娅操纵和撒谎的能力，应该是最理想的情况。关键的条件似乎是：第一，她一直在我的视线范围内（不用她说具体情况，我能亲眼看到）；第二，是当她在外面时，最好是和动物在一起时。

我们不能在家里养狗，因为玛丽娜对狗毛过敏，但邻居有一条可爱的、年龄大的、魁梧的金毛猎犬，名叫阿莫斯。我跟他们说，如果他们同意的话，我愿意在森林里帮他们多遛会儿狗。

一个周末，我开着车，和索尼娅、萨沙一起去接那条狗。索尼娅当时是8岁左右。

我们把车停在房门口空荡荡的车道上，然后走到房子后面，那里有钥匙。阿莫斯站在门边上，摇着尾巴，抬头盯着我们，姜黄色的毛乱蓬蓬的，一只眼睛比另一只大一点、黑一点。

我们一开门，它就更加激动了。

"好孩子，阿莫斯，好孩子！"索尼娅说。

狗的身高接近索尼娅的腹部，她俯身紧紧抱住狗的肩膀和头。

"乖狗狗。"她说。

我们从挂钩上摘下拴狗的皮带，带它出门，走向我们的车。

在和阿莫斯打交道时，索尼娅欺骗的习惯似乎完全消失了。

因此，我不觉得有必要监视她的一举一动、一言一行，她的心思在别处。

萨沙坐在前座，索尼娅和阿莫斯坐在后面。我们沿着一条双车道的道路向森林驶去，阿莫斯和往常一样，把头伸到车窗外，对着索尼娅摇尾巴。

下车后，索尼娅把皮带系在阿莫斯身上。阿莫斯很兴奋，从腰围判断，它似乎很少出去长时间散步。她必须拴住阿莫斯，因为阿莫斯有一些皮肤病，如果在水和泥里打滚，病况会加剧。这使索尼娅更加专注。她努力拉住一条热情的狗，而这条狗的体重和她差不多。

"帮着训导它，亲爱的。"我说。

索尼娅兴奋得有些入迷。

"阿莫斯！阿莫斯！别踩到泥里，你就紧跟在我旁边。"她说。她尽量装出严肃的样子，但又忍不住笑着，声音里充满了喜悦。她很投入，我完全看不到她犯错被抓住时，空洞地瞪着大圆眼睛的表情。趁着索尼娅和阿莫斯玩的机会，我和萨沙聊了聊天。

"过得怎么样，伙计？"我说。

我们漫步穿过森林，索尼娅走在我们前边一点儿，她不断高声向阿莫斯发令，这给我们两个人制造了对话的空间。

"我没事。"萨沙说。他快进入青春期了。他不再喜欢早起。他小时候流露出的那种孩子气的乐观情绪已经消散，变得有些忧郁，而且他认识到了人与人的关系往往非常残酷，特别是对像他这样有点笨拙的孩子来说。身患阿斯伯格综合征，为他提供了一种独特的视角和想法，但他经常被当地的孩子们诋毁，他们说他只是看起来聪明。对萨沙来说，这种散步像面包或水一样，是维生所需。我知道，我的职责就是让他知道，有人深爱他、接受他，把他看得比什么都重要。

"'没事'听起来并不是很好，发生了什么事？"

"埃里克给我发了一条短信……"他说道，接着开始抱怨他那个年龄的男孩的社交动态。Meta当时刚刚起步，我几乎不知道Meta是什么，只知道萨沙和他的同龄人在那个平台上，而这似乎让他感到悲伤。

虽然我为萨沙感到难过，但我们能在一起真是太好了。三个人，一条狗，漫步在森林中的树冠下，等待春天的到来。我们三人关系紧密，或者说看起来是这样。索尼娅的心理问题似乎暂时平息了。

我一时觉得情况确实在好转,她已经开始发生改变了。

后来我们多次去树林里散步。那一年冬天,我带索尼娅和萨沙去新罕布什尔州的华盛顿山附近滑雪。风在附近呼啸,但山里的这一小块地方相对安静,因为地形上的起伏,新罕布什尔州冰冷的强风吹不到这里。索尼娅站在滑雪板上,我和萨沙就在她身边,在这种情况下,她无法做什么错事。萨沙从右边、索尼娅从左边滑下山,我在他们身后,对我们三人滑雪的场景深感珍惜。这是难得的和谐时刻。萨沙花了很长时间才学会滑雪,但现在他已经很会滑了。索尼娅很轻松地学会了滑雪,仿佛她的祖先是一群哈萨克冬季猎人,这些猎人能站在木板上在雪上畅行。

在我的右边,山上的树木看起来像一团钢铁。我们三人身处山腰,陡峭的山坡把我们带向同一个方向。一时间,我觉得自己是一个父亲,做着父亲该做的事,而不是在努力控制和抚养一个大脑受伤的孩子。体验到这种联系之后,我就尽可能地尝试在任何地方重现这样的场景。我们走过树林,去我家附近的一个蓝莓牧场;我们在激流中乘筏子漂流;在新罕布什尔州的阿巴拉契亚小径,我们在雾中爬上一座岩石嶙峋的山,住在一间小屋里。我的办公桌上有一张这样的照片:萨沙、索尼娅和我站在山顶上,穿着雨衣,背后云雾缭绕。就像斯德哥尔摩出现大晴天一样,这幅照片上的情况是例外,而不是常态。当有人俯在办公桌上看这张照片时,我会回答,是的,他们就是我的孩子。

但接下来发生了一些事情,清楚地提醒我:我的乐观想法并不准确。索尼娅的谎言往往是有节制的,就像一名艺术家用炭笔作画,然后逐渐让边缘变得模糊，创造出一幅完全不同的图像。有时，提醒我注意她撒谎的因素是，她突破了以往的底线。

在一次家庭滑雪之旅中，索尼娅、萨沙和我站在一片山林的顶端，这种滑雪被称为"林间滑雪"。这种路线很难，因为你必须在树木之间穿梭。大多数孩子选择了寻路下山，但与他们不同，索尼娅转过身，把滑雪板组装好，以越来越快的速度穿过树林，直到滑雪板和雪结成一团云雾，把她的身影淹没，没有任何减速的迹象。

如果她减速的话，我就得费一番力气才能看出她的操纵行为。在那次滑雪中，她提出要和另一个女孩结伴从山上滑下来，在山下和我们会合。那个女孩比她大一点，但滑雪技术比她差。后来我们发现索尼娅带着这个女孩从一个很陡峭的树木繁茂的山坡上滑了下来，这超出了索尼娅的滑雪能力，也绝对超出了那个女孩的能力。

"太可怕了！我们在树间穿行。雪很深。索尼娅带我从那里下来了。"那个女孩说。

她听起来很慌乱。

我把小腿伸进滑雪靴里，俯身向前，觉得很不悦。我知道我现在需要探问索尼娅，而其他父母尽管一开始不高兴，但如果我太严厉地追问索尼娅的动机，他们会感到不舒服。

"索尼娅，你是怎么想的？"我问道。我很庆幸那个女孩没有受伤。

索尼娅抬头看着我，她戴着天蓝色的头盔，裹得严严实实，脸红扑扑的。

我怀疑她的脸上掠过了一丝笑容。

她说了一通话，大致意思是"从那座山上下来让她感到很害怕，我对此感到很抱歉"。这算不上道歉。她确实承认，她有意带着那个女孩顺着一条可怕的路线滑下来。

这个不是道歉的道歉，是索尼娅下的第一步棋。

"但你知道那条路线超出了她的滑雪水平，对吗？"我逼问道。

那个女孩的父母就在我旁边。他父亲把目光转到一边，似乎对我逼问索尼娅感到不安。我经常看到那样的眼神，那是一种评判，认为我小题大做了。孩子们经常会捣乱，他们有时偷东西，有时撒谎。是我小题大做了吗？是的，但我这么做是因为，我能从这些积累起来的事件中看到她未来的样子。

索尼娅的行为令人不安，是因为它们触及了容忍的底线。把那个和她一起滑雪的女孩当作目标，只有这一次。然而，当这样的事每天都发生时，就越来越难以处理了。这些想法在一瞬间掠过我的脑海。我觉得唯一能理解这些想法的人是玛丽娜，她正在山下小屋里等着。

我抬头看了看周围的人，索尼娅、那个女孩、她父母。

"索尼娅，从现在起你跟着我滑。"我说。一如既往，解决办法是让她待在我身边。

也许对付索尼娅还有其他更周全的方法，但我不知道。

我不断地体会到萨沙与索尼娅的区别。和许多有轻微自闭症的孩子一样，萨沙缺乏操纵他人的能力，他的头脑逻辑性过强，无法做到这一点。如果他试图撒谎，即使是小谎，他的表情也会突然变得不自在，他会很快承认。而索尼娅的脸上从来没有出现过不自在的表情。她的表情要么是兴高采烈，要么是空洞茫然。我们大多数人在做错事时会有不适感，但索尼娅从未有过这种感觉。事实上，测谎仪的原理是测量某种程度的生理不适，如血压升高或呼吸变快。她似乎从未有过这两种情况。

在这样的旅行之后回到办公室，我很难回答这个问题："你的旅行怎么样？"不管是在新罕布什尔州还是别的地方。

站在棕色的工业地毯上，面对着同事，手里拿着咖啡杯，穿着商务休闲装，我无法用语言来描述旅行的情况有多糟糕。在办公室里，糟糕的人会被解雇。

我经常会说"很好"，然后转移话题，内心不愿直面这个问题。现在我在编造假象。我怎么能解释真实的情况是什么样子呢？与索尼娅生活在一起，就意味着无穷无尽的微妙异动，虽然都不是什么大事，但是无休无止。当我试图向对方解释时，对方通常很难理解："哦，对孩子来说，这很正常。"

并非如此。索尼娅的行为有一定的逻辑——会造成大的破坏——但这种逻辑不正常。有点像身体受伤会让人意识到，受伤的部分对全身很重要，撒谎也使得简单的互动变得不可能。

"你刷牙了吗？"我一边问，一边走进她房间给她盖好被子。这本该是一天中最舒适、最平静的时刻之一。她躺在床上，穿着睡衣，盖着黄色的羽绒被，上面绣着盛开的鲜花。房间的墙是粉红色的，床边摆满了玩具。

"刷了。"她欢快地说。她说这话的方式似乎有些不对劲，对一个孩子来说，她的表现太欢快了，而且语气有点儿奇怪。

当时我正准备坐在床边给她读个故事。

我没有坐下来，而是走到她和萨沙共用的卫生间门口。

"萨沙，你在里边吗？"我问道。我没有听到任何声音，然后推开门，在洗手池周围寻找她的牙刷。

我走过去，用拇指轻轻摸了摸白色的塑料刷毛，是干的。

我回到她的房间。

"索尼娅，牙刷是干的，过去刷一下牙。"

她一言不发，从床上爬起来，走向卫生间。

我淡然地站在门口，看着她刷牙、吐水、漱口，然后用毛巾擦脸。

我很生气。我知道我不应该生气，但我就是很生气。临睡前讲个晚安故事这个传统，不只她喜欢，我也喜欢。这让人感到温暖，感到彼此亲近。

"晚安。"我说。我跳过了讲故事的环节。

"晚安，爸爸。"

这个晚上我没有时间和她把账算明白。因为她撒了谎。她知道自己撒了谎，这毫无疑问。

每次看不到她的时候，我都要费劲地去想到底发生了什么，快把自己逼疯了。当然，我有时觉得别管她刷牙的事也没什么大不了的。如果她有了蛀牙，那将给她一个教训！但这似乎不是一个好的解决方案。什么样的父母会希望自己的孩子有蛀牙呢？她本人不想刷牙，而不在乎有没有蛀牙。为了维持她认为自己具有的影响世界的能力，她不惜采取自我毁灭行为。又过了几年，我们给她买了牙套来纠正她参差不齐的牙齿。不久之后,牙齿矫正医师就放弃了,因为她会把牙套上的金属丝拔掉。

这一切将导致什么结局?我可以想象到最差的结果。她喜欢破坏规矩,虽然她可以暂时不受惩罚,但社会不会容忍公然破坏规矩的人。玛丽娜和我觉得这不堪设想,因此我们必须找到一个人清楚地诊断索尼娅的情况,虽然我们咨询的第一批专家带着一种令玛丽娜抓狂的美国式虚假笑容,对我们说:"坚持下去。"事实上,存在着一个知识体系,把索尼娅的情况视为教科书式的典型情况,我们只需找到这个体系。玛丽娜已经有了一个预感——RAD,但目前为止,还没有合格的专家能证实她的理论。

※ ※ ※

凡是做父母的,都认为自己的孩子很漂亮,我们也这么认为。索尼娅在蹒跚学步时和成长的过程中接触到的每一个人,都不由自主地夸她。

"噢,她太可爱了。"她的确很可爱。她身材娇小(以她的年龄来看),一头明亮的金发,白皮肤,蓝色的眼睛炯炯有神。

当人们赞美她时,我能体会到一种瞬间迸发的自豪感。这当然很傻。人们有什么理由为自己的美貌自豪呢?美貌是上天赋予的,人们并未为此而努力。

不像我或萨沙,她举止优雅,而且社交风格轻松畅快,比如很快就会对人笑,能很快适应会让其他孩子感到不安的困境,比如游戏过程中的规则改变、计划改变或者早起。

在老师面前或社交聚会上,她会很迷人。这是"第一印象"的索尼娅和"人们熟知"的索尼娅。接着会发生极其强烈的快速转变,就像从杰克医生变成海德先生。许多第一次见到她的人,会完全被这种表面上的魅力吸引。她知道自己应该怎么做。我们的大家庭成员和老师们都被她吸引,当然附近的孩子们也是,他们一开始觉得和她玩很有趣,但接着,当她露出"私处"或者偷他们的东西时,他们就会被吓坏。

在我们接触过的所有父母中,我记得只有一对父母能看穿她。

这家有四个孩子,住在我家隔壁,他们的父亲告诉我,那天索尼娅和他的孩子们会去当地的海滩探险,之后他开车送他们回家。

有时候,当索尼娅或萨沙和别人一起玩时,我很难管理好三个孩子。管理五个孩子更不容易。

"当时我们在回家的路上,他们都坐在那辆本田小货车里。索尼娅坐在我身后的座椅上。她用脚踢我的椅背,这很烦人。我让她别再踢了。她从后视镜里看着我,直白而平静地说'不'。当你们说她很难相处时,我是相信的,但我从未亲眼见过她捣乱。突然间,她的面具掉下来了,就像《史酷比》里的情节一样。"这位父亲回忆说。

我也记得那些动画片里的场景,坏蛋们扯下橡胶面具,露出隐藏的另一种身份。

那位父亲感到震惊。索尼娅看到了一个机会,并抓住了它。他别无他法,只能容忍她踢椅背的行为,直到回到了他们的家,然后送她回家。

这件事过后不久,我们去波士顿拜访朋友。索尼娅和朋友的女儿玩得很愉快,那个女孩比索尼娅稍大一些,聪明、温柔又体贴。正当我们坐在楼下喝酒时,突然听到楼上传来喊叫声。

"你为什么要这么做?妈妈!"是朋友的女儿在喊叫。

玛丽娜和我跟着她妈妈来到了女孩的卧室。索尼娅站在那里,脸上是和以前一样的茫然神情。地板上有一些碎纸片。

那个女孩显然很难过,她告诉我们,她离开了房间一会儿,回来时发现索尼娅偷偷把她第二天要交的家庭作业撕成了碎片。

玛丽娜和我越来越确信,我们面临着一个严重问题。对索尼娅付出的爱和进行的管教都失败了。养育子女的基础是,孩子和父母之间有强烈的感情。冷漠或者索尼娅表现出来的憎恶,对一个家庭有毁灭性的影响。

※ ※ ※

索尼娅9岁时,玛丽娜和我顶不住压力,承认了自己的失败。我们给她在本地的一所针对问题儿童的指导中心报了名。该中心的一位精神病医生同意来看看索尼娅,了解一下我们的情况。

他个子不高,留着胡子,穿了一件夹克。他是耶鲁大学的副教授,声音一直很沙哑。他建议我们给索尼娅服用阿立哌唑,一种用来治疗躁郁症、精神分裂等情绪障碍的药物。没什么效果。几个月后,我们不再让她服用了。

玛丽娜用"依恋"这个词展开搜索,在我们州寻找可能会治疗像索尼娅这样的孩子的治疗师。她最终找到了一位，开车到那里大约一小时。那位医生叫鲁特博士，是个冷静的中年人，有严重的口吃，似乎会不定时发作。他进行了看起来很剧烈的心理调整，以克服口中不断回响的声音，那种声音就像某种自我强化的循环。这时我突然意识到，他可能花了人生的很多时间来学习如何应对和处理口吃问题。每个人都肩负着自己的责任，我想。我的责任就是索尼娅。我以前从未想过，在生活中费力处理口吃问题是什么感觉，特别是如果你的职业要以语言流利为前提。我想大多数父母都没有考虑过这个问题：你们爱一个孩子，但这个孩子不爱你们是什么感觉。

我们给鲁特博士看了我们收养索尼娅的过程的录像。现在回头来看这段录像，我们可以看得更明白。

"你觉得是什么情况？"玛丽娜问。

我们和鲁特医生坐在他的办公室里，索尼娅在外面的候诊室里玩玩具。

"哦，她对人持有一种工具性的看法。"他努力地把自己的想法说出口。

"这是什么意思？"我问。

"当我看到你们在孤儿院一起玩的录像时，她没有把你们视为人。她把你们视为物，可以借助这些物来得到某个东西，比如一个球。现在她可能把你们视为物，视为得到某种东西的手段，但她不一定把你们视为和她有联系的人，或者她想建立联系的人。"他解释道。

工具性是一个临床术语，像许多临床术语（"轴2""轴3""边缘""未分化""嵌入""激活"）一样，是不带情感的。

显然，如果我们只是工具，这就意味着我们的努力对治愈她的创伤确实起不到多大作用。

无论我们给她盖多少回被子，一遍遍地读《月亮，晚安》，带她出去吃哈根达斯，似乎都无法改变她的思维。假如我目光敏锐的话，我们第一天见到她时，就能看清楚她的情绪问题。我们一直怀疑她有自闭症，结果却是另一种情况。

玛丽娜和我在思索着鲁特医生说的话，他坐在椅子上，看着我们。他穿着卡其布裤子和一件中性的衬衫。从我们左边的窗户可以看到院子里的景色。"你们考虑过住院治疗吗？"

"那是什么？"我们问道。

"那是一种升级的治疗方式，这种治疗有时能在这类孩子身上取得突破。但她得完全离开你们家。"他说。

住院治疗？这是另一个我从未听说过的术语。我觉得我在沿着一个深邃的矿井往下爬，它似乎没有尽头。我们什么时候才能彻底弄清楚她的问题？

"你们也许可以考虑一下。"医生温和地说。

玛丽娜和我更明白了一些。他的基本意思是说，我们9岁的女儿病得很重。

病得很重意味着每当我们设限制时，例如规定做作业、耙树叶、参加游泳训练的时间，她就会进入对抗状态。有时，没有任何明显的起因，她就会大发雷霆，比如撕碎其他孩子的作业。她小时候不会因为被发现说谎而感到懊悔，年龄的增加并没有改变这一点，她伤害他人的倾向反而变得更强了。

我们陷入了绝望，于是在夏天把她送进了一个营地，这个营地是为行为有问题的孩子设立的。在去那里的路上，我们告诉索尼娅送她去那里的原因。

"索尼娅，我和妈妈带你去一个宿营地。"我一边开车沿着91号公路向马萨诸塞州行驶一边说。

"我知道。"她说。她坐在安全座椅上，系着安全带，眼睛望着窗外。就她的年纪而言，她身材比较娇小，体重还没有达到系普通安全带的标准。

"这个营地知道怎么对付像你这样说谎和偷东西的女孩。"我故意直言不讳地说。玛丽娜和我慢慢意识到，在和索尼娅打交道时，筹码很重要。坐在汽车座椅上，系着安全带，她能怎么样呢？

她爆发了。"我没有偷东西！"她尖叫着，抓起座椅旁边的一本儿童读物，侧身向我砸来。我急忙闪身，转向，重新控制住了车子。有那么一会儿，我在想，如果她用别的东西砸我的头，我会不会失去对车子的控制。我在心里想了一下后座上还有什么东西。

她开始用腿使劲儿踢座椅，一边尖叫一边吐口水。我担心她会解开安全带，在高速公路上攻击我们，但她没有。

我们把她送到营地后，心中涌起一种如释重负的感觉，然后直接从那里前往纽约机场。萨沙当时正和一群青少年一起骑自行车旅行。玛丽娜和我要离开两个孩子去旅游。

我们决定飞得远远的，去以色列，一个让我们俩都很着迷的地方。飞行了十几个小时，飞过几个时区之后，我们在特拉维夫海滩边的一条小路上漫步。海水湛蓝，在离岸不远的地方，海水泛着小小的波浪，一些人在冲浪。

自15年前萨沙出生以来，玛丽娜和我第一次有了一些空间，可以离开两个孩子，呼吸自由的空气。我们在海边漫步了很久，看着一群群以色列人围坐在一起，用一种我们听不懂的语言轻松交谈。离开索尼娅就像离开一座疯狂的城市一样。直到我不需要时刻担心识不破索尼娅的某个诡计，不需要时时盯住我的钱包，不需要时时确认她在不在卫生间，我才意识到以前的生活有多么压抑。

在接下来的几天里，我们上山、下山，经过大卫杀死歌利亚的地方，来到耶路撒冷明亮的白色石头旁边，又去了加利利海，去了山顶上犹太定居者居住的小村庄，登上戈兰高地，眺望叙利亚，在一个集体农场吃午餐，然后回到特拉维夫。虽然我们两个人都没有接受过宗教教育，但不知为什么，我们都知道《圣经》中的所有主要故事。

最重要的东西并不是历史，而是在我和玛丽娜开车聊天的时候，我意识到我已经忘记了和她在一起有多么美好。两个孩子对我们的关系造成了很大影响。我们都喜欢散步，一起走得越久，我们就越进入一种共同的节奏。在以色列的最后几天里，有一天，当我们在特拉维夫一条阳光明媚的街道上散步时，玛丽娜突然哭了起来。

"我不能再回去了。我厌倦了在自己家里被绑架的日子。"她哭着说。

"你说不能再回去了是什么意思？"我问道。

"我不能再回去和她待在一起了。她得离开。"玛丽娜说。这正是鲁特医生曾建议的。

我停顿了一会儿。"把她送走？好的。"

我逐渐学会了相信玛丽娜的直觉。如果她说索尼娅该走了，索尼娅就该走了。

玛丽娜打骨子里明白，什么时候某个家庭成员是危险的。这些年她慢慢敞开心扉，给我讲了她家的事：酗酒的父亲和古怪的姐姐，她姐姐甚至声称在自己孩子的饭里下了毒，直到最后一刻才把饭扔出去。

玛丽娜意识到她需要做出改变。正是因为她的思维能跳出传统的限制，她才能够从西伯利亚来到康涅狄格州。

※　※　※

后来，还是在那个夏天，我们四人前往佛蒙特州，在圣奥尔本斯附近待了一周，参加一个家庭夏令营。在去那里的路上，我们停下来拜访我的大学朋友杰森和佐娜，他们住在伯灵顿。

他们一家五口住在一所简朴的三居室房子里。杰森和佐娜去大部分地方都是靠骑自行车或者步行。如果他们需要开车去某个地方，只能开一辆普通轿车，而康涅狄格州郊区的很多家庭都拥有两辆SUV。杰森和佐娜都很平静。他们在自家后院养鸡，家里没有电视机。他们家的所有孩子似乎都有一种内在的禅心，举止得当，体贴周到。和其他家庭一样，他们家有很多不成文的规矩，但孩子们似乎都能凭自觉理解这些规矩。

每当我进入这样一个家庭，都会觉得自己有点不够格。

也许我们的孩子在某种程度上是玛丽娜和我的影子，反映了我们的缺点。我觉得杰森和佐娜的争吵永远不会超过三级或四级，而如果我和玛丽娜都处在最糟糕的状态，我们的争吵会在几分钟内达到九级。

我不像杰森那么有分寸，玛丽娜可能没有佐娜那么冷静。在收养索尼娅之前，我们就吵过架，在她的行为开始升级后，我们就吵得更厉害了。通常的导火索是索尼娅做了一些怪事，玛丽娜看到了，我没有看到，我觉得玛丽娜小题大做，然后我选择退缩，索尼娅暗自得意，玛丽娜被孤立，萨沙感到困惑，一颗家庭"核弹"就会被引爆。我意识到了这个模式，但不知道如何化解这个过程。

当我们坐在他们家的前廊上聊天时，我惊叹于一代代人的习惯是怎样逐渐传承的。我认识杰森和佐娜的父母。佐娜的父母都是医生。她父亲体贴、幽默、温柔，这种风格直接传给了佐娜，她母亲既务实又博学。杰森的父亲是一位敏感的神学家，对妻子和四个孩子全身心投入，杰森的母亲开朗乐观、乐于助人。杰森和佐娜都成长于安全的家庭，他们也为自己的孩子创造了安全的家庭。

相比之下，玛丽娜和我感到脆弱和孤独。也许这么想太疯狂了。但这种感觉是很真实的。我们俩的父母中，有三位已经去世了。就在我们收养索尼娅的那一周，我父亲久病后去世了。玛丽娜的母亲身体健壮，很能干，但她被自己的情绪所支配，有时冷酷无情，特别是对玛丽娜。我们的兄弟姐妹都没有起到增强家庭凝聚力的作用。相反，他们都削弱了家庭凝聚力。

玛丽娜和我试图变得像杰森和佐娜一样,营造一个安全的家庭环境。但每一天都是一场战斗。索尼娅从不消停,在无休无止地试探极限。玛丽娜和我在和她沟通时都不怎么冷静。两个脆弱的人想建立一个坚韧的家庭,感觉就像试图爬出流沙一样,永远爬不出来。

在交谈中,我试图掩盖我们所面对的问题,因为我担心这会主导谈话。我感觉我家就像是波黑,杰森和佐娜家就像是瑞典。就像和办公室的同事交谈时一样,更容易说出的话是"是的,这是一个挑战",而不是直接说出心中巨大的悲伤和恐惧,比如担心我们无法管教好索尼娅,或者担心萨沙没有适应现实世界的能力。玛丽娜对我的虚伪感到惊讶。她问,为什么你不直说自己的苦恼,而是用平淡的语气来掩盖它呢?我无法做出很好的回答。这就是美国人的行事风格。我觉得我的大多数美国朋友都希望故事有一个美好的结局。我想要交朋友,所以我决定把故事中让我感到害怕的部分一句话带过,因为那会使我和朋友的关系变得疏远。

离开杰森和佐娜后,我们开了一小时的车,来到尚普兰湖畔的小屋。虽然离开索尼娅去以色列是一次解脱,但她在参加治疗营后,并没有出现明显的好转。我们一直在争论该怎么办。

我们把这些问题告诉了在那里遇到的朋友,多年来我们一直和这些朋友一起度假。

其中的两位是一对在这个领域有专长的夫妇。丈夫是一位著名的心理学家。他帮助我们思考我们面临的困境,表现出无尽的善意和体贴。他的妻子是一位语言治疗师,学历没有他那么高,但和玛丽娜一样,学识丰富。玛丽娜跟她讲了那件事:索尼娅把手机藏起来，看着玛丽娜和萨沙到处找手机，然后暗自开心。她做出了一个简短的评价。

"她是一个精神病患者，你必须让她离开你们家。"她说。

玛丽娜感到震惊，同时又觉得自己的想法得到了印证。这一次，有人和她有同样的直觉。我们在考虑让9岁的女儿离开家，这显得很不正常，以至于我们自己都不太愿意大声讨论这件事。

快到周末时，我们准备接她过来。在郊区的大房子里有很多可以躲藏的空间，而我们这次是一起挤在一间小木屋里，所以索尼娅要想耍花招就不那么容易了。

玛丽娜帮索尼娅卸下背包，掏出了一件湿泳衣和一条毛巾。玛丽娜低头一看，发现索尼娅的内裤上沾满了粪便。她故意弄脏了自己的内裤，这是她最新的花招。当她从学校回家时，她会定期故意弄脏自己的内裤，这一次是参加治疗营活动后这样做。

这一切始于一场关于家庭作业的争吵。好几个月来，她一直拒绝做家庭作业。除了我们在家里实行的惩罚，我们要求她所在的小学对她的这种行为进行惩罚，比如强迫她利用课间休息时间做作业。校方一开始有些犹豫，我们继续施压，他们很不情愿地同意了。但实施一套新限制的结果是索尼娅也开始采取相应对策。我们意识到，她会抓住一切机会抢夺控制权。在很小的时候，她拒绝喝水，试图以此来夺取控制权（当时萨沙说她并没有骆驼的构造）。现在，她找到了一种新的方式，既古怪又具有明显的反社会特征：她在大便后拒绝擦屁股。这太让人无法接受了，她有一种凭空创造博弈筹码的天赋。一个金发碧眼的女孩对世界微笑着，而她的内裤里全是屎，是不是令人很不舒服？是不是很恶心？这就像是在同时说"去××的"和"我恨我自己"。归根到底，孩子们可以控制两样东西：吃进嘴里的东西和从肛门里拉出来的东西。

"保罗，我需要你的帮助。"玛丽娜带着担忧的声音说道。

我正在我们的卧室里整理东西，听到后立刻走进客厅。

"保罗，索尼娅浑身都是大便，她需要洗个澡，尽管她刚从湖里游泳出来。"玛丽娜的表情和语气都显得很生气。

"不！"索尼娅又恨又恼地抬起头来尖叫道。

"好主意。"我边说边走到索尼娅身边。

幸运的是，这一次我不是在澳大利亚、中国或圣路易斯出差，通过黑莓手机听玛丽娜讲这件事。我抓住索尼娅的胳膊，她想扭开身子。

"不！"她尖叫道。声音很大，隔壁的人很容易就能听到。我想，她这么做可能是要让别人怀疑我们是不称职的父母。

玛丽娜脱下她的短裤和脏污的内裤，而我抓住她的胳膊，脱下她的衬衫，这样我就能带她去洗澡了。

索尼娅一丝不挂时，我不喜欢待在她旁边。她已经很大了，这么做不合适。但我们有什么办法呢？让她带着粪便到处乱走吗？当时玛丽娜站在门口，但我没有把目光移开。我把淋浴头对准索尼娅脏兮兮的屁股，让她用肥皂把屁股洗干净，她很不情愿地照做了。

我关上水龙头，递给索尼娅一条毛巾，转身让她擦干身子。过了一会儿，她走出那间小浴室，试探性地朝玛丽娜和我走去，我们正坐在餐桌旁。

我们能听到纱窗外大湖的湖水拍打岩石的声音。

"索尼娅,我们家有一些基本规矩。"我开口说。

索尼娅瞪着眼睛,带着她那种典型的茫然神情听着。

"你必须照顾好你自己,你必须照顾好这个家,你必须说实话。"我尽量用最简单的语言来说,这样就不会产生误解。

她点了点头。

"我们爱彼此,但我们有一些规矩,大家都必须遵守规矩。如果我们教不会你这些规矩,就必须让你去别的地方,那里能教会你这些规矩。"我说。

我停下来,让她领会这些话。

索尼娅吓了一跳,又哭了起来,但和我把她拖进浴室时哭得不一样。上一次哭是因为她的控制权被剥夺了。这一次哭得更伤心,是她身体里的那个小孩在哭,那个小孩完全、彻底地迷失了。这哭声让我陷入沉思,我有一种感觉:我像一个食人魔,威胁着要把她赶出家门。对一个曾被遗弃的孩子来说,这种感觉一定很难过。她用尽全力逼我们抛弃她,同时又害怕我们真的那么做。我说那番话也是很为难的,但我知我说的是实话。

我们必须设定限制,如果我们不能在家里执行这些措施,就必须请求增援。事实证明,爱并不是无条件的。一些人际交往的基本规范是大家一起生活的前提。的确,人性很复杂,"正常"的定义也相当宽泛。但即使考虑到这种宽泛性,也需要有底线。要从索尼娅手中夺回控制权,我们就需要以一定的力量做出回应,这种力量要符合道德,但也应该是压倒性的力量。

※　※　※

要想获取压倒性的力量，成本不低。

鲁特医生建议我们聘请一位教育顾问，让他帮我们找一个治疗中心。

这位顾问年纪较大，挺着啤酒肚，后脑勺有一撮白发。他从事教育工作多年，后来自己创业，主要业务是给像索尼娅这样的孩子找学校。他坐在我们厨房的桌子旁，向我们三个人提问，并告诉我们，在美国找到合适的机构需要付他5 000美元。

换言之，只有富人才能得到他的服务。这是财富将人们彼此隔离的又一个例子。我已经在一家对冲基金工作了5年，存了一些钱，以备可能出现的紧急情况，比如被解雇（这种情况经常发生）或者亲戚中有人需要紧急帮助。但当我开始存钱时，从未想过会把它花在这件事上。这相当于提前9年花掉了索尼娅的大学基金，因为如果我们不能纠正她的行为，她就上不了大学。

考虑到索尼娅的情绪不稳定，有人建议我们问问我们所在的学区，她有没有接受特殊教育的资格。该学区拒绝承认对索尼娅的诊断。我一直不清楚他们的动机是什么，是由于预算限制，还是他们真的认为在学校故意弄脏内裤、不做家庭作业、试图操纵同学的索尼娅无权得到额外照顾。为了和他们谈判，我们请了一名律师，这又花了几千美元。之后我们继续寻找治疗中心。这样的中心很少，彼此相距很远，特别是治疗她这个年龄段孩子的中心。以2009年的美元价值计算，每个月在这上面需要花费约1万美元。

2009年8月,我在科罗拉多州出差。我带了萨沙一起去,这样在公务之余我们就可以一起徒步旅行,也给留在家里的玛丽娜减轻了一些负担。在一次徒步旅行后开车返回的路上,我接到了那位教育顾问的电话。

"我找到了一个适合她的地方,我去了那里,觉得很特别。如果你们能去,最好去一下。你们在科罗拉多州,对吧?那个地方在新墨西哥州。也许你们可以开车去。"

次日,我坐在停车场里的一辆车里,在湛蓝的天空和明媚的阳光下,从韦尔给这所学校打电话,和该校的创始人们交谈。我一边和对方打电话,一边看着萨沙蹬着山地自行车,顺着一条滑雪道往上走,15岁的他上下摆动着腿,以适应坡度和海拔。萨沙会下定决心做某件事,然后完成,无论是骑自行车上山还是赚钱买手机。他以自己的方式和节奏做事,但他最终会做成。

"说说你女儿的情况。"一位创始人说。

"嗯……她是我们从俄罗斯领养的。在我们收养她之前,她经常挨饿。她在我们家住了快七年了。她经常撒谎和偷东西,最近开始故意拉裤子。她表面上很迷人,但内心极为狡猾。"我说。

"哦,这听起来很典型。我们这里收的就是这种女孩。"一位创始人答道。

我惊呆了。最终,一位权威人士确认了索尼娅的病情。鲁特医生、那位精神病医生、索尼娅的学校辅导员,要么质疑玛丽娜和我说的情况,要么对索尼娅的行为感到困惑。2004年搬到韦斯特波特时,我们第一次为索尼娅寻求专业帮助。五年来我们要么征求专家意见，要么在互联网上搜索。现在终于有人发现索尼娅的情况是"典型"情况，而不是奇怪的现象。

我看了看地图，算出大约花十个小时，我就可以开车到达这家名为桑比尔的治疗中心，它基本上在正南方向。因为又要和爸爸一起上路了，萨沙很兴奋。他和玛丽娜一样，喜欢坐车在路上跑。我则因为开车太多而感到厌倦。

从我所在的地方去新墨西哥州的洛斯卢纳斯，不能走老路。我熟悉的大多数路是东西向的，南北向的路是不同的情况。很快，我们就驶上了一条双车道公路，这条路会经过格兰德河的河口。河在我们右边，红日西坠，余晖斜照在水面上，泛出一圈圈光芒。萨沙放了一首喜剧演员乔治·卡林的歌，歌声像是嘶吼，清晰而犀利。

很快，我们就在半夜开上了双车道公路。

晚上10点左右，筋疲力尽的我停在一家乡村商店，买了一罐可乐和一些椒盐卷饼。我们在凌晨1点左右到达了圣达菲，很快就在酒店房间昏昏睡去。

当我们醒来时，外面明亮的光线穿过百叶窗上的小缝照了进来。这里是高山沙漠区，我们还要几个小时才能开到洛斯卢纳斯。这里的光线质量和我在任何地方看到的都不一样。现在我明白为什么艺术家乔治娅·奥基夫要从纽约来到这里画画了。

但她没有孩子，不需要照顾孩子。有没有哪个艺术家尝试过画像索尼娅这样的孩子？我的直觉是，没有人想用艺术方式来描绘我身处的这个故事，这个故事太黑暗、太缺乏希望了。奥基夫的作品中没有任何这样的人性黑暗面，而是聚焦于一朵花或一幅风景。

萨沙和我吃了早餐，回到车里，过了一会儿，就驶上了洛斯卢纳斯的一条土路。桑比尔治疗中心的外墙是经过粉刷的，里边是一座不规整的土坯建筑。这里原是一座旧的简易旅馆，被改造成了青少年精神病院。里边大约有12名女孩，年龄在10—13岁之间。好几个女孩是从东欧领养的，其他大多数是寄养的孩子。我立刻感觉好了一点儿：在美国，我们不是唯一为这样的孩子犯难的家庭。

桑比尔治疗中心的创始人们和我坐在一起，解释这地方是如何运作的。他们都拥有顶尖学校的心理学硕士学位，并在该领域工作了多年。他们同意玛丽娜的观点，索尼娅很可能患有反应性依恋障碍。他们是第一批确认这一诊断的医疗专家。如果不加以治疗，这类儿童可能成为反社会者。治疗的第一步是在确保他们安全的同时，剥夺他们的控制权。目的是向索尼娅表明，她过去的行为行不通了，新的行为才是前进的方向，而直至当时，这种新行为对索尼娅来说完全是陌生的。

该中心的创始人之一罗伯特，同时也是治疗师，他拿出一张大脑图解，向我和萨沙解释说，大脑中有一块原始的部位，位于脑干下方，该部位控制恐惧和"战或逃"反应。罗伯特看着我，想知道我是否听懂了。他是个瘦高个儿，金发，脸色苍白。他建议我阅读著名精神病学家布鲁斯·佩里博士的著作，佩里也是桑比尔治疗中心的顾问。

罗伯特认为，像索尼娅这样的孩子，由于很小时就受到了惊扰，大脑中的这个原始部位长期处于活跃状态。我觉得有道理。我回忆起两件事：我抱她走的那一夜，她那双圆睁的眼睛，还有她对我们那位大胡子邻居的恐惧。她的脑干就像发亮的萤火虫一样，处于活跃状态，当我把她抱出孤儿院时，她很害怕失去控制权。在某种意义上，这听起来像是一种脑损伤。罗伯特解释说，RAD儿童因此始终保持警惕。她觉得她需要掌控局面。罗伯特说，第一步是让她放松下来，让她意识到以前的行为在这里行不通。

罗伯特解释说，索尼娅不愿接受我们的养育，因为那会使她失去控制权。当她做那些事，如偷钱、撒谎等，她的大脑会给她一种扭曲的现实感，并反复传递这一信息。外部现实，如我们对她行为的震惊和厌恶，并不会影响她。她有一个完全属于自己的内心世界，罗伯特说。

萨沙和我在那里待了一段时间。我知道潜在客户在考虑投资之前是如何对基金经理进行尽职调查的，所以我也做了类似的调查。我要求见一见那些通常不与潜在客户家庭交谈的工作人员，因为这样的工作人员不会是营销专家。

我坐在一条野餐长椅上，对面是一位年轻的工作人员，大概30多岁，已经在该中心工作了几年。他身材适中，体格健美，用一种平静而又热切的目光看着我。

"你们会怎么对待这样的孩子？"我问道。

"我们向他们展示，他们以前的做法再也行不通了。"他微笑着说。

"怎么做到这一点？"

"你必须要有创意，以一种比在家里时更有力的方式利用这里的环境。如果一个孩子不想参加打扫卫生、做作业或徒步旅行等活动,我们可以一直等下去,直到他们参加。家里可没有那么大的灵活性。"

对我来说,这似乎是一个合理的回答。他的举止也令我产生了信心。我后来发现,他是空手道的黑带,他身上有一种坚定的平和,我感觉索尼娅会对这样的工作人员产生好感。

这里似乎能提供适合索尼娅的治疗,这让我既松了一口气,又感到紧张。我们要跨越心里的门槛,让索尼娅接受机构化的治疗。

几个小时后,我们开车回到镇上。在高速公路旁边,我在一个杂货店前停下来,杂货店的墙面被太阳晒得发白,那里有一家小餐馆。我和萨沙走进餐馆。餐馆里的人大多是农民,从外面的田地看,是种苜蓿的农民。我和萨沙坐下来,点了鸡肉卷。几分钟后,我俩面前都摆上了一大盘煎饼,煎饼不太大,上面铺着一些鸡肉和豆子。我意识到我们得经常沿着这条路开车了。

※　※　※

桑比尔治疗中心建议我们,在出发前约一周时,一家人一起把这个消息告诉索尼娅。罗伯特说,当我们告诉索尼娅要把她带走时,她的头会"爆炸"的。那是2009年的秋天。

他建议,我们中只出一个人带她去新墨西哥。这个人应该是父母中"反应性较弱"的那一位。玛丽娜建议我去。我把萨沙拉到一边,提前告诉他将会发生什么情况。当时他15岁,索尼娅9岁。

在一个树木葱茏的秋日早晨,我们把索尼娅带进客厅,我抱着她坐在我的膝上。玛丽娜和萨沙坐在对面破旧的沙发上。索尼娅依然是一个小孩。

"索尼娅,我们一直在想办法教你一些东西,但我们没有成功,"我这是在延续在佛蒙特州度假时的谈话,当时她故意弄脏了自己的内裤,"你明白吗?"

索尼娅点了点头。我看到她的神情逐渐变得茫然。当强大的外部力量要压倒她时,她能感觉到这一点,然后会在精神上放空。放空的本能深植于她的心中。

我继续往下说:"索尼娅,我们爱你。你撒谎,偷东西,不让自己保持干净,不做家庭作业。这些情况我们都看到了。我们太爱你了,不能让你这么对待自己。所以我和妈妈决定带你去一所新学校,你将住在那里。我一周后带你去。"

索尼娅看了看我,蜷缩在我的膝上,哭了起来。看到她这副模样,我的心都碎了。这时我只想把她抱起来,我的确这么做了。她一切出于本能的行为都是要避免在我膝上哭泣时所产生的那种感觉。

那天晚些时候,我带她在森林里进行了一次长途徒步旅行。车行驶在一条有裂缝的黑色柏油路上,两边是松树和橡树,树林里依然满是夏日的余韵,阳光穿过树丛,幻化成斑斑点点温柔的光影。我们沿着一条小溪行驶,溪水从大萧条时期建在森林深处的一座水坝流下来,流入索格塔克河。每天有两次巨大的潮水涌入市内的这条河里,然后又流回长岛湾,所以这条河每天会变成浅滩两次。

我们把车停好,从车里走出来,背上一个装满瓶装水的背包,开始散步。越深入树林,我就越觉得索尼娅的心沉入了一个更安静的地方。我们穿过可能是十八或十九世纪农民建造的破旧石墙。这次在树林里散步，就像在那个滑雪坡上一样，没有任何索尼娅可以破坏或控制的东西。索尼娅默默地跟着我走，她累了的时候，我就会背她。跟她在一起感觉很幸福。这次她没怎么说话。通常我和她在一起时，她会喋喋不休地说个没完。这些无意义的闲谈会持续一天，这反映出她的头脑不愿意安静下来。

当我们踏上已经开始积满落叶的林地时，我的思绪开始游离。当索尼娅放慢脚步，面对自己内心的现实时，她会看到什么？这是一个无法回答的问题。像她这么大的孩子难道不想和爸爸妈妈亲近，不想待在安全的地方吗？但她所有的行为都是要我们远离她。我怀疑她的内心其实非常悲伤。从本质上讲，她的日常行为必然反映出现实与认识之间的某种内在分裂。那是愤怒吗？当我想象她的内心世界时，我似乎看到了一个充满了游乐园镜子的房间，这些镜子会扭曲图像和思想，扭曲感知，导致这个房间的主人勃然大怒。她可能觉得自己的行为很正常。也许我们所有人都觉得自己的行为很正常。当我还是个孩子时，我经历过连续几周的愤怒，怒火不息。也许她也是那么激动。但我从来没有像她一样做得那么绝，所以她内心的扭曲一定比我严重得多。

在不发动攻击的时候，她看起来有点像一个迷失的三四岁的孩子，比她的生理年龄小几岁。这幅情境既美丽又令人悲伤。我隐约看到她身体里住着一个孩子，或者说我觉得是一个孩子，但接着门就关上了。当我们回到家时，她就故态复萌了。就是这么一个过程，先有一次冲击，带来一次心门开放，然后她又关闭心门。她太擅长自我封闭了，我们不知道如何让她敞开心扉。

六天后，在一个阴沉的星期六早晨，我开车和索尼娅去拉瓜迪亚机场。那天是我的休息日。我带了一个小包，里边是她的衣服。我们先飞到丹佛，然后飞往阿尔伯克基。索尼娅一直望着窗外，很紧绷，没有流露出任何悲伤、悔恨或沮丧的情绪。她不说话，不看书，也不看电影，只是盯着飞机下方移动的大平原。着陆后，我们乘公共汽车去了租车场，租了一辆车，向桑比尔治疗中心驶去，工作人员正在那里等着我们。到那里后，两名男性工作人员带着我和索尼娅参观了这个中心，两人都很强壮，能控制住一个大发脾气的孩子。

我找机会俯下身，想在索尼娅额头上吻一下，但她推开了我，露出恶狠狠的眼神。这幅画面在我脑海中萦绕不去。她外表看起来很正常，但内心充满了仇恨。这是一个难得的她表露情绪的时刻。

我们最终来到了罗伯特的办公室。在阴暗凉爽的土坯房子里，他告诉索尼娅，我很快就要走了。他努力向索尼娅保证，过渡过程不会很突然。他还设定了一个限度。索尼娅点了点头，她没什么可说的。然后我就得走了，我拥抱了一下索尼娅，她僵硬地接受了。

在我转身离开她，罗伯特送我出去时，我突然感到不知所措。我几乎无法走路，而且因为两眼充满泪水，视线也变模糊了。我勉强走到门口，离开了这座大院。在外面走了几步，还没走到我的车时，我开始大哭起来。我脑海里回放着索尼娅坐在我膝上，半夜从俄罗斯的那所孤儿院回家的画面。八年后的今天，我和她说了再见，把她丢到了另一家机构里。

刹那间，我回想起了俄罗斯那所孤儿院的院长，他告诉我要"保护她"。在这八年里，我们能做一些不同的事吗？是的。我们错过了机会吗？是的。为什么没有人告诉我们？为什么玛丽娜和我这么愚钝，没有发现她的大脑早就受伤了？那样的话，我们也许就能找到一种更好的早期干预措施，那将对她产生帮助，就像早期干预措施帮助改变了萨沙的人生轨迹一样。而且索尼娅的病名是玛丽娜找到的，而不是我。感谢上帝，罗伯特和我保持着一定距离，给我一定的空间，但没有走太远。我完全崩溃了，想着我和索尼娅之间的一切父女回忆，去马厩玩、带朋友的狗散步、滑雪旅行和摘蓝莓。那些日子已经过去了。想到她的房间现在空空的，想到家庭被拆散，我有些崩溃。我感觉自己是一个彻底失败的家长。我试图建立一个美丽、安全、团结的家庭，但失败了。

我最终和罗伯特道别，上了车，拐过街角。但接着我不得不把车停在路边，又哭了很长时间。自从小时候的一次大哭后，我从没有哭得这么厉害过，那次可能是因为我妈妈去世。我发现一座矗立在荒漠中的小山，然后狂奔了一个小时，直到我的大脑半恢复正常。一直跑，跑到筋疲力尽，这就是我让自己冷静下来的方法。我驱车向北40分钟，回到阿尔伯克基，去了洋蓟咖啡馆。我一个人坐着，喝了一杯红酒。那是个时髦的地方，坐满了时髦的人。

红酒触及我的舌头，流入喉咙，过了一会儿，轻柔的嗡嗡声在我头脑中响起。这感觉很美妙。几小时前我还在哭泣，现在轻松多了。

为我服务的女服务员20多岁，很温和，可能在新墨西哥大学上学。现在我看着像她这样的人,感觉自己像一个老人。他们即将开启自己的人生,我想。他们会有孩子吗?他们的孩子会很随和,独立自强,还是会像我的孩子一样,构成一种终身性的挑战?

当时我42岁,感觉自己像82岁。我一边享受红酒,一边浏览手机上的照片,其中有索尼娅的照片。有在佛蒙特州钓鱼的照片,有在阿莫斯散步的照片,有和萨沙一起玩的照片。这看起来是我一直追求的家庭,但其实并不是。她走了,离开了家。我们的家庭破裂了。我的原生家庭是破裂的,现在我试图建立的家庭也破裂了。

我在飞机上度过了周日,就这样回到了家。我周一早上还得上班。当我回到家时,感觉家里完全不同了。那就像是退烧了一样,一个体重不足100磅①的人能把其他三个人搅得天翻地覆。玛丽娜尤其显得像是变了一个人。索尼娅无休止的攻击曾把玛丽娜弄得心神不宁,因此,虽然我们三个人都迫切希望索尼娅的病情有好转,重新加入我们的家庭,但我们对原来的索尼娅很难产生想念之情。

---

① 1磅≈0.5千克。——编者注

第五章　鲍尔比

新墨西哥，2011年；伦敦，1936年

玛丽娜和我坐在桑比尔治疗中心的主房间里，在这里接受治疗的孩子们的大部分时间是在这里度过的。我们坐在柔软的布沙发上。外面是强烈的阳光，里面阴暗凉爽。一只小狗慢悠悠地走来走去，若有所思地嗅着地毯，它已经习惯了喧哗声。孩子们从宿舍里出来，懒洋洋地走向厨房，在厨房里，他们的一些同学正在工作人员的监督下准备晚餐。

一些工作人员坐在一旁观看，眼光追随着孩子们的脚步，并平静地叫他们出来接受询问，他们问的事在我最初看来都是小问题。

"布伦达。"一位工作人员说。他坐在另一个沙发上，身材魁梧。

"你有什么事吗？"他问道。

布伦达是年龄较大的女孩之一，大概12岁。

"你想说什么？我正准备去厨房帮忙。"

"布伦达，请坐。"那位工作人员说。

这时布伦达就必须在身边找地方坐下来，她也坐到了那位工作人员坐的沙发上。她什么都不用做，只需坐下来反思。

过了一会儿，那位工作人员问了她一个问题。

"我为什么让你坐下来？"

"因为我没有对你说实话。"

"具体呢？"

"我知道我应该穿着运动鞋去厨房值勤。你提醒过我这一点。但我穿的是人字拖。"

"对。我为什么让你穿正常的鞋子呢？"

"因为我们有时在厨房里用刀。"

"对。刚才你企图对我做什么？"

"我想对你耍花招。"

"对。"

虽然这场对话看似很随意，但明显带有清晰的意图。那位工作人员的声音没有什么波动，并能通过一些细微的姿势判断潜在情绪波动，我还不会运用这些方法。虽然这次干预进行得很顺利，但在其他时候，孩子们会拒绝坐下，或者会与工作人员顶嘴。在这种情况下，工作人员就会对住校生进行"治疗式控制"，住校生是对这些孩子的称呼。"治疗式控制"本质上是指让孩子保持一个姿势，用右臂握住左肩，用左臂握住右肩，直到安静下来。

虽然这些孩子各不相同，但他们有很多相似之处：他们会撒谎，偷东西，操纵别人。

不久后，当我们见到那些母亲时，许多母亲似乎都有一些与自己的孩子有关的创伤后应激障碍。我在报纸上读到过许多文章，讲的是被送到糟糕的住院治疗中心的孩子的事。但我从来没有读到任何文章讲试图抚养一个这样的孩子是什么感觉，特别是从主要看护者的视角。我曾做过报社记者，我知道编辑不太喜欢一些报道：与一个成年人残忍地对待一个孩子的报道相比，一个孩子残忍地对待一个成年人的报道，更不容易抓住人的眼球。

桑比尔治疗中心的创始人们花了数年时间治疗受过心理创伤的儿童。他们的每一个动作都是以丰富的日常经验为基础的。他们使用一些行话来描述如何治疗孩子，以及索尼娅出了什么问题，其中的一些词对我来说临床专业性太强了，如"协调""反应性""激活"等，但一旦我开始理解这所学校的基本原理，这些原理听起来就很有道理了。

正如罗伯特一开始所说的，这里的理念是：这些孩子受到了很严重的精神创伤，所以他们始终处于一种警惕状态，他们认为自己所处的环境危机四伏，总是想控制环境。他们通常通过操纵他人来努力控制环境，这种控制行为破坏了他们与他人之间的所有关系，造成了一种自我强化的恶性循环，这进一步使他们陷入孤立，促使他们寻求更高程度的控制。一开始，父母们可能可以容忍，但这些孩子是冷酷无情的，最终开始制造根本性的家庭不和，这正是我家所发生的情况。这也是玛丽娜在以色列时哭泣的原因。为了打破这种恶性循环，桑比尔治疗中心通过他们所说的"环境"来温和地压制孩子，向孩子表明，他们的控制技巧是行不通的。他们拥有多种选择，这些选择是我们在家里所没有的。如果一个孩子试图操纵他人，他们会不让这个孩子参加游戏，让他看着其他孩子开心地玩。我们在家里很难实行这种做法。与让孩子回自己的房间、让孩子坐在我们身边的椅子上相比,这种做法的效果要好得多。桑比尔治疗中心也有夜班工作人员。一旦像索尼娅这样的孩子知道,半夜起来搞一些破坏会被抓住的话,她就不会这么做了。这些孩子住的地方和该治疗中心场地上的学校是紧密联系在一起的。在我家时,索尼娅分别在家里和学校实施不同的操纵。而在桑比尔治疗中心,这是不可能的,如果她在课堂上胡闹,宿管员会知道。这切断了她实施操纵的途径,有望给她和我们家一段缓冲时间,以重新开始。

据我所知,提出这些理念的第一人是一个我从未听说过的英国人,名叫约翰·鲍尔比。随着我更多地了解鲍尔比和慢慢读他的书,对我来说,他成了一盏指路明灯,帮助我应对像索尼娅这样的孩子。在阅读过程中,我经常想,他比任何人都更了解我家和其他像我们这样的家庭所经历的事情。

鲍尔比是最早进行相关研究、衡量相关影响,并对这种现象做出合理解释的人。前面提到过的佩里博士就是在追随鲍尔比的脚步。鲍尔比是先驱,也是一位伟大的作家。

在充满死胡同的迷宫里,鲍尔比就像是一个向导,他知道走出迷宫的路,或者至少能很好地描述迷宫的全貌。这个迷宫不仅能解释索尼娅的行为,也能解释为什么玛丽娜和我有时会如此激烈地争吵,为什么很久以前发生的伤害在今天有这么大的影响,为什么这些伤害发生得越早,影响越大。

鲍尔比阐述的中心概念是依恋。

他的观点是,儿童心理健康的关键,是对一个人深深的、温暖的、始终如一的爱,这能让儿童保持平静的人际互动。生活可以用人际关系来衡量，首先是与父母之间的紧密信任关系，在父母不在场的情况下，则是与其他人的紧密信任关系，如保姆。如果这种关系被打破，就会产生根本性的伤害，这种伤害接着会波及以后的生活。虽然现在这对一些美国家庭来说几乎是常识，但在鲍尔比提出这个观点时，这是一场革命，而且他一生都致力于证明自己的观点。显然，我们收养索尼娅的那家俄罗斯孤儿院不知道鲍尔比的观点，否则他们就不会让一个看管人来照顾十几个孩子，而这些孩子都想得到拥抱。

鲍尔比生于1907年，他的父亲是英国的一名外科医生，母亲是家庭主妇，他是家中的六个孩子之一。他在伦敦长大。与玛丽娜、我或索尼娅的成长经历不同，根据我的了解，鲍尔比的早年生活就像是一部公共电视网的英国电视剧中的场景。星期天全家步行去教堂，春天和秋天全家经常去乡间度假，比如去苏格兰钓鱼。那些研究过鲍尔比的人一直想知道：既然他自己的成长环境看起来很平静，他对那些在动荡环境中长大的孩子的浓厚兴趣是从哪里来的。

根据苏珊·范·迪肯对鲍尔比早年生活的研究，鲍尔比把自己的成长困境形容为"受到过很多伤害但没有遭到严重破坏"。[①]他从未明确说过具体的伤害来源是什么，不过如果要找"干扰因素"的话，从他的人生中不难找到这些因素。鲍尔比的家庭生活是受到严格管理的。孩子们和保姆们单独住一个楼层，孩子们早晚两次被带去见母亲。当时英国上流社会的孩子与保姆的关系是最紧密的。丘吉尔

---

① Van Dijken, Suzan. *John Bowlby, His Early Life*. Free Association Books: London. 1998.

也有类似经历。鲍尔比心爱的保姆在他4岁时离开了他。

其他伤害包括，他父亲在一战期间是一名外科医生，因而长期离家在外；他每天都被禁止长时间与母亲接触；他10岁时被送进寄宿学校。也许这些事件，无论单个看还是从整体上看，都可以被称为"人际关系破裂"。

和他父亲一样，鲍尔比在学校很成功。在上大学后、获得医学学位之前，鲍尔比在一所学校教书。据我所知，这所学校和我们送索尼娅去的那个寄宿中心相似，也就是说，负责治疗行为不端的难缠的孩子，只是这所学校在英国，是这种机构的雏形。50年之后，鲍尔比说，他之所以做出这样的职业选择，是因为他在那所治疗这些难缠的孩子的学校工作时发现了一些问题，而不是由于任何自己人生中受到的伤害。我想知道在鲍尔比所在的学校里，有多少孩子能成长为健康的成年人。如果这些孩子仍然在世的话，现在年纪一定很大了。

从医学院毕业后，鲍尔比获得了精神病学学位。

他早期的研究聚焦于一个简单的问题：为什么一些小孩会偷东西？他20多岁时就开始注意这个问题了。

在去桑比尔治疗中心之前，我们找过的专业人士都不熟悉鲍尔比的作品，因而无法把鲍尔比的研究与索尼娅的问题联系在一起，更不会告诉我们去读鲍尔比的作品。本地的几位心理学家、索尼娅所在学校的工作人员、两名家庭医生和波士顿儿童医院的医生都没有看到这个简单的联系。然而，事实上鲍尔比被认为开创了一个思想学派，并就这个主题写了一套分为三本的系列作品——《依恋》

《分离》《丧失》。这套书现在已经成了经典著作。

这套书就像是一套用精心构思的文字写就的说明书，我非常希望当初收养索尼娅时能得到一本这样的说明书。在我写这些文字时，这部书就放在我左边的书架上。我在人生中遇到了不少困难，对每一件难事，我总是可以回头去研究曾面临类似困难的人，并记下他们的奋斗和解决办法。多年来，我们一直想知道索尼娅到底怎么了。鲍尔比的几本书为我们了解索尼娅提供了一个基本框架。现在YouTube上佩里博士的一些视频也能起到这个作用（但在2009年时这还不太明显）。

我觉得，鲍尔比会花几分钟告诉我们，索尼娅的那些难对付的行为表明她已经受到了极其严重的伤害，她、玛丽娜和我要走出当前的困境，需要得到很多帮助，也需要好运气。他还会告诉我们，在像索尼娅这样幼年受过严重伤害的儿童中，这种疾病很常见，因此假如她最终无法康复，我们也要有心理准备。他可能也会对玛丽娜和我进行调查。像他的成长经历一样，我们俩的成长经历也可以被描述为"受到过很多伤害但没有遭到严重破坏"。他可能会指出，我们俩也有工作要做，要直面我们自身的缺点，而由于索尼娅的天性，她会努力利用我们的这些缺点。

鲍尔比为什么知道这样的情况呢？

简短的回答是，为了知道答案，他下了很多功夫。

20世纪30年代，在完成学业后，鲍尔比加入了伦敦的一家儿童指导诊所。对当时的英格兰来说，这个诊所代表着一种新颖的概念。这是从美国借鉴来的，早在20多年前，美国就已经出现了第一批这样的诊所。鲍尔比的第一次详细观察是在1936年进行的。在送索尼娅去桑比尔中心之前,我们曾带她去我家附近的一家类似的儿童指导诊所。

在鲍尔比进行他的研究时,发达国家正在从大萧条后的一段严重的经济衰退时期中复苏。反映当时世界经济形势的经济图表,看起来就像一个患了严重心脏病的病人的心电图。在鲍尔比写作和研究时,二战即将爆发,而一战刚刚过去不久。

虽然鲍尔比是在20世纪30年代开始他最初的观察的,但英国儿童最惨的遭遇是在伦敦大轰炸期间发生的。那段时期,英国儿童的经历变得更像俄罗斯儿童的经历。在伦敦大轰炸期间,伦敦有4万人死亡,100多万人流离失所。其中的一些孩子暂时与父母分离,或者永久失去了父母,这些孩子曾在鲍尔比工作的诊所接受治疗。

俄罗斯的苦难要严重得多,但根本原因是一样的,都是战争和贫困造成的破坏。当然主要区别在于,俄罗斯曾经历一波又一波的破坏,在二战之前就如此,二战之后又持续了很长时间。如果说一名保姆的去世就足以促使鲍尔比去思考依恋伤害,那么俄罗斯的经历或伦敦大轰炸会对孩子们形成多么严重的影响呢?

这个可怕的世界离马萨诸塞州和康涅狄格州的世界相距甚远,当然我们生活在后一个世界。新英格兰几百年来没有发生过任何实质性武装冲突,在这里,我只有从报纸上或电视上才能看到大规模破坏。历史上曾有医生擅长发现瘟疫的迹象,现在已经不需要这种技能了,也许与此类似,像索尼娅这样的病例也已经从人们的视野中消失了。临床医生善意地告诉我们,索尼娅只是一个难对付的孩子。他们不知道鲍尔比的研究中所蕴含的信息宝库，或者也许知道，但没有将我们面临的挑战和鲍尔比的研究联系起来。

鲍尔比是一位非常独立的思想家。像许多独立思想家一样，鲍尔比也受到了同行的猛烈抨击。回头去看，挑战现行理论并被证明正确，看起来很了不起，但在当时那样做是不受欢迎的。当鲍尔比开始研究被控偷窃的孩子时，其他精神病学家受到了西格蒙德·弗洛伊德的重大影响。根据弗洛伊德的理论，孩子如果行为不端，原因一定是被压抑的性幻想或其他复杂的动机。

鲍尔比根本不同意这种观点。他的第一篇论文是《44个少年小偷：他们的性格和家庭生活》，这也许是他最具开创性的一篇论文。[①]他接着又写了三篇论文，这些论文最终扩展成了他著名的三部曲。1950年，世界卫生组织委托他撰写一份关于无家可归儿童的研究报告，这让他的观点得到了更广泛的认可。

鲍尔比的所有著述都可以归结为一个简单而又似乎是常识的观察结果，至少在我看来是这样。这个观察结果是：幼年时母亲关爱的中断会从根本上影响儿童，如果伤害很严重，儿童会由于自身受到的痛苦而做出社会无法接受的行为。从这个意义上说，索尼娅的偷窃和说谎行为是一种明显的警示信号，这表明她曾受到严重虐待，这种虐待现在已经浸透她的内心。对此的正确反应是："这非常令人担忧。玛丽娜和保罗，你们需要对索尼娅采取激进干预措施！"

[①] Bowlby, John. *"Forty-Four Juvenile Thieves: Their Characters and Home-Life."* Bailliere, Tindall & Cox: London. 1947.

而我们找过的心理学家、精神病学家和医生从未做出这样的反应。

鲍尔比研究了每一个孩子，详细记录了他们的病史。虽然他承认"人类性格存在无限的可变性"，但他指出，在他研究过的孩子中，有很大一部分"遭遇过严重的情感冲击，如丧亲之痛，这导致他们的心理一度失去平衡"。

严重的情感冲击听起来像是索尼娅的情况，不过我怀疑她的经历可能更残酷。她的情况并不是母亲死了，而是母亲虐待她。不给婴儿吃东西，不仅是剥夺了营养，而且是不给予任何情感和养育。这种剥夺发生的年龄很重要。佩里博士进行的后续研究对比了两种情况，一种是孩子遭遇了更严重的创伤，但发生在一岁之后；另一种是孩子在一岁之内经历了创伤，之后孩子得到了持续的关爱。他的研究发现，前一种情况下孩子后来的表现，要比后一种情况下好得多。

鲍尔比在母爱剥夺和后来的偷窃等性格障碍之间建立了因果联系。从今天的角度来看，只关注母亲而不是"照顾者"似乎有一些过时，因为同性恋父母、单亲父母和重组家庭现在很普遍。不过，如果用一个更现代的、更广义的术语来取代"母爱"一词，鲍尔比的著述似乎很能解释我们面临的挑战。

"因此偷窃就像风湿热一样，是一种儿童疾病。"他写道。他这是在强调偷窃行为与童年丧失之间的联系。偷窃行为的根源是幼年的关爱剥夺。在我看来，这是一个绝对的启示。索尼娅的偷窃欲望深藏在她的大脑里。

鲍尔比继续论述："而且，就像风湿热一样，在后来的生活中，病情往往会反复发作。在1930年被送进监狱的人中，有一半的人以前进过监狱，有近1/4的人至少曾进过5次监狱。"对许多人来说，惩罚是不会产生效果的。一旦这些孩子受到伤害，他们就会继续自己的行为，除非伤害得到审视，并以某种方式被治愈。

这听起来像是说，一旦你被抓过，接下来就会出现一个自我毁灭的循环，这会引起人们的共鸣。鲍尔比还指出，问这些孩子为什么这么做，效果不大。我们曾花费一连几小时的时间质问索尼娅，但没有什么用。

鲍尔比写道，"困难在于"，在问这些孩子时，他们"表现得很好，在很大程度上掩盖了真实的本性"。这说的很对啊！鲍尔比发现，要收集关于一个孩子的最可靠的证据，需要问这个孩子身边的人。这些人更有可能对这个孩子的行为明察秋毫。他警告说，在很多情况下，因为孩子能操纵他人对自己的印象，所以会造成"严重误导"，"如果错信，会导致灾难性的错误诊断"。

这在索尼娅身上反复发生。我们身边的几乎所有人都觉得她是个好孩子。亲戚和朋友告诉我："她离开的时候我好难过，我觉得我和她心灵相通。"但这是他们的错觉。她总是非常熟练地让那些不熟悉她的人觉得她一切都好。玛丽娜和我有时针对这种情况说，她是一个"印象管理"专家。她看起来很正常，甚至在表面上很完美，但这与她的内心不符。如果你问她，在做坏事的时候她是怎么想的，往往得不到任何回应。

以鲍尔比的理论为依据，我重读了索尼娅8岁时，我们向本地公立学校提交的关于索尼娅的《计划与安排》报告。当我们试图表达担忧时,工作人员面无表情地看着我们。他们对我们说的内容感到疑惑,索尼娅是一个多么可爱的姑娘啊。

索尼娅能用魅力吸引学校校长、老师和亲密的朋友,甚至产生欺骗性,这开始让我怀疑表面上的社交是否真实。如果索尼娅能很好地隐藏这么多,是不是其他人也在隐藏什么?她的情况对于认识人性有何启示?对我来说,教训是,许多人,包括我自己,很容易被魅力迷倒。这么想让人有点害怕,也许是由于这个原因,当我们试图把她的那些事告诉别人时,人们会转头不听。这让人们感到不舒服,也由于这个原因,我花了很长的时间才看明白索尼娅的真实情况。人们之所以会感到不舒服,是因为这挑战了他们的观念:人通常都是很好的。这让人想到另一种令人不安的可能性:一些人也许曾受过很大的伤害,以至于在某种程度上,在某个时刻,他们与生俱来的好品性会消失,或者会被大大削弱,使这些好品性在实质上消失。

鲍尔比把"不正常"的孩子细分为不同的组。他提到了一些受到家长和老师赞赏的"完美孩子"。这让我停下来想了一下。由于一些原因,我自己的一些行为就属于这一类,我也许太过努力地通过学习、运动或工作来寻求外部认可。这些原因我稍后再谈。

鲍尔比提到另一类听起来更像索尼娅的孩子。这些孩子"一点儿也不神经质",相反,他们更像是"随性、无比自信的冒险者"。这听起来就是索尼娅的情况。她经常为了吹嘘而撒谎,用谎言抬高她自己,贬低周围的人。她的确是一个冒险者,从滑雪到游泳,她做每一件事时都在冒很大的风险。事实上,她大胆地撒谎和偷窃,这本身就是一种冒险。这仿佛是在说：有本事就抓住我啊。

针对这些孩子，鲍尔比用敏锐的眼光搜索童年干扰的迹象。在论文中，他用名字和姓的首字母来指代小偷的身份。有一个孩子叫莉莉，9个月大时被送进医院，在那里待了几星期。回到家后，根据鲍尔比的描述，她被一个"懒散"的女人带大，那个女人喝酒又抽烟。莉莉长大后抢劫了一位老师，用抢来的钱给自己买了一双溜冰鞋。索尼娅6个月大时被送进医院，而且在那之前明显没有得到良好的照顾。她的生母看起来确实很懒散，尽管"懒散"这个词充满了评判意味。唯一的主要区别是，莉莉偷钱买溜冰鞋，而索尼娅偷我们或"朋友"的钱来买垃圾食品。我妻子曾为一些家庭提供治疗服务，这些家庭的主要看护人在孩子很小时就被派往军队中服役。当父母回来时，孩子的性格变了，和鲍尔比描述的很像。

还有一个11岁的孩子叫沃尔特，6岁时母亲就去世了。他偷继母的东西，而且"极度渴望取悦他人"。

有四个孩子患上了"明显的抑郁症"。其中三个孩子的情况是母亲生病或突然去世。另一个孩子的情况是，原来"相当快乐，乐于助人"，后来变得"乖戾、冷漠、不听话、充满恶意"。从本质上说，母亲消失，或者更理论化地说，关爱来源消失，会导致孩子发生剧烈变化。一些根本性的东西被切断了。

当然，读到这些时，我不禁想到了领养问题。首要的母爱联系不复存在，领养不就是为了解决这个问题吗？若是索尼娅的情况，母亲实际上并没有死，而是拒绝履行抚养义务，会造成什么更严重的后果呢？根据佩里博士的研究，关键是孩子出生后的第一年，索尼娅就是在第一年里遭受伤害的。我想知道,当我们领养孩子时,为什么不对我们进行一定的培训,告知我们可能面临的风险?有些孩子和家庭可能会顺利度过过渡期。据我所知,在我们的熟人圈子里,有些人领养后与孩子形成了看起来很和谐的关系。但还有一些可能无法顺利度过过渡期,养父母有必要时刻注意孩子会不会表现出依恋障碍的早期症状。

鲍尔比治疗的另一位患者爱德华,父母都去世了,一个是由于疾病,另一个是由于工业事故。爱德华因为偷窃被抓,被送到了鲍尔比所在的那个中心。

谈到14岁的爱德华时,鲍尔比说:"当别人提到他母亲时,他会哭,并说他经常想起她,非常想念她。"这也让我心里一动。失母之痛锥心刺骨,只要提到他母亲,他就会失态。我在那之前没有接受过心理学教育,对像我这样的人来说,要点很明显:与幼年经历相关的基本特征和本性,会对日常生活产生巨大的影响。索尼娅的经历,可以很好地用她幼年的依恋经历来解释。鲍尔比治疗的病人还有很多。12岁的奥黛丽,在她哥哥和亲密的祖母去世后,变得"爱偷窃,爱奉承别人"。13岁的艾薇在她母亲去世后偷了一辆自行车。12岁的戈登偷她继母和继兄妹的东西。

一所学校的女校长这么形容一个孩子:"几乎不可接触,生活在自己的世界里,在家从来不哭……不交朋友……极其固执,以自我为中心,几乎没有情感……她喜欢漂亮的衣服,但对外衣以内的衣服并不讲究。"这个女孩在8岁时就开始偷东西了。

这听起来也有点像索尼娅。她想穿得漂亮,但对什么东西接触她的身体并不讲究，比如她故意弄脏自己的内衣。这是出于什么原因呢？自我憎恨吗？

鲍尔比的研究中最令人难过的部分是他的结论。他指出，这些孩子的特点是"明显缺乏对任何人的喜爱或温情"，没有真正的友谊。索尼娅和别人建立过真正的人际关系吗？在我的记忆中没有。想到这些，我感到非常难过。我的人际关系，特别是与玛丽娜和萨沙的关系，是我生活中最快乐的部分。索尼娅用魅力来蛊惑和控制别人。在她身边，你会感到不安，一旦明白她这种行为的实质，你就会想要逃离。她怎么能这么做？只有没有任何真实感情的人，才会这么做。能在她心中唤起一种对他人的同理心、一种良知吗？当她在桑比尔治疗中心和动物玩耍时，我们看到了她最温柔的一面，比如和一位工作人员养的狗玩，或者和强壮的白色斑点马乔治玩。还是说，一旦良知泯灭，就永远泯灭了？

"在简短的会面中，他们会给人留下很好的印象……但进一步的接触表明，这样的反应几乎没有真正的意义。"鲍尔比写道。虽然不同的案例在某些方面有很大的差异，但鲍尔比担心，问题儿童可能成为"绝望和危险的罪犯"。玛丽娜很早就开始担心索尼娅会发展成那样了。

索尼娅会成为危险人物吗？她确实扔掉了萨沙的哮喘吸入器。还会出现更恶劣的情况吗？鲍尔比总结说，这些孩子绝大多数都经历过"在婴儿期或童年早期因失去母亲或养母而导致的彻底的情感伤害"。他担心一个两岁孩子的头脑里发生了一定的变化，因此"完全康复是不可能的"。我原以为，既然索尼娅已经不记得她曾受到的虐待了，就可以通过一定的方法让她恢复正常。桑比尔治疗中心的人告诉我，事实恰好相反。索尼娅受到的伤害发生在幼儿时期，当时她的大脑结构正在形成之中，因此影响被放大了。

鲍尔比试图猜测偷窃行为的动机是什么。

他指出："偷窃不仅使自己的钱增加，而且使其他人的钱变少，并使其他人受到伤害。"我从未以这么简明的方式思考这件事。她的目标到底是什么？偷窃是自私的行为，比如偷一美元买糖果，但更阴险的是，她想伤害其他人，尤其是我们。这是整件事中最怪异的一点，这一点让所有人都感到困惑，包括我们。为什么对帮助她的人大发雷霆？这样的思考使我的世界观发生了永久性转变。做好事并不总是能得到回报。我曾努力做一个爱索尼娅的好父亲，而她要么不能，要么不愿投桃报李。

鲍尔比说："如果一个人曾被剥夺过重要的东西，因此而痛苦，他就会倾向于给其他人带来同样的痛苦。"这是我发现的对索尼娅行为最简明的解释。也许按照当代的标准，鲍尔比这句话存在很大的解释空间。尽管如此，他的话还是引起了我的共鸣。鲍尔比说，会出现一种"愤怒淹没爱"的情况，特别是会针对新的母亲角色。果然，索尼娅对玛丽娜的恨意最深，她一般会等到我离开房间时才大发脾气。

鲍尔比说，这些孩子这么做是为了故意破坏最原始的母子关系，以便"不再冒失去母亲的风险，不再因此而失望、愤怒、渴望"。

鲍尔比怀疑，有些妓女更可能有这样的童年。他认为，如果一个人既有对"欲望满足"的渴望，又不能与他人形成正常的人际关系，那么这个人就可能有这种倾向。这是一个大胆的论断。他的证据来自一项对丹麦妓女的研究，该研究显示，30%的妓女是在类似孤儿院的环境中长大的。我想到了索尼娅的生母，她有没有可能是妓女？

鲍尔比说得不太清楚的一点是，应该怎么对待这些孩子。他只是建议尽早干预治疗，最好是在3岁之前。而这正是桑比尔治疗中心的问题。虽然他们每时每刻都在监控，装有摄像头，平均看管每个孩子的工作人员人数很多，因而可以控制这些孩子，但他们能改变这些孩子吗？索尼娅去那里时已经9岁了，而鲍尔比建议孩子接受治疗的年龄是3岁。

鲍尔比的作品出现在一个特定的时间和地点，那是英国历史上一段相对混乱的时期。他研究孩子时，炸弹正雨点般地落在孩子身上。以鲍尔比的标准看，二战中有多少俄罗斯家庭遭到了类似的破坏？这其中有多少以某种难以追踪的方式，逐渐波及了玛丽娜的家庭和索尼娅的家庭？

在俄罗斯，混乱曾打乱许多人，也许是大多数人的生活或者其父母的生活。从这一角度出发，我们可以对俄罗斯的著名作家做出不同的解读，特别是20世纪的著名作家。从这个角度有，2015年诺贝尔文学奖得主斯韦特兰娜·阿列克谢耶维奇特别有意思。

阿列克谢耶维奇认为，在20世纪，一个作家能做的最好的事就是把发生的故事记下来，而不是创作故事。阿列克谢耶维奇的《最后的见证者》听起来有点像鲍尔比的《44个少年小偷：他们的性格和家庭生活》，只是她没有分析那些孩子的行为，而是仅仅将其记录了下来。

例如，在一个故事中，尼娜回忆说，二战爆发时，她被送到一个姑妈的家里，当时她6岁。尼娜的生母在战前去世了，她父亲被派往前线。尼娜搬进姑妈家后不久，姑妈不小心被树枝扎伤了眼睛，导致感染，最终去世。

尼娜对阿列克谢耶维奇回忆说："就剩下我们俩了，我弟弟还很小。当时有很多像我们这样的孩子。"①

尼娜和幼小的弟弟独自在俄罗斯乡间流浪，饥肠辘辘。闻到土豆派的香味后，他们走近一家小农舍。农舍的主人是一位年长的妇女，接纳了他们。德国人来了，农舍主人被杀害，小屋被烧成平地，尼娜和她弟弟奇迹般地活了下来，这是因为当时他们正在树林里摘浆果。在这个故事里有多少次依恋伤害？母亲、父亲、姑妈、好心的陌生人，都离开了这两个孩子。

我们是否能假设整个国家经历了创伤，这样想是不是太疯狂了？这么大规模的共同经历会不会在整个民族身上留下印记？俄罗斯有1亿多人，如果把每个人的故事分成故事线，有多少故事线能追溯到不久前的痛苦时期，比如两个反复失去亲人的孩子呆呆地看着起火的小屋？这个经历破坏了鲍尔比视为神圣的一切。尼娜后来的生活怎么样，我们知之甚少。她结婚了吗？她能相信任何人吗？她偷东西吗？

我们定期去桑比尔治疗中心看望索尼娅。每次探视过后，玛丽

---

① Алексиевич, Светлана (Alexievich, Svetlana). *Последние Свидетели (Last Witnesses)*. Время: Москва. 2016.

娜和我连续换乘多架飞机回家,并评估索尼娅的病情是否有好转。我们逐渐把自己接受的训练个人化。我们坐在阿尔伯克基机场里我们最喜欢的得克萨斯-墨西哥风味餐厅交谈。

"你觉得她的情况在好转吗?"我问道。

"不知道,也许好了一些。"玛丽娜说。

"让她来看我们,而不是我们总去看她,你觉得怎么样?"

"还不到时候呢,太早了。也许我们可以带她去圣达菲附近的某个地方过夜。"

"好啊,其他一些父母也这么做,只是待在房子里。"

"当我听到罗伯特说依恋问题时,不禁想起我爸爸的一些事。"玛丽娜说。

"具体是什么事?"

"当时他绝对喝醉了,正在张着嘴,吃一块鸡肉饼和土豆泥,我把头转向一边不看他。我能看到他嘴里吃了一半的食物。然后他抬起头,放下餐刀,握紧右手,狠狠地打了我一拳,正打在太阳穴和眼睛之间。我的整个脸都肿了。罗伯特一直在说安全问题,而我从来都没有安全感。"

我把手放在她的前臂上说:"我很同情你,宝贝。听起来他是一个可怕的人。"

"他不是可怕,是有病。"玛丽娜纠正我说。

第六章 玛丽娜

桑比尔治疗中心，2009年；西伯利亚、卡拉奇、索菲亚和莫斯科，20世纪六七十年代

玛丽娜第一次告诉我她被绑架的事，可能是在我们一次散步的时候，可能是在高尔基公园旁边，可能是在莫斯科的环城公路旁边，也可能是在一次去红场的路上，当时路上积满了雪。

"我被绑架过。两次！两次他们都放了我。"她大笑着说。

以前玛丽娜只对我和她的闺密们讲这些故事，而在阳光明媚的桑比尔治疗中心，这些故事开始公之于众。如果说桑比尔治疗中心的核心理念是受鲍尔比启发，那么在实践中，工作人员不仅用这些知识来治疗索尼娅，而且用这些知识来指导作为父母的我们，即重新审视我们很久以前的经历。在索尼娅在那里的两年里，玛丽娜和我每周都和索尼娅的治疗师罗伯特交谈。有时索尼娅在场，有时不在场。如果我们在新墨西哥州，我们就在他的办公室交谈，他的办公室就位于孩子们住的房子的主房间旁边。不然的话，玛丽娜和我就在康涅狄格州家中的书房里和罗伯特开视频会议，我们挨在一起坐着，靠着一块我用作办公桌的染色胶合板。

他们想让玛丽娜和我成为超级父母，更好的说法是创伤父母，这样的父母知道如何以理解和温暖，而不是愤怒，来回应索尼娅的操纵，这和桑比尔治疗中心的工作人员对待孩子的做法相似。正如罗伯特警告我们的，患有反应性依恋障碍的孩子天生就想让我们难过。他们以摁按钮为乐，这会使他们产生安全感和掌控感，尽管这会使他们的人际关系承受巨大压力，甚至毁掉一段关系。

避免生气的关键就是"了解你自己"。像很多其他事情一样，在养育孩子的问题上，唯一有效的做法是把所有批评都转回自己身上。他们告诉我们，如果其他父母对索尼娅的反应在我们的脑海中激起了负面想法，要忽略这些想法，审视我们自己的做法。

在索尼娅身上，最微不足道的事也会变得很重要。语调、身体姿势和用词都关系重大。考虑这些细微之处既令人筋疲力尽，又很有趣。当索尼娅不得不听从我们的指挥时，与她的任何互动都是一场潜在的权力斗争。家庭作业、吃饭、跑腿，无论什么，她都能将其变成一场拔河比赛。当然，在任何社会情境中都存在这种现象，但索尼娅表现出来的强度要高得多，就好像她有一个非常敏感的内部测量仪。我们必须提前预设这些挑战，而且一旦她开始试图进行操纵，我们就必须见招拆招。

在实践中，这需要非常复杂的计划，玛丽娜、我和罗伯特一起商讨，以把各种可能出现的情况列出来。

我们向罗伯特复述了在家时让我们感到困惑的情况。罗伯特为我们提供了建议，指导我们如何以不同方式应对这些情况。

例如，有一次我们想去本地的海滩。我想那是在索尼娅去桑比尔治疗中心之前的春天，但具体日子我记不清了。离我们家不远的地方，有本地的一处海滩，两边分别是一个码头和一个岩石岬角。我们可以在那里散步、扔飞盘，或者翻开岬角上的岩石，捉在湿泥里惊惶逃窜的小螃蟹，这是索尼娅最爱的活动。

我会建议她在出门之前先把数学作业做完，或者把房间打扫完，无论如何，出去玩之前要先做些工作。这是标准的育儿策略：先干活，后娱乐。索尼娅很善于分辨什么时候我急不可耐地想出去玩，以及什么时候我希望她完成作业或做点家务的意愿强于她想去海滩玩的意愿。我不知道她究竟是怎么做到这一点的。也许我的语气有一些变化，显露出了急不可耐的神情。

如果她感觉到我急不可耐，这就会成为一个机会。她可能会做得特别慢，故意把每一道数学题都做错，很快她的作业纸上就是一堆做错又涂掉的答案。如果是打扫房间的话，她会抓起所有的东西，扔到衣柜里，堆成一堆，而不是把东西好好收起来。这时我就被迫要做出决定，是放任她这种草率的行为，还是就此管教她。虽然这些看起来都是小事，但桑比尔治疗中心的人告诉我们，这些事并不是小事，因为这些事与索尼娅的其他控制性行为有关，比如撒谎或偷药。这些事的共同之处是，她渴望实施控制。

之后她会说，我们能走了吗？

这时玛丽娜已经做好去海滩的准备了。而萨沙通常会拿着一个红色的飞盘，这个飞盘扔起来很容易，他也想出发了。我也急着要去。我们很难再坐在她身边，一道题一道题地检查她的数学作业。

从玛丽娜和我的角度看，这时我们面临着一系列不愉快的选择。

我们和罗伯特讨论了这个问题。

我可以留下来陪索尼娅，让萨沙和玛丽娜去海滩。但这样的话，索尼娅就用自己的行为拆散了家人。我们可以不管作业的事，一起去海滩。这样的话，索尼娅也赢了。玛丽娜可以留下来陪索尼娅，但这很可能让玛丽娜扮演坏警察的角色。都可以不去海滩，但这样的话，索尼娅又赢了。

我们问罗伯特，在这种情况下应该怎么办。他的回答是，我们必须提前预设这些不同选择的利弊，基本上，我们要把这盘棋下得比索尼娅好。

基于对索尼娅反应的预料，我可以这么说："你必须先做作业。但是，如果你选择不做或做不好，妈妈和萨沙就会去海滩，甚至可能买一些冰激凌，而我会和你待在一起。我对此没意见，因为我要读一本好书，所以我会放松心情，好好读书，因为我今天并不是很想出去玩。因此一切看你的决定。"

这一做法往往是有效的。这样她就没有机会操纵我们了。要预料到每一场冲突是很难的，保持内心的绝对平静更难。每当我们没有预料到时，她总是试图找机会操纵我们。

在讨论这些事的过程中，罗伯特帮助我们看到了一个问题。我从未认识到这个问题，但罗伯特指出后，这个问题就变得显而易见了。根据他的表述，玛丽娜和我的"激动"程度是很高的。要在索尼娅面前保持平静，我们就要先保持内心的平静。我的每一次情绪波动，即使是细微的波动，都会被索尼娅视为打靶练习的机会。

当我们不冷静时，当索尼娅成功地让我们心烦意乱时，我们应付她的能力就会下降，任何人在这种情况下都会是这样。罗伯特一直温和地向我们指出，由于我们的特殊背景，我们两人都很容易被激怒。一个试图操纵别人的孩子，一对情绪化的父母，这样的组合很危险。他指出，我们得学会意识到自己的情绪，否则就会被情绪控制。虽然我知道索尼娅喜欢操纵别人，但我此前并没有意识到玛丽娜和我是容易被盯上的人。

在写数学作业的例子中，我必须意识到不去海滩会让我感到沮丧，我必须预料到这一点，不要让自己陷入那种情绪之中。我们研究了桑比尔治疗中心工作人员的干预措施，向他们学习。他们似乎总是能控制自己的情绪，很坚定，但又很沉着。但话说回来，索尼娅毕竟不是他们的孩子。

※ ※ ※

我们必须练习，让自己像桑比尔中心的治疗师一样既有创造力又冷静。

为了做到这一点，他们希望玛丽娜和我学会审视各自情绪的起落，以及我们夫妻二人情绪的起落。这样我们就不会再那么紧张了，随着总体上的家庭环境变得更加稳定，索尼娅的情况也会改善。他们把家庭看作一个系统，就像人的身体是一个复杂的系统一样，心、脑和神经必须一起工作。在那之前，鉴于萨沙是一个热情、有好奇心和善良的人，我对自己的育儿表现非常满意，没有过多考虑我们家庭系统的问题。

我们不得不努力减轻萨沙的一些自闭症病征。我们花了很长时间进行不同形式的游戏疗法。虽然他取得了惊人的进步，这令人兴奋，但这一成果可能进一步强化了我的误解，既高估了我们的育儿能力，也高估了疗法对孩子的效果。无论生活带给我们什么挑战，我们都能克服！这是我当时的想法。

后来我不得不承认，抚养索尼娅的难度比抚养萨沙高，这令我感到惭愧。为了教导我们，罗伯特首先要对我们两个人的人生经历进行了解。

虽然桑比尔治疗中心在应对问题家庭方面很有经验，但我怀疑他们作为美国人，不太能理解玛丽娜的人生经历。我现在已经明白，我作为养育者的失败既是多方面的，也是典型的情况。因为这些失败很典型，所以罗伯特很容易就能识别这些失败之处。玛丽娜作为养育者的缺点，则主要是由于她在苏联成长的经历。

玛丽娜出生时，苏联历史上最悲惨的事件，如饥荒、战争和秘密警察的大规模杀戮，都已经是20年前的事了。她的父母就是在这些大劫难中长大的。然而，作家阿列克谢耶维奇曾经描述的这些事件，仍然影响着玛丽娜的生活，塑造着她的人格，并影响着她对待索尼娅和我的方式。

罗伯特坐在我们对面，带着好奇而温和的表情。玛丽娜向他解释说，最直接影响她人生的就是她的父亲。二战爆发时，她父亲17岁。像许多同龄人一样，他报名参军，在前线服役。也许是由于战争，也许是由于自身基因问题，他回家时变成了一个酗酒成性的人。在他麻烦缠身的余生中，这个问题一直困扰着他。用治疗术语来说，这些严重酗酒的人"组成了"克里莫夫家族。

玛丽娜的父亲维克多以我难以理解的方式折磨他的家人。喝醉时，他会殴打妻子和玛丽娜。其余时候，他会在伏特加的刺激下，不停地用恶言恶语辱骂妻子和玛丽娜姐妹。有时他醉倒在大街上，有时直接睡在暴风雪中。他以战争经历为借口，为自己酗酒开脱。

他会冲玛丽娜大声喊叫："假如当时你在前线的话……"

除了父亲酗酒，这些克里莫夫家族的人过着像其他人一样的生活，住在狭窄的公寓里，经常吃不饱，恶劣的生活条件只会使他们背负更沉重的压力。

此前我逐渐听玛丽娜说了她人生经历中的一些关键事件。让她分享这些故事并不容易。许多事在我看来很不寻常，她却视为平常，她似乎觉得其他人的遭遇更惨。

在我们一起生活几十年后，她依然时不时地提起一些经历。最近一起洗碗时，她又在不经意间说起另一桩怪事。

"雪上加霜的是，我爸爸经常有外遇。"她一边把我身边要洗的盘子堆起来，一边随口说道。

什么？除了那些恶行，他还是个花花公子？玛丽娜从未提过这件事，连在桑比尔中心的治疗过程中也没提过。她当时只提了许多更值得注意的事。

她那一代的苏联人是不会接受心理治疗的。认识玛丽娜之前我约会的那些美国女孩，很快就会告诉我她们之前的创伤，即鲍尔比所说的"很多伤害"，我也会把我的创伤告知她们。这就像一个入会仪式：如果我们要建立亲密关系，你就得知道我的一些秘密。

我的美国朋友经常使用一些基本的心理学用语。像"潜意识""压抑""梦的重要性"这样的术语是常识,我想这些术语是弗洛伊德及其追随者们提出来的。

不过,尽管100年前弗洛伊德就在西方闪亮登场,但他的学说在俄罗斯遭到了打压。他被视为资产阶级。20世纪90年代俄罗斯心理学的水平可能相当于20世纪20年代的美国的水平。人们知道存在一些心理学概念,但这些概念并没有进入他们的世界观,也不会出现在日常对话中。我认识的俄罗斯人(移居美国的人除外)中,没有一个看过心理医生。

罗伯特精通依恋理论。依恋方面有问题的孩子通常会表现出一些行为,这些行为有两种极端情况,一种是反应不足,另一种是反应过度。罗伯特注意到,玛丽娜和我可能分处这两端。我倾向于反应不足,玛丽娜倾向于反应过度。这两种反应构成了一枚硬币的两面,而我以前从未考虑过这个问题。

对玛丽娜和我来说,在与索尼娅相处的过程中遇到麻烦时,我们的思绪可能会在一瞬间飘向很远的地方。我们会与现实"脱离接触",让思绪跳到自己以前的麻烦事上,这些事与我们在与索尼娅相处时遇到的麻烦类似。对有过创伤经历的人来说,这种情况不罕见。事实上,一旦开始注意到这一点,我就能看到这种情况在我身上频繁发生。在遇到压力时,人们通常会选择逃避。但像很多事情一样,要先注意到这种情况,我才能看到这种情况会多么频繁地出现。

一次在新墨西哥州,我们三人趁周末时间外出,住在当地一家提供住宿和早餐的旅馆里,这座旅馆与一座旧农场连为一体。早餐后，我们走在柔软的、被太阳晒暖的泥土上，去看动物。

在一座看起来是20世纪20年代修建的谷仓里，有一头白毛山羊。一个工人正在喂它。

索尼娅穿着康涅狄格州游泳队的宽松连帽衫，以及玛丽娜为她买的长裙。

那位工人向索尼娅伸出手："你想喂它吗？"

她过去喂了。

山羊贪婪地伸出脖子，然后伸出舌头，卷起索尼娅手里的饲料。她轻松地笑了。

我觉得这是我家难得的美好时刻之一。并非仅此一次，但确实很罕见。在那个清晨，索尼娅很开心，她的注意力集中在了动物身上。我们三个人在一起。但接着我把目光移向了右方。

玛丽娜站在我身后几英尺远的地方，似乎心不在焉。

在开车回桑比尔治疗中心的路上，我问玛丽娜她当时在想什么。

"鲍里亚。"她说。

"小时候的那头宠物猪？"我问。

我知道那件事。玛丽娜三四岁时，小猪鲍里亚作为宠物来到了她家。

一天她回到家，没有看到鲍里亚。

晚餐时，她抬头看着妈妈，问鲍里亚在哪里。

"在你的盘子里！"玛丽亚边说边大笑起来。这件事可能发生在20世纪60年代，是几十年前的事了，但在我们去新墨西哥州的旅行中，这段记忆依然萦绕不去。

令人震惊的并不是吃宠物猪这件事,而是玛丽亚用这种看起来有些残忍的方式来吓一个小孩,而且表现得很开心。

玛丽娜转移目光,看向我们右方沙漠里的灌木丛。我们得把索尼娅送回桑比尔治疗中心,然后去机场,回家。

玛丽娜讲述着当年西伯利亚家中的气氛,而坐在后座上的索尼娅盯着车窗外的景色,似乎对玛丽娜的童年经历不感兴趣。

"她那样做可能是很残忍的。"玛丽娜若有所思地说。她指的是她母亲。玛丽娜的眼睛湿润了,眼眶发红。无视甚至嘲弄人或动物的温柔的情感,是她母亲的一个鲜明的特征。

看着索尼娅和那头山羊玩,玛丽娜回忆起了这桩伤心往事。这就像是过敏反应,被看似无害的事情刺激,思绪反复回到那段伤痛的记忆。

痛苦——玛丽娜的痛苦,我的痛苦,索尼娅的痛苦——让彼此之间心灵相通变得更加困难。虽然我们的创伤各有不同,但创伤影响我们的方式是相同的:这种痛苦使我们离开现实,回到过去。

至少就玛丽娜和我而言,我们可以解开心结,找到我们身上的问题的根源,或者尽可能地接近根源。虽然我们纠结的过去变得越来越清晰,但另一个问题仍萦绕在我们心头,挥之不去,那就是:索尼娅的家庭经历了什么,让他们变成了那个样子?作为养父母,在我们的内心地图上,这个问题将永远是一块未知地域。

但我还是忍不住想知道。

索尼娅的问题只是由于她母亲酗酒、虐待成性,还是有更重要的原因呢?这种虐待是不是曾延续了几代人?在双车道的公路上驶往桑比尔治疗中心时，我盯着后视镜里的索尼娅，再次思考这些问题，以前我曾无数次地思考这些问题。

在情绪不佳的日子里，我的心头会涌起一种破坏性的想法：也许有一天我们必须划清界限，让索尼娅远离我们的生活。这种想法很令人沮丧，原因有很多。我一开始想的是，把我们和孩子结合在一起，彼此之间充满爱，只是最初这种想法并不明确，至少没有明言。玛丽娜和我想建立与我们以前的家庭不一样的家庭。

为此，玛丽娜和我都曾在一定程度上做出艰难的抉择，解决我们与父母和兄弟姐妹之间的问题。玛丽娜的姐姐娜迪亚尤其麻烦。索尼娅长大后会成为另一个娜迪亚吗？索尼娅还是一个10岁的孩子，就算只是想想这个问题，似乎也是不公平的。但我知道，有的家庭成员可能变得很恶劣，拉开距离才是正确的做法，因此我仍忍不住去想索尼娅可能的结局。

同时，我想也许索尼娅很快就会彻底转变。她在这里不是表现出了一些好转的迹象吗？

我看到了通往桑比尔治疗中心的那条土路，放慢了车速。

从我的视角看，基于我们在罗伯特阴暗的办公室里谈话时了解到的情况，玛丽娜的故事是耐力和天赋战胜逆境的故事。如果把生活智慧当作一项认知指标，玛丽娜的得分会很高。她是一个范例，她本来可能会受到严重的伤害，这种风险很难避免，但她最终没有受到严重的伤害，或者至少是，她虽然受到了一定的伤害，但依然能为周围的人付出。

我们开到了桑比尔治疗中心，放下了索尼娅，让她回到了那些厚厚的土坯墙里，然后往回开，驶往机场，回到康涅狄格州的家。

※ ※ ※

为了更好地了解玛丽娜，我找时间和她妈妈玛丽亚聊了聊。玛丽亚不喜欢自我反省，但她所经历的事对我而言是一大宝藏，我得从她的记忆中挖出那些珍贵的宝石。她的回忆和玛丽娜的回忆一致，但当我问起她们人生中那些最艰难的时段时，她一点儿也不记得了。仿佛她的大脑把最惨痛的部分删除了，或者像索尼娅在加里宁格勒时一样，她已经学会了如何忘记痛苦。

我第一次与玛丽亚面对面交谈是在1994年的莫斯科。她住在莫斯科郊区的一套两居室公寓里，那里与市中心之间的距离，大致相当于斯塔滕岛与曼哈顿之间的距离。我走上楼梯，去她住的地方，尽量不去理会潮湿走廊里的烟味和尿味。我按了门铃，走进阴暗的公寓，脱下运动鞋。去俄罗斯人家里时，脱下外面穿的鞋是一种习俗。她带我走过一条短短的走廊，来到厨房。我坐在一把脆弱的塑料椅子上，椅子腿是木头做的。她站在几英尺外，靠着标准的苏联式炉灶。她的公寓和周围的公寓没什么两样。公寓里只有我们两个人，却显得很拥挤。她煮了咖啡。

闲聊了一会儿之后，我把登门拜访的目的告诉了她。

"巴布什卡，我得把玛丽娜和萨沙带走。"我说。

那年早些时候，我被美国的一所研究生院录取。当时我已经得出了这样的结论：要了解俄罗斯，我需要学习经济学，而不是研究托尔斯泰。我成功进入了一所名叫弗莱彻学院的外交学院，该学院有国际经济学课程。我们两个年轻人组成的这个家庭，前路很不确定，但玛丽娜和我一致认为，方向是要去美国。

玛丽亚端给我一杯咖啡，谨慎地看着我。

她脾气不好。我曾见她突然对玛丽娜发脾气。她像一只警惕的动物，听到任何声音都会警觉。但在莫斯科的那个下午，她似乎感觉到了我的真诚：我想照顾她的女儿和外孙，而不是伤害他们。

"把你的女儿和外孙带走，我感觉很抱歉。"我一边小口喝着浓咖啡，一边说。我想起了玛丽娜的故事，小时候唤醒她的是咖啡的香味，那是她最温暖的回忆之一。玛丽娜如果想要打断某项家庭活动，她说的第一句话肯定是："来杯咖啡怎么样？"

对于我们即将离开的消息，玛丽亚是怎么说的，我记不清了。我只记得她释然地表示，如果这样做对萨沙最有利，她没意见。

我把身体稍向后仰了仰，把椅背靠在墙上，并环顾了一下房间。我的左边是一扇双层玻璃窗，因夏天天气热，窗户开着。我只在俄罗斯见过这样的窗户。这种双层玻璃窗能在有暖气的室内和窗外的寒冬之间保存一层空气，从而有助于抵御严寒。在这里，冬天是一股强大的力量，总是潜伏在幕后，即使是在外面很暖和的情况下。像玛丽亚这样的人似乎对俄罗斯严酷的天气感到自豪，这跟缅因州或北达科他州的美国人有点像。不过这时是夏天，两层玻璃都打开了，我可以听到孩子们在楼下的院子里大喊大叫。

玛丽亚的厨房里到处都是杂物。我知道她在隔壁的房间里保存着一辆旧车的引擎盖，对一个习惯了物资短缺的妇女来说，这东西是有用的。为什么要把东西扔出去呢？以后可能会用得上。

玛丽亚看起来欣然接受了我们的离开，仿佛很久以来她的人生道路一直充满曲折，这只不过是又一次意想不到的转折而已。

1930年，玛丽亚出生在俄罗斯远东地区的一个小镇上，那里距离符拉迪沃斯托克（海参崴）和中国不远。当时苏联成立还不到10年。事实上，当时是苏联刚刚渗透到西伯利亚的时候。1917年俄国革命后，内战接踵而至。在内战中，包括美国在内的一些外国军队入侵远东。直到1925年，日本才放弃原属于中国的位于符拉迪沃斯托克东部和北部的库页岛。所以在某种程度上，玛丽亚是和苏联一起长大的。

玛丽亚身上有一种温暖，也有一种苦涩。

"他们全都是小偷和骗子。"她是这样评价苏联解体后出现的那些政治家的。

全都是吗？

我怀疑玛丽亚的苦涩主要源于她极其不幸的婚姻，而不是在苏联度过的一生，但这只是一种猜测。在玛丽亚看来，最高领袖、受控制的媒体、秘密警察、纳粹入侵、食品短缺、高婴儿死亡率，以及不久前发生的切尔诺贝利事故和经济崩溃，都是正常的事。

"我年轻时，村里一半是中国人，一半是俄罗斯人。中国人的家总是打扫得很干净，俄罗斯人的家则很凌乱。"她说道。

我曾在爱沙尼亚看到同样的情况。街道的一边住着爱沙尼亚人，那里很整洁，让我想到了芬兰。另一边住着俄罗斯人，那里散落着各种杂物，草坪凌乱不堪，门前的人行道没有人清扫。文化很重要。

据玛丽亚说,俄罗斯人是凌乱的。尽管文化是一个很模糊、笼统的概念,但除此之外,很难用别的什么因素来解释为什么俄罗斯人这么凌乱。

日本侵略中国时,在数千英里之外的莫斯科,斯大林开始倒行逆施,这些恶行现在已臭名昭著。1932年,他开始在苏联的主要农产区推行集体化,这导致了可怕的饥荒。但根据玛丽亚的童年记忆,在西伯利亚没有出现食物短缺。由于媒体受到控制,她村子里的人没人知道饥荒的事。她说童年时家庭生活很幸福。

1937—1938年,恐怖达到顶峰。克格勃发出一系列命令,斯大林在上面签字,然后从克里姆林宫发出去。这些命令的名称都是看起来平淡无奇的数字编号,如"00447"。不过这些可怕的命令几乎没有波及玛丽亚住的那个小村庄。但即使是玛丽亚,也没能完全与恐怖隔绝。

玛丽亚回忆起那段时期的一次生日聚会。生日和新年是苏联人保留下来的少数节日。由于节日稀少,关键的节日变得越发重要。玛丽亚的一个亲戚拿起一张唱片,以为是狐步舞曲。事实上那是一张录有斯大林演讲的黑胶唱片。当时苏联像生产工业品一样,大量制造斯大林的演讲、书籍、海报和其他纪念品。

根据家族传说,那个亲戚当时冲动地说:"我们别听这个。"他可能当时喝了几杯伏特加。第二天他就失踪了,从此杳无音信。那是一场家庭聚会,可能有几位外面的朋友参加。聚会上的某个人害死了那个亲戚。也许是某位家庭成员。

听玛丽亚的故事时,我在想那段时期索尼娅的亲戚在什么地方。

但玛丽亚并没有评判斯大林。在与玛丽娜或我交谈时,当我们提到无数无辜者遇害这件事时,她要么把目光移开,要么做出一些难以理解的回答,只是说一句"斯大林",然后摇头。我爱她,同时又无法理解她。要么她没有逻辑,要么她的逻辑高深莫测。

她有一次对我说:"这年头他们说他很坏。"她指的是斯大林。她接着说:"想想他所肩负的责任!"

然后她复述了苏联时代的标准宣传话语:斯大林赢得了卫国战争,所以他做的一切都是对的。目的正当则手段正当。她是真的相信这些话语吗?还是她内心太痛苦而不愿考虑这样一种可能性:一个独裁者随心所欲的想法主宰了她和周围人的生活,而其实他们的生活本来不会那么悲惨。

二战期间,玛丽亚在远东的家乡是一个军事基地,远离战火。士兵从前线回到那里,其中包括她后来的丈夫维克多,一名机载无线电操作员。

维克多身材瘦削,一头红发,是一个音乐天才。对苏联人来说,娱乐选择是有限的。当时的娱乐活动有文学、国际象棋,对性格外向的人来说,还有讲故事和唱歌。维克多会弹奏多种乐器,给一屋子的人带来快乐,特别是当他弹奏经典的俄式手风琴的时候。

演奏音乐时通常也是众人饮用伏特加之时。维克多的父亲是酒鬼,酒对他也有吸引力。从战火中归来的他有创伤后应激障碍吗?我猜想他当时可能是用酒精来自我疗伤。抑或他的酗酒是遗传导致的。

我想象着年轻的维克多在军官俱乐部里,是这场音乐演出中的明星，他的才艺博得满屋人的赏识，玛丽亚就是在舞会上认识他的。当时她17岁，性格倔强，富有魅力，决心不顾父母的强烈反对，和维克多悄悄走到一起。17岁，这可能是她的初恋，可能是一时冲动。她高中还没毕业，很快结婚并怀孕，然后去了维克多的出生地莫斯科。

他们到达莫斯科时，已经有了玛丽娜的姐姐娜迪亚。这时玛丽亚才知道维克多是一个酒鬼。他经常会大吃大喝一顿，然后失踪好几天。

我和玛丽亚在Skype上通话，当我问她这件事时，她眼神茫然，心不在焉。

"我会在那排公寓里一间间地寻找他。"她有点茫然地说。

然后她突然凝视着我。

"你知道和一个酒鬼生活在一起是什么感觉吗？"她问道。

我不知道。但随着时间的推移，我能在一定程度上想象那种生活，因为这有点像和索尼娅生活在一起。当然，严格来讲，酗酒和索尼娅的行为是两回事。前者是成瘾，后者是童年创伤。但和这样的人一起生活，受到的影响有相似之处。和瘾君子或者精神受创的孩子生活在一起，都会令人筋疲力尽，甚至无法忍受。索尼娅和维克多都善于制造混乱，承受这种混乱令人不愉快。我们都渴望拥有一个安全的家，这样才能安心地闯荡和探索世界。

即便玛丽亚发现了丈夫是酒鬼，她也不可能回远东的家了。

"我父母认为，嫁鸡随鸡，嫁狗随狗。"她说。

维克多的酗酒就像是对玛丽娜一家的诅咒，这破坏了全家人的生活。我猜索尼娅的生母也受困于酗酒问题,不过无法证实。

玛丽娜一家从莫斯科搬到了遥远的北部城市萨列哈尔德。一家人住在一间没有自来水的小木屋里。玛丽亚、维克多和娜迪亚是在20世纪50年代中期到达那里的。二战结束后,维克多接受了地质学培训,地质部派他去萨列哈尔德工作,大概是去找石油。现在该地是俄罗斯的主要产油区之一。

水是装在200升的桶里运来的。他们每周在"班尼亚"里洗一次澡,那是一种俄罗斯浴室,水很热。从这个角度看,他们的生活几乎处于工业化之前的水平。

在娜迪亚出生后和玛丽娜出生前,玛丽亚生了两个男孩,都不到两岁就死了,一个死于痢疾,一个死于肺炎。不洁净的水可能引发痢疾,或许这就是病因。

在去玛丽亚的公寓时,我偶然发现了一些照片,照片上是两个小棺材。这时玛丽娜改用英语和我说话,因为她母亲听不懂英语。她严肃地提醒我:别问这是谁的棺材。玛丽亚从未提到过这是谁的棺材,也不想让别人问她。玛丽亚会转移话题,就跟我们抓到索尼娅做什么错事时索尼娅的反应一样。

玛丽亚不愿谈及她那些惨痛的生活经历,这损害了她和女儿的关系。通常,当玛丽娜问一些不好回答的问题时,无论是与政治有关,还是与家族史有关,玛丽亚都会大发雷霆。

她经常对玛丽娜说:"你是一个叛徒,你讨厌俄罗斯。"斯大林喜欢用"叛徒"这个词来描述对手,所以这个词在俄语里的敌意比在英语里更强。

我觉得玛丽亚的行为是为了适应环境,她只有这么做才能忍受痛苦。在某种程度上,这种做法是有效的。她没有因为抑郁而萎靡不振、郁郁寡欢。她精力充沛,乐于交谈。但据我所见,她无法与任何人保持温暖的关系。玛丽娜可能是和她最亲近的人,但玛丽娜之所以亲近她,是出于一种深深的责任感,而不仅仅是母女关系。

※ ※ ※

"和我说说那是什么感觉。"罗伯特在引导玛丽娜。

"我最初的记忆是每周去'班尼亚'时,那里灼热的水蒸气。我记得身材高大的妇女在清洗她们的身体。那是一个神秘的地方,外面很冷,一天到晚都要裹得严严实实的,而我突然来到了一个又湿又热的地方,光着身子的女人使劲儿搓着身子。"玛丽娜回忆道。

洗完澡后,玛丽亚会给她买一份特别的礼物,一种紫色的苏打水,在她嘴里嘶嘶作响,气体穿过她的鼻孔,发出一种悦耳的嗡嗡声。洗澡的那一天给人一种奇妙的感觉:一贯支配人们生活的规则暂时不起作用了。

苏联时代的条件是极其严酷的,因此人们渴求某种解药是再正常不过的事。在西方,中产阶级规模庞大,其最基本的需求都能得到满足,包括食物、水、住所、热水淋浴等,因此生活中像热水这样的小奢侈品意义不大。在成长过程中,我知道有些人的房子好,有些人的房子差,但我们都拥有最基本的生活条件。而在苏联,一般人的生活条件比我家乡华盛顿特区最穷的地方还要差得多。

我可以想象当时的玛丽娜身材娇小，好奇心重，动作敏捷，圆脸庞，蘑菇头，在一群身材魁梧、赤身裸体的俄罗斯妇女中，四处窥视。蘑菇头发型是我从她在学校的黑白照片上看到的。她在那里，远离维克多，温暖而安全。

"我对父母的最初记忆是，他们会在我卧室旁边的房间里'摔跤'，我后来才意识到他们是在打架。"她告诉罗伯特。

维克多喝醉时会攻击玛丽亚，而玛丽亚身体强壮，会进行反击。

在酗酒发疯的间隙，维克多可能会对玛丽娜有所关爱。就像索尼娅有时似乎会暂时放弃不良行为一样，维克多行为的不确定性，也使一个孩子很难判断他的真实性格。

"晚上有时很冷，以至于我不愿意脱掉外套，上床睡觉。"她告诉罗伯特。

"维克多有时会把熨斗放在简陋的炉子上加热，然后熨我的床单，先让床单热起来，再让我钻进被子。"她说。

对玛丽娜描述的这一画面，罗伯特微微一笑，并歪了歪头。

"我第一次被绑架是在西伯利亚。"她告诉罗伯特。

玛丽娜在给我讲这些事时，语气是有一些轻松愉快的。但在罗伯特这位创伤治疗师的注视下，这些故事具有了新的意义。

"我的保姆带走了我。她叫舒拉阿姨，曾经是罪犯。"

对玛丽亚和玛丽娜来说，舒拉是一个传奇人物。那次绑架几乎被视为一次出于爱的行为。舒拉很彪悍，玛丽娜的父亲从来不敢在她面前喝酒。

玛丽娜给罗伯特讲了一个家庭故事来交代背景。

"妈妈跟我说了舒拉面试时的情况。舒拉敲了我们的门,妈妈打开门。'我是舒拉阿姨,'她大声说,'我因为偷窃坐了27年牢。我看到你招儿童看护人,就来应聘了。如果你不愿意要我,我就走。'"玛丽娜回忆道。

不知道是出于什么原因,玛丽亚聘用了她。进家后,她像一只德国牧羊犬一样保护着玛丽娜。

一次维克多醉醺醺地回到家。舒拉打开门,看了看他,砰的一声关上了门。之后维克多就跑了。这是她的一次英雄行为。

那次绑架过程是这样的:曾是罪犯、没有孩子的舒拉将玛丽娜带上火车,前往乌克兰,走到半路,一阵内疚感迫使她回头。这相当于把一个孩子从阿拉斯加州带往得克萨斯州,在走到加利福尼亚州时回头。

"舒拉爱我胜过一切。就算我把我们的小木屋烧了,舒拉也会为我辩护,她说这原本是一场游戏,结果出了差错。舒拉的行为是可以预测的,我的家人则不然。"玛丽娜对罗伯特说。

玛丽娜在讲故事时节奏把握得不好,从一个话题跳到另一个话题,罗伯特则试图引导玛丽娜,让她聚焦于重点。

"如果说维克多很吓人,舒拉可以说坚如磐石,对吧?"他问道。

"没错,妈妈是靠不住的。"玛丽娜答道。

"面对维克多时她靠不住吗?"

"总的来说,她不坚定。"玛丽娜说。她的眼睛湿润了,目光移向别处。

"你现在在想什么?"他问道。

玛丽娜深吸一口气，分享了一个故事，这个故事说明了玛丽亚的不可预测性。像这样的故事还有很多。

"我还在日托中心的时候，每年年底都会举行一次假日聚会。所有的女孩都要穿雪花服装。聚会临近时，我问妈妈什么时候去买或做我的雪花裙。"玛丽娜回忆说。

玛丽亚通常会对她说："快了，快了。"

"离聚会仅剩一星期时，我又问她，得到了同样的回答。然后在聚会那天，她说'哦，我会把雪花裙带到学校里去的'。我整个上午都坐在那里等她，一直看着门口。"

每次玛丽娜讲这个故事时，我都想流泪。我想象着玛丽娜坐在那里，满怀期待地看着门口。我知道这样的事对当时的玛丽娜有多重要。现在她是一个成年人了，当她在日托所满怀兴奋的时候，她一定把全部注意力都集中在了那条裙子上。

"她没来。而且，这么多年来，她从来没有道过歉。"玛丽娜说。

几十年后的今天，这些事依然令人隐隐作痛，不是因为那件裙子，而是因为玛丽亚的情感变化不定。

这又令我想起了阿列克谢耶维奇作品中的人物。在《最后的见证者》中，在战争期间，一个孤女被迫多年穿靴子，在那段时期，她的梦想是穿上高跟鞋，再配上连衣裙，因此成年后她成了一名裁缝。如果今天玛丽娜和我走进一家商店，看到一件漂亮的裙子，然后把它买下来，她的眼睛就会睁得大大的。这就是创伤的作用。让她睁大眼睛的不是那件裙子，而是这个行为传递的信息：我来这里是给你买衣服的，我听到了你内心的声音。

维克多后来又被调派到巴基斯坦，玛丽亚和玛丽娜跟随前往。娜迪亚被打发去和一位姑妈一起住，为上大学做准备。

巴基斯坦的情况与西伯利亚大不相同。多年后，玛丽娜和我去过印度西北部，我们抬头望着一排排的房屋层层叠叠，在明亮的阳光照射下，祈祷的呼唤声回荡在整个城镇。

"巴基斯坦就是这个样子。我们在一座古堡里俯瞰这座城镇时玛丽娜对我说。那里有温暖的风、灰尘、刺眼的亮光、赤脚奔跑的孩子、和猫狗一起在街上跑的滑板车，以及印度特有的为特殊场合准备的牛。

她凝视着眼前的景象，沉浸在童年的回忆中。

萨列哈尔德空气冰冷，天空灰蒙蒙的，当地居民乘坐狗拉雪橇出行，那里有重型轨道机械或者直升机。从那里乘坐商用飞机飞到卡拉奇，反差一定很大。

他们在1966年秋到达卡拉奇，搬进了一个苏联住宅区。以西伯利亚的标准看，那里的生活是奢侈的。对玛丽娜来说，不幸的是，舒拉阿姨没有跟来。如果舒拉在，玛丽娜或许可以躲过后来发生的事。

苏联国内和国外的规则是不同的。在巴基斯坦，维克多不能饮酒，否则会被苏联政府遣送回国，所以他戒了酒。玛丽娜和玛丽亚至今想起这件事时还很高兴。一次次无休止的喝酒，与喝酒相关的羞耻和恐惧感，都暂时不存在了。喝不上酒的维克多变得乐于社交，为朋友演奏音乐，或者在录音机上一卷接一卷地听路易斯·阿姆斯特朗或安德鲁斯姐妹的录音带。

在我们与罗伯特的一次谈话中，玛丽娜向罗伯特讲述了在巴基斯坦发生的事，或者更确切地说，玛丽娜所知道的发生的事。

"多年后，在20世纪80年代，我和妈妈在厨房聊天，妈妈随口说：'哦，那是在你在卡拉奇被绑架之后。'"玛丽娜回忆道。

玛丽娜继续说道："当我向妈妈表示我很惊讶之后，妈妈看起来吃了一惊，意识到她无意中泄露了一个深藏心底的秘密。"然后她告诉了玛丽娜绑架事件的细节。

"显然那是在1967年或1968年的一个下午，比较晚的时候。我当时在苏联文化中心，突然失踪了。一周后警察找到了我。"玛丽娜说。

这起绑架后，玛丽娜开始失眠，这至今仍在困扰着她。当时她只有8岁。她立即坚持要求回家。她被绑架的那段时间的记忆是空白的，可能是因为她被下药了，也可能是因为她屏蔽了那段记忆。

从那时起，她就时刻注意、提防发生不好的事。这可以称为高度紧张。或者，只是因为玛丽娜侥幸逃脱了绑架，认识到了生活是多么变幻莫测和危险，她才会变成这样。这样的经历会永久性地改变一个人的思维方式。玛丽娜不记得绑架的事，只记得后来发生的行为变化。

那些巴基斯坦绑匪的目的是什么？她当时是什么感觉？他们也许把玛丽娜放进了一辆卡车，我试着想象她在卡车里时的情景。她处在凄惨和恐惧之中。她可能一直尖叫，像一头母狮一样挣扎。也可能她一动不动。她会不会睁着圆圆的大眼睛，就像我去接索尼娅的那晚索尼娅的眼睛一样？她们都毫无防备，都受到了威胁。

罗伯特聚精会神地听着，特别是当玛丽娜或我放下戒心的时候。

他的神情变得柔和起来，眼神专注。他身上的每一处都在表达这样的信息："我在听你说话。"

我听过这段经历，很想知道罗伯特是怎么想的。我知道他的客户目睹或经历过世间最惨的事：谋杀、猥亵、殴打。但有客户曾被绑架过吗？

几周后，我想和玛丽亚谈谈，看她能否澄清这件事。

"我不知道你在说什么。"玛丽亚对我说。

我问玛丽亚，玛丽娜为什么坚持要离开巴基斯坦，而她为什么允许玛丽娜离开，她说她不知道。然而，绑架这件事，和玛丽娜坚持要立刻离开巴基斯坦，以及随后的失眠问题，是衔接在一起的。玛丽亚无法提供任何相反的解释。玛丽亚分享的其他故事和玛丽娜分享的故事都是一致的，是可以相互印证的，唯有这件事例外。

"玛丽亚，玛丽娜突然毫无理由地想回到寒冷的俄罗斯，这在道理上说不通，对吧？"我说。

"对，我不知道她为什么要回去。"她承认。

我盯着Skype显示页面上的她，觉得她没有对我撒谎，而是屏蔽了那段记忆。

几周后，在与罗伯特的谈话中，玛丽娜讲述了接下来发生的事。

"我从巴基斯坦回到家，和我奶奶住在一起，她也酗酒。她叫我'monda'。她会一直喝酒，直到昏睡过去。我后来才发现，她给我起的这个绰号，是俄语中'阴户'这个词的许多变体之一。为了节省电费，公寓里总是很暗。"

有一次，玛丽娜坐在那里，看着奶奶躺在公寓的地板上，喝得酩酊大醉，心想她是不是已经死了。

面对此情此景，玛丽娜没有任何情绪，既不担心也不愤怒，这是她想逃离现实的又一个例子。奶奶喝醉了，玛丽娜需要进入另一个世界，她看着奶奶一动不动的身体，悄悄走到角落，玩她经常玩的游戏。她有几枚外国硬币，她想象每一枚硬币都是一位她在电视上看到的优雅的俄罗斯花样滑冰选手，踮着脚尖旋转着，头向一边倾斜，双臂伸展。硬币一次又一次地在地板上旋转，玛丽娜目不转睛地看着，入了迷。

但玛丽娜的心智没有受到损害。鲍尔比会如何解释这个现象吗？尽管玛丽娜在家中遭受了漠视、暴力甚至绑架，但她至少对世界上的一个人有深深的信任，那就是舒拉阿姨。玛丽娜知道世界上存在着善良：一个意志坚强的坐过牢的人，不会让她受到任何伤害。到8岁时，玛丽娜就能很好地区分混乱和平静，绑匪或父母打架让她感到混乱，但在舒拉阿姨的保护下她很平静。

"舒拉总是拥抱我，总是告诉我，我有多好。"玛丽娜回忆说。舒拉会用糖、水和炼乳制作黏稠的像焦糖一样的糖果，将其切成长条。"她会很开心地把糖果递给我。妈妈对我的爱总是同时让我感到不适，她不懂纯粹的爱。"

罗伯特和我听着。讲这些故事时，玛丽娜常常把目光从我们身上移开。

"我记得我小时候，可能是3岁时，妈妈把我从浴缸里拉出来，我光着身子，她用涂着口红的嘴亲我的外阴，嘴里说着'小面包，这都是我的',我记得我当时感觉不悦,但如果我告诉她,她会很不高兴。"

这是一段很有价值的记忆。在那个年龄时,玛丽娜已经知道要自我调适,以适应母亲心中扭曲的现实。

每个人都需要自己的舒拉阿姨。

鲍尔比三部曲中的第一部《依恋》的封面上有一张照片:一位年轻的母亲光着脚行走,只穿一条内裤,头上顶着一口金属锅,双手抱着一个看起来一岁大的小孩。鲍尔比的意思是,触摸是一种普遍的需求,就像空气或水一样。而且,这张照片以隐含的方式提出了一个深刻的问题:也许进步的一个缺点是,我们已经与最基本和最重要的人类联系形式渐行渐远了。毕竟,父母不再抱着孩子,而是把孩子放在婴儿车里,这已经产生了距离。

1970年,维克多和玛丽亚回到莫斯科,很快就住进了一套公寓。玛丽娜也从酗酒的奶奶住的公寓搬了出来。在莫斯科,维克多又可以自由地喝酒了,他不加节制地痛饮起来。

"我开始对门的响声感到警惕,门砰的一声关上后,就会听到脚步声。"在我们与罗伯特的另一次谈话中,玛丽娜解释道,她说的"门"是指公寓外电梯的门。

我坐过那个电梯。它摇摇晃晃的,电梯厢里衬着塑料,使它看起来像是木质的。整个电梯仿佛是有人用家用装配工具制造出来的。猛地一拉门,砰的一声就打开了。昏暗的电梯口铺着脏兮兮的小瓷砖。灯经常熄灭。

"我和妈妈待在厨房里,她表现得很亲切。'玛丽娜,我来给你泡茶。'她站在双层窗边，俯在小炉子上说。我可以通过脚步判断爸爸的状况。如果他真的喝醉了，脚步就会很不稳。这其实是件好事，在这种情况下，他更有可能走进门，直接上床睡觉。但这种情况并不常见，他也可能是清醒的。最糟糕的情况是他没喝够，这是妈妈和我最害怕的。这时的脚步既不是很乱，也不是很平稳，而是介于二者之间。"

俄语里有丰富的词汇来表达这些不同程度的情况。如果维克多喝了酒，你可以说"on pil"。但如果他没喝够，你可以对动词进行小小的调整，以表示他还没有喝醉。这种情况下你可以说"on ne dopil"，"ne dopil"的意思是他还没有过足酒瘾。

如果他还没喝够，就会对玛丽亚母女大吼大叫，有时还会殴打她们。他会说玛丽亚是一个"在办公桌上做爱"的"婊子"、"妓女"，他会不断重复这番叫嚷。

玛丽娜回忆说："爸爸留给我的最可怕的记忆之一是，玛丽亚的母亲在远东去世了，她急忙飞去参加葬礼。"当时玛丽娜大约12岁。她姐姐即将大学毕业，已经住在别处，嫁给了第一任丈夫，她后来共有五任丈夫。没有其他人了，只剩玛丽娜直面维克多。他有一次大吃大喝后回来，处在没喝够的状态，对玛丽娜大发雷霆，在她脸上狠狠打了一巴掌，打得她眼睛充血，之后她逃离了那座小公寓。她带着警察回来后，维克多已恢复清醒，说他当时失去了理智，因为他以为玛丽娜去当过妓女。警察可能接受了他的说法，也可能只是记录了双方的陈述，于是离开了。

玛丽娜试图向罗伯特和我解释，她什么时候开始离开家庭，并远离苏联政府。这发生在维克多人生的下一站——保加利亚。

维克多先去了保加利亚。玛丽娜不记得他先去的具体原因了，她和玛丽亚随后也去了。

她们坐上沉重的火车，离开气氛沉重的苏联，前往保加利亚的首都索菲亚。

当时玛丽娜读高一。从西方的角度看，索菲亚是一潭苏联式的死水，而且像其他东欧国家一样，被一名独裁者牢牢控制，那个人叫托尔多·日夫科夫。但以苏联的标准看，保加利亚像一股新鲜空气一样，气氛更自由。

当时玛丽娜可以感觉到，她是第一次如此接近西方。在苏联，政府把大量资金用作军费，导致国民缺乏消费品。但保加利亚的情况不同，天气温和，市场上熙熙攘攘。

他们一家人首先前往普列文，一座接近罗马尼亚边境的小城。到普列文后不久，有一天玛丽娜出去散步。她穿着妈妈买的罩衫和裤子，她认为那是从印度进口的。在她看来，这套衣服很时髦。

她在城里闲逛，欣赏摊位上鲜红的辣椒，也关注着女人们的着装。这时有一个年轻的女人走过，她穿着紧身连衣裙、厚底鞋和一件衬衫，没有穿胸罩。

玛丽娜说她突然感到难为情："我看着她，意识到我也想成为时尚的人。"

玛丽娜说，她很快就爱上了当地一个名叫格奥尔基的男孩。当他们第一次接吻时，感觉就像触电。他住在她对面的公寓楼里。那时还没有短信，他们会在各自的公寓楼里用手势示意。玛丽娜的父母对此一无所知。这是黑暗中的又一道亮光。最初的亮光是舒拉，接着出现的亮光是摆脱苏联控制后的生活，其中混杂着初恋的痛苦。

我以前也听过这段经历，但在罗伯特的办公室里，在临床环境中听这段经历，让我对此进行了重新思考。

我意识到，玛丽娜的这段经历符合我对所有人的假设。我认为人类生来就想要成长和向上攀登，尽管大多数人都会遇到障碍，但他们会找到出路。也许这是一种美国式宣传，但我认同这种观点。我小时候有一次坐在缅因州的一个码头上，看一只母鸭教一群小鸭如何在水中起飞和降落。小鸭的蹼足就像起落架，每次接近水面时，许多小鸭过早地放下蹼足，失去平衡跌到水里。但它们会重新爬起来，再尝试一次。这是一种在行动中学习的意志。

玛丽娜的情况是，压抑的家庭氛围似乎增强了她的意志，她决心要找到自己的出路。这种因果关系也符合我的判断。她就像一粒发芽的种子，只要给予一点点亮光，就会不断地向上生长。如今她也是这样。我写这段话时，正值新英格兰一个潮湿的夏日清晨，她正在自己的治疗诊所里为客户服务。这家诊所是她50岁时从零起步建立起来的，现在业务兴旺。在玛丽娜和我看来，这似乎是事物发展的合理顺序，我们认为这理所当然，以至于没有想到，如果有机会，有的人会不选择这条道路，而是主动选择恢复混乱，缩小选择范围，拒绝知识。

在保加利亚待了几年后，玛丽娜回到了莫斯科，开始上美国人所说的初中，然后上高中和大学。在这一时期的大部分时间里，她父母都不在她身边。最初他们出国去了马里，回国后他们离婚了。

离婚后，维克多带回了另一个女人。玛丽亚则搬到了挪威北部的斯匹次卑尔根岛。

在莫斯科，当父母喝酒、相互辱骂和殴打时，玛丽娜很快就被一些家庭环境不同的同学吸引了。她最亲密的朋友之一是安雅，安雅后来成了一名杰出的基因科学家。玛丽娜和我开始约会后，我和安雅见过面。她给我的印象是，她是很罕见的一类人，能很简洁地表达出其他人用很多话才能表达的意思。她住在朴素的苏联式公寓里，有两个活泼的儿子，她丈夫似乎和她一样聪明。安雅的思想境界似乎比我们高，不是傲慢自大，更像是有敏锐的智慧，能很快洞悉周围发生的事，而其他人，至少我自己，要慢一拍。

我试着想象玛丽娜刚从保加利亚回来时，遇到严肃的、戴着眼镜的安雅时的情景。

"我很快意识到，上学时，她一点儿也不懒散。征得她的同意后，我开始抄她的答案。"玛丽娜说。这既是玛丽娜的典型风格，也是俄罗斯人的典型风格。她识别出了不起的人，并试图与其结成联盟。

说到抄安雅的作业这回事，在遇到玛丽娜之前，我曾短暂地在俄罗斯的一所高中教书。我的很多学生都作弊，当我要求他们别作弊时，他们似乎很愤怒。仿佛整个班级必须一起通过考试，就像一次联合演习。在我看来，美国不存在任何类似的情况。

一次安雅问玛丽娜，有没有读过布尔加科夫的经典作品《大师与玛格丽特》，那是在斯大林领导苏联时期写的。

"我撒谎说我读过。"玛丽娜说。

当安雅提到书中的一句话时，玛丽娜陷入了恐慌，担心伪装会被揭穿，于是很快读了这本书。玛丽娜说，安雅是一个很成熟的女孩，这样一个女孩对她感兴趣，让她感到很惊讶。玛丽娜开始去安雅家，那个家和她的家形成了鲜明对比。

玛丽娜在一次与罗伯特交谈时回忆道："那里最愉悦的仪式就是晚上喝茶，那是在勃列日涅夫时代，生活条件恶劣，商店里没有任何吃的东西，但在安雅家有宁静与和平，最重要的是有高质量的对话，我有时无法理解这些对话的本质，因为对我来说高深莫测，我家里从来没有人讨论这些话题。她妈妈会拿出一些现成的东西，比如果酱和一小块面包摆在一起，凭空创造出一种优雅的氛围。我父母离婚前，在我家，喝醉的爸爸会批评妈妈做的肉丸，他说我和妈妈是妓女。而安雅家有一种高贵的气氛。很快，我们开始了一种有趣的交流，她教我知识，我教她生活智慧。"

我是在一个稳固的中产阶级社区中长大的，那里没有酒鬼批评老婆做的肉丸。但在苏联，精英阶层的周围多多少少会有一些酒鬼。几乎所有人挣钱都不多，所以区分不同阶级的不是财富，而是教育。

1917年之前，俄罗斯有一整个阶层的人高谈阔论。他们就是托尔斯泰的书和纳博科夫的回忆录中描述的那种人。从根本上说，他们受过良好教育，虽然在地理上有一些偏远，但熟知欧洲事态，能在法语和俄语之间自如切换，有时还会说流利的英语和德语。也许在今天莫斯科和圣彼得堡的知识分子家庭中，还能找到一点这样的精英传统。

安雅的家就是玛丽娜想为我们创造的那种家。直到今天，玛丽娜都把招待客人视为一件大事，这也许是由于她早年在莫斯科的经历。我们经常招待客人，而且玛丽娜很重视细节，包括放什么样的饼干、是否有果酱搭配奶酪。

玛丽娜最终把自己的大部分人生经历告诉了桑比尔治疗中心的主要员工，尽管我怀疑他们究竟能理解到什么程度。我是因为亲眼见过这个故事中的一些主要人物，并在俄罗斯待过一段时间，所以能理解，否则我也难以理解。但也许其中的关键要素，如虐待、疏远、痛苦和康复，是普遍存在的现象。

然而，桑比尔治疗中心确实关注人在成长过程中经历的伤害。对玛丽娜来说，挖掘尘封的记忆的确留下了印记。索尼娅的行为会让玛丽娜想起喜怒无常的酒鬼父亲和易怒的母亲，玛丽娜曾以为已把这些往事抛诸脑后了。显然，这些恐惧让玛丽娜不安。

玛丽娜的姐姐娜迪亚也有很大问题。娜迪亚让我感到害怕。玛丽娜的母亲有时发脾气，但在平静时，她礼貌而友善，有时甚至充满爱心。娜迪亚似乎没有定性，她有时候非常柔和，让我受宠若惊，有时候又毫无礼貌。

在我们把索尼娅送到桑比尔治疗中心的那段时间，娜迪亚有一次在邮件中嘲弄我们："你们那位酒鬼生的女儿怎么样了？"她指的是索尼娅。谁会这么写邮件呢？

她比玛丽娜大9岁。我不了解她早年的经历，并且发现她说的话很不可靠，我无法相信她的记忆。

"她一直都是这样。"玛丽亚说。

如果她一直都是这样，我想知道她小时候的情况。在她2岁、5岁或9岁时,"这样"是什么样?

娜迪亚换了好几任丈夫,健康状况不佳,财务状况不稳定。正如前面提到过的,她有一次告诉玛丽娜,她几乎毒死了自己的孩子。她的两个儿子都已长大成人,但其中一个坐火车时为消磨时间,喝下被污染的酒精后身亡。

玛丽娜讲述了一些童年的故事,在我听来,这些故事不仅仅是姐妹之间的玩笑,这也许是因为我知道长大后的娜迪亚是什么情况。和索尼娅的情况有点像,这些故事本身都不足以对娜迪亚进行指责。索尼娅身上发生的每件事都能找到理由来解释。但在我看来,她的行为累积起来,构成了一个令人不安的信号,即如果她不能学会控制自己最恶劣的冲动,她的结局将会很惨。

玛丽娜大约10岁时,有一天,她心爱的宠物猫不见了。玛丽娜到处找毛鲁斯卡,最后在一个壁橱里找到了,在角落里,它和一窝小猫蜷缩成一团。兴奋的玛丽娜跑去找人分享这一重大消息,她见到的第一个人是娜迪亚。

娜迪亚听到这个消息,一下子坐起来,快速地从玛丽娜身边走过,走到蜷缩着身体、毫无防御能力的小猫身边。

"我们没有时间养这群废物。"她大声说。

然后,娜迪亚抱起小猫,走进厕所,把小猫扔进马桶,冲了下去。玛丽娜目瞪口呆地看着这一切。

需要说明的是,据玛丽娜说,在苏联家庭里,这种做法并不罕见。但我知道,玛丽娜对这群小猫肯定抱有无限的好奇,在这种情况下,娜迪亚的行为似乎也是一种发自本能的无情。还有别的事:

玛丽娜小时候食物中毒时,她丢下了玛丽娜;和一个新男友私奔;在玛丽娜成年后,勾搭玛丽娜的男友(并和其中一个结婚)。

抚养索尼娅的经历让我深思,并用一种新的眼光来看待像娜迪亚这样的人。桑比尔治疗中心的人向我们介绍了诊断编码的概念,这个概念取自一本听起来平淡无奇的心理学参考书——《精神疾病诊断与统计手册》。学过心理学的人都很熟悉这本书,但我没有学过心理学,所以它对我来说是新奇的。据我所知,这本书在精神障碍研究领域的价值,就像彼得森的《鸟类野外观察指南》在观鸟方面的价值一样,只是探讨的主题决定了这本书的主观性要强得多。人格失常会反复出现,尽管似乎有一个变化的范围,但在某种程度上可以缩小范围,精确定位。

这本书的基本观点是,尽管人格确实存在着无限的多样性,但正常和不正常人格之间是有界限的。只要能够大致确定这些界限,我就能识别出失常的人,比如娜迪亚、索尼娅和我哥哥。多年来,我一直纠结于我哥哥的行为。

在我们的生活中,与像娜迪亚这样难相处的人保持一定的距离,曾令我感到内疚,而这种新的认识减轻了我的内疚。但与此同时,鉴于他们行为的本质是人格失常,我有时也容易感到迷茫,怀疑是不是全是我的错。这些人失常了,但正常与不正常的界限究竟在哪里呢?这可能会让人困惑,也有助于解释以下现象:我的一些朋友在大体健康的家庭里长大,他们根本不理解,在不健康的家庭里长大会给人造成多大的困扰。

玛丽娜和我住在莫斯科时,我和娜迪亚打过几次交道。一次是玛丽娜和我搬进莫斯科明特纳亚大街上的一套新公寓后，娜迪亚来参加我们的暖房聚会。那座砖砌建筑看起来是二战前修建的，甚至可能是俄国革命前修建的。里面却是一套现代化的公寓，地板是新装修过的，有一扇巨大的角窗，可以看到外面的庭院。像那个时代的所有公寓一样，前门处有一扇巨大的钢门，以防止小偷进入，窗户外也安了防护栏。

娜迪亚穿着一件我称之为"苏联风"的衣服。一件近乎半透明的飘逸的白色涤纶衬衫，有点儿过时了。因此，在一群在莫斯科工作的俄罗斯人和外国人当中，她显得有些格格不入。

她走进我所在的房间，直接走向我，不请自来地坐在我的右腿上，把腿放在我的双腿之间，然后立即开始用左手摩挲我的背。她又高又瘦，一头漂过的金发。她叫我保罗什卡，这在俄罗斯人听起来有一些亲昵。虽然男女之间越界有时有点难以辨别，但摩挲背还不属于越界。我突然找了个借口，说要去厨房处理点事，摆脱了娜迪亚。

玛丽娜向桑比尔治疗中心的工作人员描述了娜迪亚的情况。尽管他们提醒说不能进行远程诊断，但他们表示，她的行为听起来像是"人格障碍"或"边缘型人格障碍"。在那之前我从没听说过这两个概念，但一想到一个人的人格会来回越界，我觉得有点熟悉。在其他对话场合，他们表示，依恋障碍如果不加以治疗，往往会变成人格障碍。显然，从细节上看，娜迪亚和索尼娅之间存在重大差异。但我和索尼娅是家人，从我的角度看，她们之间的相似之处更明显。像娜迪亚或索尼娅这样的人，在一定时间里是正常的，但会突然跳出来，做一些怪事，或者说一些怪话，比如娜迪亚以很过分的方式描述索尼娅，以及索尼娅习惯性撒谎。玛丽娜曾尽最大努力远离娜迪亚那种人，但没想到自己的养女身上也有类似的特质。

　　罗伯特说，玛丽娜需要正确认识她成长时所处的情感环境，这样她就能只关注索尼娅，而不是从索尼娅身上看到她父亲、娜迪亚或卡拉奇的无名绑架者的影子，那会加剧她的恐惧。抚养一个受过严重创伤的孩子，需要一种深沉的平静，一种无私的平静，许多主流宗教都教导我们以某种方式追求这种平静。这是一种几乎无法实现的理想状态，需要人日复一日地提醒和鞭策自己，即使在这种情况下也可能反复失败，无法达到这一状态。我们很惭愧地认识到，我们需要这么做。我只是不知道我们能否做到这一点。

第七章　我的问题

新墨西哥州，2011年；华盛顿特区，20世纪七八十年代；莫斯科，20世纪90年代

索尼娅刚进桑比尔治疗中心接受治疗时，我和玛丽娜站在室外，看一群孩子玩耍，索尼娅就在其中。

罗伯特站在我们身后几英尺远的地方，看着我们。我能感觉到他就在我身后，但那并不是一种沉重的感觉。他就像是一名教练在观看比赛。

新墨西哥州的光线很神奇。清晨时，空气中有一股寒意。接着，当太阳升起，高悬于高山之上时，尖锐、刺眼的阳光会照射下来，让温暖浸透一切，直至我的心里。高地沙漠里多姿多彩，在这个海拔高度上，蓝天显得更蓝，褐色田野绵延到远方，逐渐变成深褐色，乡间小路旁边杨树上的小叶子更显得绿意浓浓。

周边的绝妙美景难以留住我的思绪，我不禁又开始想家里那些令人心烦意乱的事。在我家，家人之间甚至难以进行普通、深入的交流，包括聊天、亲昵、开玩笑、抗议和肯定等。

玛丽娜对索尼娅说了些话，我觉得是让她给另一个孩子一些空间。我不记得我跟她说了什么，我可能是告诉她要放轻松，或者不要管索尼娅的事。我现在意识到了，我总是这样。

罗伯特从我们身后走来。他平静而直接地说："听起来你是在让玛丽娜放宽心，是这样吗？"

我感到一种耻辱感，于是闭上了嘴，耸起肩膀，把手插在口袋里。那种可怕、熟悉的感觉又来了：觉得自己像正常人中的一个异类，于是感到一种自我厌恶。

我的第一个念头是：难道不是我这个冷静、克制的人负责把索尼娅带到桑比尔治疗中心的吗？现在我怎么会是那个犯错的人呢？玛丽娜总是心烦意乱，我则意志坚定，不是吗？接下来我念头一转：我知道上述情况属实，同时我也在努力压制自己的愤怒反应。

抑制强烈情感同时自我厌恶，这是一种很早就出现在我身上的感觉。当我站在那里，慢慢回想罗伯特的话时，我的思绪回到了第一次出现这种感觉的时候，那是在几十年前，1974年10月。在某种程度上，成长的过程就是学会把大脑分成不同的部分：一部分是我真实的感觉，另一部分是自己应该有的感觉。现在我40多岁了，我相信自己很擅长掩饰那道裂缝，罗伯特却敏锐地认出了它。

※　※　※

"她永远地离开了丈夫和两个小男孩。"我在《华盛顿邮报》上读到。

我当时6岁。我的情绪一片空白，就像我家厨房里的塑胶台面一样。参加追悼会的人在我家转来转去,我的视线基本停留在成年人的大腿上。妇女们哭泣着相互拥抱。据我所见,父亲没有动一丝感情,他是内心强大还是无动于衷?我知道我应该感到悲伤,但我没有。这是我记忆中第一次感觉自己像个异类。

我当时想,为什么要难过呢?她死了。她46岁时就被世界吞噬了,一去不复返。我目睹了一场真正的离别。前一天她还躺在床上,身患疾病,脸色苍白,后一天她就变成了骨灰,被装进了一个旧的金属罐里,爸爸把那个金属罐放在壁橱里。人生就是如此。死亡会降临到任何人身上,父亲、鲍里斯哥哥和我。人体内出了问题,生命的力量随之逐渐枯竭。她失去了头发,肤色变得黯淡,步履不再轻盈,很快就不能走路了。

在母亲去世后的至少一年里,我大部分时间都坐着,凝视着远方,就像现在听到罗伯特的话之后的反应一样。凝视远方能让人平静下来,静心独处的感觉很好。与人交谈很不容易,因为在我看来,他们看到的东西和我看到的不一样,这让我显得与众不同。

母亲去世后,我花了很长时间去想一个已离世的人。一般人不会这样想事情。看到任何能让我想起她的东西,比如她用过的白色钩针床罩,甚至是照片里她的身影,都像触动了一个开关。我的眼眶会迅速产生一种灼烧感,一层泪水遮蔽我的视野,头顶产生一种力量,直冲到我的胳膊上。这是一阵疼痛。然后我会用意志力结束这个过程。虽然一张照片就能打开开关,但我也学会了用精神力量将开关关闭。

有时我会走到桌旁,看一张她和爸爸的照片。令人恼火的是,照片里的她戴着一顶白色的网球帽来遮挡阳光，因此眼睛那里光线不足，和我记忆中她的眼睛不一样。我不太记得母亲的脸了，但我肯定那就是她。

索尼娅从未要过她生母的照片。我们和她提到过这个女人，以及她出生的城市，但她从未表现出任何兴趣。对我来说，母亲的身影始终伴随着我。

母亲去世后大约18个月，我的行为开始变得像鲍尔比描述的英国小偷那样。似乎一夜之间，我就从母亲日记里描述的"乖孩子"变成了不良少年。我开始偷东西，跟很多人打架，甚至纵火。

当我们把索尼娅送进桑比尔治疗中心时，他们问她是否纵火，有没有暴力行为。她没有，但这些事我做过。问卷只涉及索尼娅，但在和罗伯特的谈话中，我觉得有必要告诉他一些我过去的事。每当想到那些行为，我都会再次感到耻辱，并想到戒掉那些行为有多难。这个交错的过程反复上演：心中迸发出一阵怒火，然后我付出巨大的努力来平息愤怒。

第一次偷窃发生在母亲去世几年之后。我正在西夫韦超市的收银台旁排队，当时我上小学三年级，穿一件牛仔夹克，胸前有一个方便口袋。在一片购物袋的窸窣声和收银机的开关声中，我坐在分隔栏上，注意到没有人在看我。处在购物车和排队者之间，在饥肠辘辘的人和忙碌的收银员之间，谁有时间去留意一个9岁的孩子？

我从货架上取下一包绿色的跳跳糖，拿在手里。我再次环顾四周，没有人看我。片刻后，我把那包糖放在牛仔夹克最上面的大口袋里，朝四周看，还是没有人注意到我的任何异样。我感觉到肾上腺素直冲我的大脑。我做了坏事但没有被抓到，那包跳跳糖是要付钱的。父亲装好了东西，我们走到拥挤的停车场。

索尼娅偷我们的东西时，也是这种感觉吗？当时我一点儿也不关心辛勤工作的超市店员。他们向我们提供生活必需品，以赚一点儿钱。利润率可能很低，他们的利润一定会因食品腐烂和鸡蛋破碎而减少，偷窃也造成了同样的影响。

偷跳跳糖成功后，我信心大增。几周后，我去了本地的一家小杂货店。

我走进狭窄的过道，环顾四周。这不是西夫韦超市，所以我的意图很容易被发现。但我没有改变策略，我走到了这个杂货店最远的角落，那里刚好在收银员的视线之外。店里就一个收银员，她身材高大，金色的头发染过色，梳着蜂巢样的发型，涂了很多睫毛膏。我拿了一块巧克力冰激凌，塞进裤子口袋里。向外走时，那位收银员直截了当地问我要不要买什么东西。

"今天不买！"我假笑着说。她狠狠地盯着我。

我走出门，走下台阶，斜着穿过街道，朝我的学校走去，没有回头看商店。大约走了50英尺之后，我从裤子口袋里拿出冰激凌。在拿出的那一刻，我听到一声大吼。

"嘿，孩子，过来！"

我定住了。我转过身，看到那个目光敏锐的收银员站在商店的前廊上，怒气冲冲地盯着我。

我心情压抑地回到杂货店，心中涌起耻辱和内疚。

我告诉她我的名字、我父亲的名字，并承诺把这桩罪行告诉我父亲。回家后我什么也没说，希望这件事就此过去。但我的心一直悬着。几天后，父亲质问我。

"保罗，我接到了从街角那个商店打来的电话。"他严厉地说。

我的心一沉。那段时间我们有很多这样的谈话。

但对我来说，偷东西被抓住一次后，就不会再偷了。直到今天，我在商店买东西后都会要收据，出门时会拿在手里。

这次偷窃发生后不久，父亲给我转了校，不再上当地的那所公立学校，去了一所小型私立学校。以前我要走上一座小山去上学，现在则必须乘公共汽车到郊区去上学。私立学校按理应该更温馨，但这一改变却让我产生了更强烈的敌意。

我哥哥的感觉跟我一样，但他把怒气发泄在了我身上。他多次挥拳打我，把我从一个房间拖到另一个房间，拽着我的衣领，拖着我在地上爬，还打我的头。可能是因为这些经历，通过肢体攻击发泄怒气这种做法，在我看来并不奇怪。不出意料的是，老师不这么觉得。

在所有那些令人感到羞耻的事件中，我想起来有一次在课间打篮球时，我抱着篮球，脸朝下倒在地上，一个叫泰迪的孩子紧紧压在我身上。泰迪是个大块头，脾气很好。他整个人都扑在我身上，脚就伸在我面前，没有给我留下任何空间。

"传球，保罗，把球扔出去。"一个孩子喊道。

"别给他空间，泰迪，紧紧压住他。"泰迪的另一个队友喊道。

泰迪当时所做的，正是他应该做的。而我只能看到泰迪粗壮的腿，他穿着到脚踝的短袜。我想都没想就伸长脖子，把脸伸到他的袜子旁，使劲儿咬他。他像一只掉进陷阱的狼一样，又跳又叫。

老师来到现场。我很快就被带到了校长办公室，每次打架后我都会来到这里。大多数孩子不知道她是谁。我知道她的名字，还给她起了一个恶毒的绰号，甚至了解她办公室的布局。

她告诉我，咬人是不对的。

我凝视前方，一言不发。但我在心里想，很多事都是不对的，但总归会发生。人的生命会突然枯竭，会死去。

不久，校方就威胁说，如果我继续这么做，就会把我开除。这样的惩戒并没有错。

当然，我内心深处知道，校长说的对。从那时起，我开始在心中建立一道界限。我心中想法很多，甚至付诸了行动，比如咬泰迪，我还曾狠狠打过托尼一拳。这些做法在我看来很正常，但对外部世界而言是怪异的。这些想法在我脑中挥之不去，但我可以学着形成另一种适合社交场合的人格。我可以把真实想法写在某个地方，但我需要在学校里学会假装，把自己当作外星人，研究普通人的行为，效仿他们的行为，尽管我心中的感觉已经和他们不一样了。那些负面冲动依然像以前一样强烈，只是我学会了把这些冲动隐藏起来。

※ ※ ※

我曾看过一位精神科医生，她的办公室在福克斯霍尔路附近一间铺着豪华地毯的房间里，那是华盛顿最繁华的地带之一。母亲去世之前找到了这位医生，我记得在母亲去世后的大约一年里，我经常见到她。我家人管她叫斯特雷特医生。她的名字是贝琳达,但我不叫她贝琳达。她是一位老派的心理医生,让你坐在椅子上,和你聊天。我想象中的老年天使,差不多就是她的样子,只是这位天使的翅膀整齐地塞在一件萨克斯牌的棕色毛衣里。就诊时,我会先坐在候诊室里读《天才少年》杂志,玩里面的一款杀手寻宝游戏,最终我会被叫进去,穿过铺着瓷砖的大厅,走进她的办公室。因为有走廊,所以办公室里的声音传不出来,从候诊室里听不到就诊时的对话。

她的言谈中既有母性关怀,又有医学智慧。她身处的世界和我父亲截然不同。每次就诊后我都感觉好多了,虽然我也不知道为什么。这有点像我怀念母亲之后的感觉,眼眶会发热。

她给我分析我的各种感觉。她说我因为母亲去世而生气,而我咬泰迪和篮球比赛无关。一时间,我脑中建立起的界限消失了,感觉脑中的两部分又融合在了一起。实际上,我的想法和另一个人的想法与感受一致。和她在一起,我感到很放松,有时甚至想蜷起身子睡觉。她让我觉得自己很正常,不怪异。有时,当玛丽娜和我与罗伯特愉快地交谈时,同样的情况也会发生:乌云散去,太阳出现,哪怕只是一瞬间。

在我小时候,斯特雷特医生建议我打沙袋,而不是打学校里的孩子。她还让父亲给我买条狗,在她看来,我需要狗无限的爱。(她自己养了两只金毛猎犬。)治疗方法并不复杂:一条宣泄怒气的途径,再加上一点儿来自狗的安慰。但诊断结果大大出乎意料——我很正常,我的那些感觉也很正常。

但五年级时，父亲担心我会变得软弱。也许是他父亲的严酷教育又对他起作用了，也许是他不想花这笔钱了。他买了沙袋，没有买狗，叫停了治疗。

※　※　※

在学校威胁要开除我之后，我们把沙袋挂在了地下室的架子上，我不再在学校打架了。接着，我爷爷来看我，帮我瞄准打拳目标。他曾是一名业余拳击手，我父亲并不喜欢他。他会对我说，把手腕放平，固定，以将冲击力最大化。在学校里，我很难克制打人的冲动，但大多数时候我都克制住了；但随着与斯特雷特医生相处的日子逐渐成为历史，我的坏想法又在其他方面涌现了。

上六年级之前的那个夏天，我和两个朋友在一条小巷里散步。我看到一个装满报纸的垃圾桶。我们身上带着火柴，但我不记得为什么带了。我建议点燃一根火柴扔进垃圾桶，然后跑开。两个朋友也认为这是一个好主意，于是我们就这么做了。当我们沿着小巷狂奔时，我逐渐意识到，那个垃圾桶是塑料的，周围都是木质设施。

我回到家时，上气不接下气，觉得很不舒服。这时我听到了消防车驶过的声音，我的羞耻感又增强了。鲍里斯和父亲正在看《60分钟》，我也跟着一起看，但内心在翻滚。垃圾桶里的火蔓延到上面的木栅栏，又向下蔓延到整个栅栏。谢天谢地，火没有烧到房屋，也没有烧到任何人。目击者看到三个男孩在小巷里跑，但最终也没有抓到肇事者。我写这段话时感到很羞愧。有次回华盛顿时，我开车经过那条小巷，我当时想：很抱歉，我真的很抱歉吓到你们。

※ ※ ※

父亲的卧室旁，有一个小角落，那是他的办公室，只放得下一套斯堪的纳维亚式桌椅。右下角的抽屉里有一个白色的信封，里面装着一把小小的金钥匙，可以打开一个锁着的抽屉。

抽屉里有两样东西：一把没上膛的手枪（子弹放在壁橱里，后来被我发现了），一个装着日记的粉红色的活页夹。

这把枪是父亲在1968年马丁·路德·金博士遇刺后的骚乱期间买的。

"我想保护你们。"他后来解释说。

虽然他当时考虑的是抵御强盗，但我猜，他从来没有考虑到鲍里斯和我玩这把枪的风险。在家里放一把枪，这件事母亲同意了吗？我有时会把父亲的枪拿出来摸一摸。扣动扳机时，击锤会发出咔嗒声。

枪和日记放在一起很古怪。这两个东西都像是来自人性黑暗面的护身符。枪的用途是杀人，日记则关乎人缓慢的死亡：看着你梦想和等待的一切逐渐消逝，就像一个人慢慢沉入水下，沉入深深的黑暗。

日记中记录的一个场景让我难以忘怀。

妈妈回忆说，有一天爸爸下班回家后，情绪很暴躁。那是在1969年，她坐在处于厨房和昏暗的客厅之间的餐桌旁。她涂了口红，做了一顿丰盛的晚餐，准备在哥哥和我睡着后，和父亲一起吃。

据她回忆，喝了一杯酒后，父亲告诉了她一个重要的消息。我可以想象，他会对这个消息过度分析，从而抑制自己的情绪，我见到过这种情况。母亲说她无法分辨父亲是心中痛苦、满腔仇恨，还是别的什么情况。他可能缺乏表达自身感受的能力。

她写道："他说，今天下午麦克拉肯医生给他打了电话。他刚刚收到了病理报告。报告表明，我存在明显的癌症症状。"

据我理解，麦克拉肯医生是给我父亲打电话，而不是给我母亲，也不是同时打给他俩！这很不同寻常。

第二天早上，母亲要去做一次彻底的乳房切除术。

我小时候读到这段文字时，还不太明白"乳房切除术"是什么意思。

现在回想起来，我意识到母亲采用了一些父亲使用过的临床语言。这些专业术语遮盖了事实的恐怖性，那是一种纯粹的与死亡有关的恐怖。事实就是要切除母亲的乳房。

她告诉哥哥和我，她需要去旅行。

她写道："我哭了一遍又一遍。保罗只有一岁多一点儿，鲍里斯只有5岁。癌症专家告诉我，在乳房切除术后，战胜癌症的可能性仍很低。我担心我不能再抚养两个孩子，他们两个会变成没妈的孩子，这种担心变得无比沉重。"

她记述了与我的具体对话，我现在对那些对话已毫无记忆。在1973年1月的一篇日记中，她记录了我们做饼干时的一次谈话。当时我快5岁了，她也快要走到生命的尽头了。

她写道:"保罗说,我住院时他很难过,我圣诞节前康复回家时他很高兴。他告诉我'你不在家时,我不会打开我的礼物'。所以我告诉他,如果我不在家,我希望他打开礼物,在我不在身边的情况下好好享受这份礼物。他说:'哦,那好吧。'"

她描述的我的反应,和鲍尔比记录的观察结果一致。她不在家时我很难过。在她永久离世之前,她显然是想让我先有一些心理准备。从受到过很多伤害到大脑受损,心理损伤的程度不同。索尼娅和我的经历有相似之处,但程度上有明显差别。失去深爱着我的母亲是一种伤害;母亲不给索尼娅喂食,几乎把她饿死,似乎给她造成了永久性损害。

回忆人生时,母亲隐晦地提起了她小时候发生的一件不好的事。她想知道自己得癌症是不是上帝的惩罚,并想象上帝和她说话:"你以为你能顺利脱身,但我一直都知道。就像我母亲的坏行为,邪恶的参与——'别害怕,小姑娘,你可以把这个东西撕掉,没有人会知道你和母亲的坏行为,那是你和妹妹共同知道的一个不好的秘密。'"

母亲的家庭有点儿不对劲,但具体情况我们不知道,在她和姐妹们去世后,就再也没有人知道了。在母亲的姐妹之一的来信中,她提到了童年时的"古怪"元素。这就是"邪恶的参与"吗?

在母亲写的一篇未发表的短篇小说中,主人公是在一个有虐待行为的天主教家庭中长大的孤儿。她从主教那里偷了樱桃,然后把核埋起来,以隐藏证据,并时常经过那个地方,踩那块地,以确保没有樱桃树长出来,使她的偷窃行为暴露。我不知道这个故事是基于我外祖母的真事,还是只是母亲的杜撰。我外祖母是爱尔兰人,曾是孤儿,我从未见过她。现在我作为一个成年人简述这件事时,不禁怀疑外祖母也患有依恋障碍。相关因素都存在:孤儿院、某种形式的剥夺、她在比自己弱的人身上实施怪异的行为。但没有足够的证据或目击者来确认到底发生了什么事。

无论外祖母的"邪恶的参与"是什么情况,到哥哥和我出生时,母亲似乎已经把那件事置之脑后了。

在另一则日记中,母亲尝试猜测我们未来的性格。她说我在家里是"沉默寡言的",但在学校是"一个善良明智的领导者"。她担心我哥哥,特别是鲍里斯"对控制和操纵的狂热爱好"。她写道:"鲍里斯需要一个父亲,而保罗尽管仍然很需要一个母亲,本质上却更坚强,自身就是一个男子汉。即使成长之路上荆棘遍地,他仍将以自己的方式实现目标。"小时候当我忍受鲍里斯的欺凌时,这一点给了我一些慰藉:像母亲这么权威的人都认为,我在本质上更坚强。毫无疑问,鲍里斯也读过这则日记,我想知道,当他读到一些话,暗示他本质上较为软弱时,他是什么感觉。

鲍里斯的愤怒是在母亲去世后还是去世前开始的?我记不清了。我记得他对我施暴的可怕瞬间。鲍里斯爆发时,父亲会选择逃避。父亲厌恶冲突,这种心理可以追溯到他的父亲,那位粗野的拳击手。

玛丽娜和我在与罗伯特谈话时,他试图让我们正确看待我们的情感特征。同时,索尼娅的家族史几乎完全是一个谜。

母亲的最后一则日记是在1973年3月:"3月的一天。很沮丧,百无聊赖,濒临死亡。在没有未来的情况下,你能做什么计划呢?我希望孩子们健康，能够生存下去，过上体面的生活。"

※ ※ ※

正如我向罗伯特解释，并在多年中向玛丽娜讲述的那样，就在青春期前后的某个时刻，事情开始发生变化。我不再想制造混乱，而是渴望平静。

我不知道这场变化是怎么发生的，桑比尔治疗中心的工作人员试图帮我找到原因。看着索尼娅时，我暗自希望，也许甚至是期待，同样的事发生在她身上，她内心的某处会突然软化，她将认识到玛丽娜、萨沙和我真实的样子：一个希望她融入的家庭。

我知道玛丽娜和我各自的改变过程。归根结底，玛丽娜是受一种力量驱使，远离她混乱的家庭生活，寻找像安雅那样的朋友，这仿佛是一种自然力量，就像天鹅会向南飞一样。每个人体内似乎都有一个天生的指南针，指引我们以自己的方式，走上更好的道路。承认我们生来如此也许是更谦虚、更准确的做法，但我们并未为此而采取行动。我母亲说过，我小时候就很坚强。如果索尼娅本性软弱，我们凭什么去评判她呢？

同时我希望，甚至祈祷，我能想办法把内心的方向感传递给索尼娅。我觉得，这也许就是我收养她的原因：我这个父亲能把她的问题治好！这是一种奇异的想法，也很危险。但我想要与每一对试图收养问题儿童的父母分享自己的想法，这是一种激励我们采取行动的心理技巧。

在被桑比尔治疗中心的工作人员和玛丽娜问到难题之前,我曾以为,我之所以能从旷课生变成职场成功者,是因为我意识到了规则就是规则,并且学会了遵守规则。然而,越试图了解索尼娅,我就越不得不重新考虑这个想法。

我和索尼娅的结局截然不同,更准确的原因是,我受的"伤害"发生在比索尼娅大一点儿的年纪——一两年的差距很重要。当然,我受的伤害也没有索尼娅的严重。我费了很大劲儿才变正常这一点,充分证明了儿童是很敏感的。在青春期,随着我的成长,我试图找到社会可以接受的方式,来继续我的行为。我发现,我可以把怒气撒在自己身上,这不仅是社会可以接受的,而且在某些情况下,甚至能获得赞扬。鲍尔比曾把孩子分为完美主义者和冒失鬼。回顾自身经历,我觉得自己大致属于完美主义者。

鲍尔比警告说,像我们这种背景的孩子,容易扭曲现实。他写道,对与母亲失去联结的儿童来说,"不仅儿童对母亲的想象扭曲了,儿童对自身的想象也同样扭曲了"。索尼娅和我就属于这种情况。我们追求完美,比如要赢得下一个奖项、给老师留下深刻印象,这导致我们不关注长期实践所证明的有利于人际关系的因素,如同情、倾听和谦卑。罗伯特以他的方式向我指出,尽管我接受了教育,供养着一家人,但在同情心方面、在关心玛丽娜的感受方面,我的能力比较弱。

在逐渐领会他深刻的批评的过程中,我开始从新的角度思考问题,既有关于我的问题,也有关于其他人的问题。我日常接触的许多金融人士都专注于积累,而不是倾听,甚至不关注"存在"本身。

这是一种麻醉剂。

我从小就养成了自立的习惯。我学会了露营、做饭、爬山、锯木、缝纫和钻孔，并进行长跑训练。这究竟是为了什么？我认为这是为了表明我不需要依赖任何人，同时可以吹嘘我能做到这一切。如果我不能和某人建立一种关系，那么我将通过自我克制，获得一种社会地位来填补这种空虚。但抚养孩子并不是一场竞赛，我必须让玛丽娜融入我的生活，不再试图控制她，并认识到她通常是多么聪明。我必须允许她影响我，而不是对她的意见不屑一顾。正如罗伯特指出的，我总是对她不屑一顾。因此她有时会对我有很多怨气。我逐渐发现，她很生气，而且有充分的理由。

我上高中时，鲍里斯已经上大学了。不知由于什么原因，父亲妥协了，允许我买一条狗，那正是多年前那位精神病医生的建议。这条狗一直陪伴着我。进入新学校的第一天，当我们都在篮球场上，围着那位古怪、好心肠的校长席地而坐时，他向新生们发表了一篇很长的、令人费解的欢迎词。

他的开场白让我印象深刻："我今天决定漫谈一下，就像以前的野牛群漫游一样。"

接下来是一通冗长的欢迎致辞，提到了一些晦涩难懂的诗歌，以及我从未听说过的英国作家，如萨克雷。他喝酒，抽雪茄和香烟，管理风格有时比较松散。他的惊人天赋是挑选有才能的老师。虽然学校的教职人员中有一定比例的人是中年人，但这位校长专门寻找刚从大学毕业、精力充沛、希望让孩子对思考产生兴趣的老师。这些年轻教师对我产生了巨大的影响。他打破规则同时又遵循规则，这是一种奇怪的方式，让我觉得很有吸引力。

上高中之前，我对学术的看法，有点像索尼娅在本地学校和桑比尔治疗中心时对学术的看法：认为学术是一种负担，和我真正感兴趣的东西没有实际联系。像她一样，我只进行最低限度的努力。她会把书举在面前，翻动书页，做出读书的样子，但坚决拒绝阅读。她会把数学作业拖上几个小时。她感觉到我们重视学习，所以坚决反对学习。我怀疑没有哪个老师能激起索尼娅的好奇心。

大二时，我遇到了三位这样的年轻教师。一位物理老师解释了立体声音响系统是如何运作的，并向我们介绍了爱因斯坦关于相对论的思想实验。他说，如果一个人的旅行速度能超过光速，他就能赶上从地球反射到太阳系的光线，回到过去。这让我大吃一惊。一位俄罗斯文学教师让我们读陀思妥耶夫斯基作品中的一章节，内容是撒旦和耶稣基督之间关于上帝存在问题的一场辩论，故事发生在西班牙宗教裁判所时期。一位英语老师试图帮助我学习如何进行结构合理的论证。

罗伯特探究了我们的这种关系模式是何时开始出现的，并解释了我们为何最终走到了送索尼娅来桑比尔治疗中心这一步。

我和他分享了我第一次真正恋爱的经历。对方是一名女高中生，穿着有点女性化的朋克风格的服装——黑色格子裤和T恤，像是"碰撞乐队"的装扮。她床边放着一个小录音机，播放着维瓦尔第的《四季》。她的窗帘是一面美国国旗。那扇高窗户周围有一串圣诞彩灯。和她在一起就像在另一个世界里生活。离开她后，我会回到我原来所处的那个世界。她颠覆了我的秩序感，而我不喜欢这种在感情上如此依恋她的感觉。鲍尔比说，他所研究的孩子"不期望得到任何东西，并且觉得自己不配得到任何东西"。这种情况反复出现。在我看来，不依赖他人和努力工作，使我来到了布朗大学。在布朗大学，也许是受到陀思妥耶夫斯基的影响，也可能是由于冷战时期令人担忧的环境，我花了一年的时间学俄语，这让我得到了去俄罗斯的机会，从而遇到了玛丽娜。我不知道如何向罗伯特表达在俄罗斯的生活对我的影响。俄罗斯可以彻底改变一个人的视角。

※ ※ ※

世界上只有一小部分人可以喝到从水龙头里出的水。干净的水往往能带来很多好处：相对安全，以及大多数人拥有的基本公民自由。在那些把打开水龙头就能喝到饮用水视为平常的人中，只有少数人受过教育。当我在康涅狄格州郊区写这本书时，全世界大约有78亿人。据我计算，约13%的人生活在富裕国家（如美国、加拿大、欧洲、日本和澳大利亚），其中大约2/3的人，其基本需求能得到满足，也就是说在全世界，约9%的人物质条件比较舒适，有自来水喝。

当然，如果你像我一样，是这群人中的一员，就很难真正理解另一种情况。在去往俄罗斯生活之前，我很难从另一种角度考虑问题。没错，我也曾听过来自遥远地方的新闻报道，并梦想着去看看，但只有在离开我原来所处的那个小世界之后，我才能真正理解它是多么的小。

我第一次去莫斯科是在1990年6月的一个温暖夏日。在谢列梅捷沃，俄罗斯政府检查了我们的签证，我第一次用俄语向一个俄罗斯人说了一声"谢谢"。此前我在大学里花了一年时间集中苦学俄语，现在终于派上了用场。很快，我们带着行李走到了外面，一个司机从一辆破旧的校车里爬了出来。

"行李放在那里吗？"我指着车的后部，拖着我的手提箱问道。

"对，放在那里。"他答道。他很友善，显然已经习惯于这项工作。他让我想起了我爷爷，那位出生于俄罗斯的拳击手。

车离开机场不到10分钟就过热了。司机把车停在路边，脸上的神情让人感觉他对此已司空见惯。他站起来，抓起座位旁边的一个塑料桶，走下楼梯，迈着沉重的脚步，走到路边一个像沼泽地一样的地方，给桶里装满了水。

然后他走回来，掀开冒着热气的引擎盖，抓起一块抹布套在手上，打开散热器，把沼泽地里的水倒进这头愤怒的野兽嘴里。水汽消了，野兽的胃口得到了满足。天知道用沼泽水驱动的引擎能转多久，但显然足以让我们到达酒店。

每一个这样的事件都会让我感到不解。我想知道，什么样的制度能制造核导弹，却不能制造散热器冷却剂。我曾亲眼看到爷爷和父亲自己动手修车。他们去西尔斯百货，买了自己需要的东西，然后修车。西尔斯百货从来不缺那些东西。

散热器的事是一首主题曲的变奏曲。苏联的一切似乎都是残破的、过时的、刺鼻的或者稀缺的。服务水平与美国机动车管理局的水平相当，这么说可能对机动车管理局不公平。在美国，垄断仅限于驾照，但在苏联，一切都存在垄断。这能解释很多事，但不是所有事。

我大学毕业后回到了俄罗斯。我最初在一所俄罗斯公立学校教书。在语言技能提高后，我转向了新闻业，给最底层的出版物写报道赚钱，一步步往上爬。我就是在这段时间遇到了玛丽娜。

要向罗伯特解释我的家庭情况，俄罗斯是一个重要因素。一方面，玛丽娜的经历和索尼娅的困局都是非常个体化和具体的情况。但同时，我们似乎又必须看到我家的经历，特别是索尼娅的经历，我们会发现这与俄罗斯之间存在着不可磨灭的联系。就像鲍尔比研究的那些儿童都面临一个普遍问题——失去母亲，而且这发生在一个特定的时间点，即20世纪三四十年代。要理解我家的情况，就要知道俄罗斯对我而言的重要程度。

虽然它包含很多方面（也许是无数方面）的特征，但酒精、暴力和冷漠的结合是其中的一点。

在俄罗斯，我目睹了不同程度的酒精滥用问题，我在成长过程中从未见过如此严重的酗酒问题。

醉鬼会晕过去，或者更常见的是，他们会含糊不清地说出一连串脏话，这让美国人感到毛骨悚然。

我曾目睹黑手党的勒索，一群人把另一个人按在墙上打，我想他们是想从他身上抢钱。这件事发生在莫斯科的花园环路上，我记得是在1992年。无数行人从旁边走过，不敢去看，因为害怕会被这些犯罪分子攻击。我也很害怕。这伙人块头很大，很结实。在我看来，他们是那种能把另一个人打死的人。

当局往往无动于衷。

有一次，在一个风雪交加的夜晚，我和玛丽娜步行回家，偶然间在街角发现一个晕倒的男子。我们匆忙赶回家，然后我给当地警察打了电话。玛丽娜让我打电话，因为她觉得与本地人相比，警察会以更好的态度对待一个外国人。

"你好。"我说。

"我在听。"对方用俄语说，带着十足的厌倦情绪。

我试图解释："在离我公寓几百米的地方，一条街和另一条街的拐角处，有一个人。他已经失去了知觉，可能会冻死，请马上派车来。"

"嗯……他在哪个角落？"那位俄罗斯警察问道。

"你说哪个角落是什么意思？"

"是在西北角还是东南角？"

"什么？有个人快死了，派辆车过去。"

"我不确定这是否在我们的管辖区内。"那位警察说。他继续向我解释，如果那个人在东南角，就是他的分队的责任，但如果是在西北角，他就需要呼叫其他人。

这种类型的互动，至少在当时，是典型情况。我后来从朋友那里听说，警察会把尸体从一个角落拖到另一个角落，以避免处理尸体。

我刚到俄罗斯和离开俄罗斯时，分别发生了一场政变。这两场政变的中心都是他们所说的"白宫"，位于莫斯科河边的纳别列日纳亚街。政变是混乱的体现，是真正的政府崩溃。

1993年10月，我正在朋友家吃饭，玛丽娜打来了电话。

"打开电视。"她说。

我叫停了晚餐，大家都走到电视机前。当时，叶利钦总统和立法机关之间的紧张关系不断升级，双方都认为对方是不合法的。叶利钦在一次全民公投中获得了胜利，而立法机关认为叶利钦对他们的生存构成了威胁，这一认识也是正确的。叶利钦和立法机关分别以克里姆林宫和莫斯科白宫为据点，双方的争论日益紧张，陷入僵局，双方都动用了军队。还不清楚军队会支持哪一方。

在电视上，播音员正在描述电视台门口的部队，并且说新闻很快就会被切断。接着新闻就被切断了，信号完全消失了。这表明军方支持共产党人，而当时这家电视台属于改革派。

我们快速吃完了晚餐，然后我坐地铁回家。地铁里挤满了人，空气中弥漫着一种明显的紧迫感。玛丽娜在我们家的那一站接我。我们家附近有一个小的电视转播塔。地铁外是拿着机枪的警卫，玛丽娜问他们在这场纠纷中支持哪一方。

"目前为止是叶利钦。"他们答道。那天深夜，我和玛丽娜去了莫斯科市长办公室，那里离克里姆林宫很近。亲叶利钦的民主派力量聚集在那里。

在市长办公室门外的主街特维尔大街上，市民正在用垃圾箱、桶和他们能找到的任何东西筑起简陋的反坦克路障。时不时会有官员从市长办公室里出来描述情况，就像非正式的新闻发布会。

几个小时后，出于好奇，玛丽娜和我租了一辆车，去几英里外的莫斯科白宫，看看那里的情况。我想我也许能找到有意思的题材，写一篇与主流媒体角度不同的报道。在驶往莫斯科白宫的路上，两边的建筑物耸立在我们眼前，仿佛身处大峡谷之中。我看到远处驶过的坦克的轮廓。我们在离莫斯科白宫很近的环城公路上停下来，看到更多坦克驶过街道，开坦克的人看起来像是来自塔吉克斯坦或哈萨克斯坦的17岁新兵。问题是，他们在往哪个方向走，他们的炮塔要对准哪个方向。当时还不清楚，这些坦克是要去屠杀像我们这样的人，还是为了迫使共产党人屈服。

我们接近莫斯科白宫时，一群手持简陋武器的暴徒从阴影中走出来。一名暴徒向我们扔了一个燃烧弹，在几英尺外的地方爆炸，出租车司机打了个急转弯。

我们驶离莫斯科白宫时，坦克在一座桥上占据了位置，这座桥与莫斯科白宫形成了一个直角。坦克的炮塔明显指向莫斯科白宫，那是共产党人集结的地方，这意味着军队支持叶利钦，而叶利钦在红场旁边的克里姆林宫里。玛丽娜很高兴能靠咖啡和肾上腺素坚持下来。她觉得，我们出现在街上，为支持叶利钦的一方增添了两个人的力量。在她看来，叶利钦坚决反对那些想恢复类似戈尔巴乔夫以前政权的人。有成百上千的人与我们在一起，但相对于莫斯科的人口总量来说，人数并不多。

次日，休息了几个小时后，玛丽娜和我又朝活动地点走去。坦克已经就位，整齐地排列在面对莫斯科白宫的桥上。整个场面既可怕又荒谬。这是一个愚蠢的解决争端的方法。一位叫格拉乔夫的将军控制着坦克，在几小时里掌握着国家的命运。他是叶利钦的盟友。

玛丽娜和我站在桥上最后一辆坦克后面大约30英尺的地方。突然，前面的坦克开始向莫斯科白宫开火，声音震耳欲聋。砰！

坦克精确瞄准了莫斯科白宫的一些特定窗户：第七层，右边的第四个窗户。看起来就像有人在填字游戏中勾选方格一样。很快我就看到精英部队和年轻新兵组成的部队冲入莫斯科白宫。又经过一天的战斗，反对派崩溃了。

关于国家发展方向的分歧会导致内战，这超出了我以前对俄罗斯的理解。但这样的事确实发生在俄罗斯。空气中弥漫着1917年的气息。这让人感觉，在俄罗斯，任何事都可能发生。内战，警察把尸体从一个管辖区拖到另一个管辖区，挨饿的婴儿，都是其中的一部分。莫斯科大剧院的精彩表演、列夫·托尔斯泰、物理学家萨哈罗夫这样的道德声音，也是其中的一部分。那里有无拘无束的野性，但有利有弊。索尼娅的某些部分让我想起了自己的成长经历，而其中一些部分似乎来自某个地方，我将那个地方与俄罗斯联系在一起，但它对我来说始终是一个陌生的地方。她的行为放在像俄罗斯这样的地方能有多特别？我永远不会知道。我试图向我们的治疗师解释这一点，他点头回应，但似乎认为这是在分散注意力。但对我来说，索尼娅的古怪和她成长的特殊环境密切相关，那是一个不可预测的、有时很危险的环境。为了生存，人必须足够坚强，也许在她身上的表现就是无情，她的这种本性似乎很早就埋下了。

第八章　客居之所

阿尔伯克基，新墨西哥州，2010年

初到桑比尔治疗中心时，索尼娅集中精力管理自己的形象，那里的工作人员不觉得她有任何不寻常之处。他们要求怎么做，她就怎么做。当我们收到从那里寄来的每周报告时，玛丽娜和我一度觉得我们的以下直觉是错的：索尼娅需要帮助；我们观察到的无数小挑战加在一起，说明索尼娅有很大的精神问题。玛丽娜和我觉得，让索尼娅离开本地的公立学校，是一场豪赌。此举遭到了学校的反对。我们花了很多钱把她安置在桑比尔治疗中心。家人也不怎么支持我们，我姑姑甚至暗示我们对索尼娅的认识是错的。

"保罗，你凭什么这么肯定她需要去桑比尔治疗中心？我觉得她很迷人。"她说。

我试图向她解释，索尼娅在努力向她施展魅力，让她不要被这些魅力影响，而要以证据为指引。我和她就这个问题谈过很多次。我觉得我是对的，但不是很有信心。

桑比尔治疗中心有足够的耐心等待索尼娅露出马脚。索尼娅绝不是傻瓜，毫无疑问，她对控制感到很恼火，但她一开始并没有表现出恼火的迹象。这意味着让桑比尔治疗中心先占据上风，而我们知道，她很善于弄清楚谁占主导。罗伯特让我们耐心等待，直到索尼娅憋不住爆发。他相信她会爆发的。不过，后来索尼娅是从一个意外的角度爆发的。

索尼娅通常对动物比对人更有同情心，比如那条叫阿莫斯的狗。动物不会威胁她。很多经历过创伤的孩子都是这样，所以桑比尔治疗中心养了很多动物。抚摸狗、喂马、欣赏一只在操场上散步的孔雀，都能让她大脑中的情感区充满舒缓、平静的感觉，而且有望促进她恢复。从本质上说，他们希望关闭她大脑的一部分（使她与别人保持距离的那一部分），同时打开她大脑的另一部分，如果我们假设这一部分存在，它的基础是信任，最核心的部分是爱。这就像是说她的大脑是一块肌肉，她把这块肌肉用得太狠，所以一直很紧绷。这项计划的目的是让那块紧绷的肌肉逐渐放松。

动物只是这项计划的一部分。此外还有健康的食物、充足的睡眠、锻炼，甚至还有一款名为"神经反馈"的程序，该程序可以实时测量索尼娅大脑的哪些部分在某一时刻是活跃的。他们将电极连接到她的头部，这些电极与一个电脑游戏相连。如果她处在放松状态，电极会根据她发出的脑电波接收这一信号，然后她可以按自己的意愿指挥屏幕上的点移动，就像画画一样。不过，如果她感到压力很大，就不行了。这可以帮助她亲眼看到，她什么时候处在焦虑状态，什么时候处在放松状态。这些孩子大部分时间都很焦虑，甚至不知道什么是放松。索尼娅来说，动物也许是最可靠的镇静剂。

事实上，衡量一个孩子受伤害程度的一个标准是，看他是否对动物有过残忍行为。在填写入院表格时，我们回答过这样的问题。之前索尼娅从未对动物有过残忍行为。但进入桑比尔治疗中心几个月后，发生了一件事。当时所有的孩子都在对主楼进行彻底的大扫除，那里是他们吃饭和睡觉的地方。这意味着拿出拖把和抹布，把整个房子打扫干净。索尼娅可能因为一直紧绷着不让自己失控，失去了很多控制权，因而感到恼怒，当拿着一罐用来清洁浴室的来苏尔消毒剂时，她突然失去了冷静，把消毒剂喷向工作人员养的一只狗，那是一只可爱的、性情温和的小狗。一下子，狗的全身沾满了消毒剂，它马上哀号抗议，大叫着跑开了。狗的嗅觉很灵敏，所以这气味肯定让它很难受。

这一次，与躲在家里偷偷做坏事不同，这是在一次集体活动期间。其他孩子和工作人员目睹了这件事，大扫除停了下来，工作人员迫使她直面自己的行为，并提出难题让她回答。因为她一直极力展现一个正常孩子的形象，所以她很难回答这些问题。

虽然我们不在那里，但工作人员告诉我们，她忍不住哭了起来。是因为尴尬，还是因为她被抓住后惊慌失措？她很少哭，这是其中的一次。我能想起来她真心掉眼泪的时刻只有两次，一次是几年前她摔断了胳膊，另一次是我告诉她，她要离开家，去桑比尔治疗中心。这一次，她试图欺负一条狗，结果吃了大亏。

她为什么要向一条狗发火？我不知道。我本以为是会向工作人员或其他孩子。但这也可能是随机的，她的思维非常混乱，因此她的破坏行为似乎并不总是与特定的目标联系在一起。有时她的行为毫无规律。在桑比尔治疗中心的这次事件之后，她典型的操纵行为最终暴露了，工作人员开始因为这些操纵行为而训诫她，这种训诫正是治疗的宗旨所在。像对我们的态度一样，她对工作人员的态度也开始变得古怪起来。

随着时间的推移，桑比尔治疗中心开始认为，索尼娅不仅患有反应性依恋障碍，而且很严重。虽说这对我们和索尼娅来说很可怕，但也证实了我们作为父母的担忧，尤其是玛丽娜的担忧。

桑比尔治疗中心是一个封闭而完整的环境，这意味着整个项目是相互关联的。那里的老师会与心理健康专家、日常咨询师交谈。照顾孩子的人和带孩子去骑马的人是同一批人。这样索尼娅就无法在我们和学校之间搞两面手法，她可是这方面的专家。这样桑比尔治疗中心也能用她不习惯的方式对她施加影响。

例如，她拒绝吃健康食品。在家时，处理这个问题意味着无穷无尽的挑战。她拒绝吃任何种类的蔬菜，会抢我们或其他人的东西，在游泳训练期间从自动售货机上买垃圾食品，或者尝试一些更别出心裁的招数。在桑比尔治疗中心，孩子的餐食是精选的，包括健康谷物、蔬菜和"健脑食品"，如鱼类。那里的营养学家和一些医生认为这些食物能提高他们的疗愈概率。

索尼娅会用叉子把盘子里的食物推来推去，尽力不屈服。她知道自己应当怎么做（吃东西并听话），但她不愿在公开场合照做，尽管她可能也饿了。那里没有钱可偷，也没有自动贩卖机。然而，强迫自己服从于他们的权威，与她的天性格格不入。我每次去看她，和她坐在孩子与工作人员共享的家庭式餐桌旁时，都会看到她在费力吃炒蔬菜时脸上的挣扎神色。

但工作人员会想新办法。索尼娅会把蔬菜捣成糊状,像是一件艺术品,他们会让她清理盘子,而不是直接批评她。晚饭后,正是新墨西哥州的傍晚,空气温暖,天色明亮,当孩子们聚在一起玩踢罐子游戏时,一位工作人员悄悄地把她叫出了操场。这是罗伯特在一次每周例行沟通中向我们讲述的。

罗伯特告诉我,她问道:"怎么了?"

"没什么,我们只是担心你会伤到自己。"那位工作人员说。

"为什么这么说?我喜欢踢罐子游戏。我准备好要玩了。"索尼娅抗议说。

"我知道。但你没有吃蔬菜,而蔬菜中含有对身体平衡和肌肉非常重要的维生素。所以,很遗憾,你不能玩。你可以坐在我身边看。"那位工作人员温和地说。

索尼娅逐渐明白了这是怎么回事,开始不情愿地吃蔬菜。不过要说明的是,这是由于外部压力,而不是基于内在动机。他们希望她能逐渐习惯接受成年人的指导。

※ ※ ※

在两年时间里,玛丽娜和我经常去新墨西哥州看索尼娅,有时带她回康涅狄格州的家。

美国航空公司闪亮的金属飞机会载着我们升空,下面是纽约灰色的道路、建筑物和天空。飞机飞上云层,在太阳之下,一切始终明亮。我们向南飞往达拉斯,降落,然后走过长长的机场大厅。我们汇入转机的人群中,在警卫的监督下,在大门前的安全区域里稍作停留。我们会在一个大型快餐广场停下来,在店员的注视下点一些吃的。我们吃完东西后,登上另一架飞往新墨西哥州的飞机。在空中,我会再次凝视云朵,惊叹于云层厚度,以及白云的流动。

总之,我们要花一天时间才能到达桑比尔治疗中心。这是父母的又一项责任,其他还有送孩子上学、陪孩子玩、送他们去夏令营和游泳训练。我以前从未想过,在我们的一个孩子只有10岁的时候,我就得奔波于两地去看她,但现在发生了这样的情况。到达桑比尔治疗中心后,我们履行作为父母的职责,罗伯特会尝试指出我们可以在哪些地方做得更好。

罗伯特能在瞬间觉察到情绪的变化,就像他上次在操场上捕捉到我的情绪那样。有时当我们谈其他事时,他会转过头来问我:"你现在感觉怎么样?"很多时候,我不得不承认我生气了、我走神了,或者没有做我该做的事。跟罗伯特说话就像跟一名拳击手打拳,我反复挨打。我想这正是一名好教练该做的事。

知道自己有弱点,这是比较简单的部分。改变我的行为则要付出巨大努力。我需要知道什么东西会让我发火,在开口说话之前要让自己冷静下来。从某种意义上说,我必须学习罗伯特努力教给索尼娅的东西。

除了接受罗伯特的训练,玛丽娜和我还试着广泛阅读。并不是只有我一个人在走这条路。千百年来,圣人们一直试图让追随者踏上类似的旅程。我开始读《圣经》("先去掉自己眼中的梁木,然后才能看得清楚,去掉你兄弟眼中的尘埃"),读佛教大师的书(佩玛·丘卓的《活出美丽人生》），读心理学家的书（罗伯特·赖特的《洞见》），以此来努力克服挑战。古今许多智慧都注重保持平静的价值。中国先贤老子说："清静为天下正。"在我的成长过程中，长辈对我有一些期望，但其中并不包括保持头脑冷静。

我给《活出美丽人生》里的一段文字做了标记："我们承诺，避免发表对自身和他人有害的言论，避免这种行为，然后与最初促使我们去伤害他人的潜在情感和平共处。"

丘卓在书中很早就坦率地谈到，有时她会失去冷静。每次失去冷静时，我们都需要回头，反思那些"潜在情感"。我没有丘卓的能力，当然也没有接受过她所接受的训练。

读丘卓的书让我想到了我读过的一个关于甘地的故事。这位非暴力思想之父在南非做老师时，面对一些调皮捣蛋的孩子，曾用尺子打过其中的一个。自己内心竟有这么多愤怒，这让他感到震惊。甘地有勇气在自传里分享这个故事，我很钦佩这一点。这帮助像我这样的人知道，我定的目标是多么富有挑战性。

虽然很有挑战性，但实现目标仍有十足的必要性。

我认识的许多家长都无法通过桑比尔治疗中心的检视。难相处的孩子会让父母面临巨大考验，而萨沙从未给我们带来如此大的考验。在父母经受考验的过程中，他们的行为通常会恶化。既要养育这样一个孩子，又要始终维系与生活伴侣之间的纽带，即使是在这个孩子尽全力亲近你的情况下，用治疗语言说，你必须"随时在场"。一些小小的手势、转身动作，或者只是看起来无聊，都有可能破坏互动。

我开始注意到夫妻贬低对方的情形，尽管这种贬低是以一种微妙的方式进行的。他们会说攻击对方的话，或者沮丧地交叉双臂。看到这一点突然让我感到很难过。因为我知道我也有同样的过错，而且这凸显出许多夫妻的心相隔非常遥远，不仅给他们自己，也给他们的孩子带来了很大的痛苦。

我们家和其他家庭最大的区别是，我们若不在养育方面做出极大努力，索尼娅，像任何难相处的孩子一样，就不会放过我们。所有孩子都想测试父母的底线，但索尼娅的测试强度要高得多。我、玛丽娜与萨沙之间的关系蕴含着潜在的爱和信任，这会限制我们之间的紧张关系和考验，但这对索尼娅来说似乎并不存在。一旦一个人下定决心要伤害另一个人，他就会在这方面创意频出。

※　※　※

2009年深秋，在我们送索尼娅去桑比尔治疗中心几个月后，我和她一起走出那座土坯房，朝马圈走去。马圈外是一圈白色的灰泥墙，里面是这所学校的骏马，名叫乔治。一个古怪的看护人住在附近一幢简陋的建筑里，看起来像是一所一室的房子。

这是新墨西哥州极具代表性的一天，阳光强烈，晴朗，炽热。与新墨西哥州的乡间相比，东海岸总是显得灰暗、潮湿、紧张和太过富裕。仿佛在这里，人的思维会更清晰一些。

她想喂乔治一根胡萝卜。

"爸爸，可以吗？"她问道。

她的声音听起来很乖，仿佛她是一个正常的孩子。站在那里时，我想知道这个女孩为什么会悄悄地拿起一把刀或一支钢笔，把桌子底划伤；为什么会在内裤里大便，然后不清洗内裤，而是把脏内裤塞进她房间里一个小小的稻草编织的手提箱里，这个手提箱本来是用来装她的洋娃娃的；为什么在我们不注意时，会采取一些别的行动来扰乱我们的生活，比如把大块的食物塞到客厅的地毯下面，任由其腐烂。

我们有时会在当天发现这些行为，有时是在几周之后。我觉得我们越晚发现这些行为，她的胜利感就越强。我小时候曾偷过一次东西，那是仅有的一次成功，当时我体会到了一种扭曲的胜利感，和索尼娅的胜利感是一样的。区别仅在于，其他人在此类行径被发现后，会产生一种可怕的羞耻感，而索尼娅不会产生这种感觉。

当我从她受到的创伤的角度考虑这件事时，我对她只有同情。但话又说回来，我必须保护我们三个人，而索尼娅日复一日的谎言和欺骗构成了一种持续的精神折磨，给玛丽娜和我造成了持久的压力和焦虑，虽然不是很强烈，但挥之不去。

我看了看索尼娅，她手里拿着胡萝卜，正渴望地看着乔治。她看起来既热切又快乐。

"好的，去吧。"我说。

她跑到乔治跟前，摊开手掌，把胡萝卜递给它，它贪婪地吃了起来。她拍了拍它的鼻子。有那么一会儿，在索尼娅和乔治之间出现了一种联系，就像她以前和狗的联系一样。如果她得偿所愿（这次是得以和马玩），她就是一个可爱的女孩。但如果我们需要她为家庭或任何人际关系做出必要的妥协，她身上的所有魅力就会消失。

尽管我意识到了这一点，但我还是很想念养育她的时光。后来为了参加牛仔竞技表演，索尼娅开始接受训练，这在那个社区是一项常见的活动。一位顾问通过电子邮件发给我一段视频，视频里索尼娅在骑马绕着桶转圈。我很高兴看到她尝试新事物，同时也很遗憾，因为我不是那个站在围栏边看她训练的人。

※ ※ ※

桑比尔治疗中心最初发来的对索尼娅的治疗效果评价是积极的。

在韦斯特波特，玛丽娜和我坐在电脑前，和罗伯特进行视频聊天。

玛丽娜探望索尼娅刚回来。我们通常要在韦斯特波特待一两年，这时只过了6个月左右。

"你走的时候，索尼娅哭了好几次。"罗伯特高兴地说。

他翻到自己的笔记："她说：'妈妈离开了，我真的很难过。'"

玛丽娜在桌子底下捏了捏我的大腿。她用这种方式来表达：这是积极的一步。

"我觉得这太棒了，我认为你们俩经常来看她是非常重要的。我们知道你们之间的信任有些不足，但我想总有一天你们能把她接走。"罗伯特说。

玛丽娜和我高兴极了，那是一种事情开始走上正轨的感觉。

我们在我的办公室里和罗伯特视频对话，而索尼娅的卧室就在办公室楼下。她不在自己的卧室里，就像我们家缺了一角。当我走进她隔壁萨沙的卧室时，心中总觉得有些怅然。虽然索尼娅给我们带来了很多挑战，但她并不缺乏个性。她浑身充满能量。哄萨沙上床后，我会看一眼索尼娅那双毛茸茸的粉色拖鞋，那是索尼娅的心头好。现在那双拖鞋就放在她床边，而她不在家，那双拖鞋显得毫无生气。

"要意识到，她的大脑通常处于恐慌状态。我们的预期是，随着时间的推移，她的大脑会开始平静下来，然后随着焦虑的缓解，会发生其他变化，而不仅仅是情绪方面的变化。她的书写水平正在提高，这表明她没有原来那么焦虑和仓促了。当她接受我们的管理时，她变得更顺从了。"罗伯特在视频聊天中说道。

他还就如何管理索尼娅向我们提供了建议。

"她还是会考验你们，你们必须克服对她的恐惧。"他警告说。

罗伯特说的对，我们都有点怕她，至少我有点怕。我习惯了能够正常影响孩子的状态：我能通过自己的行为，让孩子想和我互动、交流。在养育萨沙时，这从来都不是问题。但和索尼娅一起时，我们可能已经玩了几个小时，但她仍会时不时地做一些刻薄的事。玩耍和索尼娅接下来的恶行之间没有任何关系。

"当她回家不守规矩时，你们必须让她平静下来，必须在事态爆发前控制住局面。"他说。

这听起来没错，甚至是常识。但索尼娅比我认识的其他孩子更容易走上歧路，仿佛歧路就是她的正路。

※ ※ ※

在桑比尔治疗中心，每年会开几次家长研讨会。家长们会从美国各地飞来参会。桑比尔治疗中心的许多孩子是被收养者，其他的来自寄养机构，还有一些只是曾在童年时遭遇困境。当我坐在教室里，看着学生们的艺术作品和墙上的海报，听其他家长发言时，我在想，是不是任何少数群体聚在一起不再是少数时，都会这么做，即使只是暂时这么做。我感受到一些更容易理解的事物。我们试图找到社会可以接受的方式来描述家里发生的事——"是的，她9岁了，不，她不再住在家里了"。以这样的方式，我们终于找到了有类似经历、能理解我们的父母，我们之间能够产生共情。

研讨会的一部分是标准的家长与老师的交流。老师告诉我们他们教孩子的内容，家长就家庭作业、标准化考试和课外活动提出问题。韦斯特波特的学校里有大量的公立学校工作人员，而这里的老师很少，因为在该校接受治疗的孩子不到20个。

比研讨内容更让我印象深刻的是其他家长说的话。

"我们家变成了地狱，我们总是在争吵，我们家的其他孩子得不到任何关注。"一位叫伊莎贝拉的女士说。她是哥伦比亚人，一头黑发，眼睛炯炯有神，虽然不是工作日，但穿着得体，与她在华盛顿特区的企业高管职务相符。她丈夫赫克托是墨西哥人。他们有两个亲生孩子，又从哥伦比亚乡间的一所孤儿院收养了一个女孩。

当伊莎贝拉讲述他们的家庭生活时，赫克托把目光移开了，似乎不想让伊莎贝拉明说他们家的问题。

"我们的女儿会对她的姐妹们做出很刻薄的行为，"她边说边抬起头来看，我觉得她似乎在和其他母亲进行眼神交流，"然后我会把这些事告诉赫克托，而他会问我这是不是我编出来的，或者我是不是在夸大其词！"

赫克托一直在看别处。我不知道他的职业是什么，但看起来也是在公司上班。我想知道他们在家里有过多少次像这样的对话。

玛丽娜转向我，歪了一下头，扬起眉毛，好像是在说："这情况是不是似曾相识？"

是的。我以前和赫克托一样。虽然伊莎贝拉没有说太多细节，但听起来他们的女儿也做了一些和索尼娅一样的事。

桑比尔治疗中心的工作人员曾告诉我，索尼娅的情况并不罕见。直到听了伊莎贝拉的话，我才完全相信了这一点。

另一个家庭是一对男同性恋，他们很平静，也很热情。两个人都是大块头，梳着马尾辫，穿着格子衬衫。他们从寄养机构收养了一个美国黑人女孩。她离开了自己的兄弟姐妹，被多个寄养家庭收养后又被遗弃，还遭受了一些别的创伤，她的两位父亲不愿细谈这些创伤。能被他们收养，似乎是她的幸运。

"有时她会对我们发很大的火，会变得刻薄，就好像是我们想要伤害她，而我们其实只想给她爱。"一位父亲说。

另一位父亲轻轻地把手放在他的背上。在他们的这个案例中，这位养女似乎不是针对他们中的一人，而是同时针对他们两人。

无论是在我们看索尼娅的时候，还是在家长研讨会之后，只要严肃的谈话一结束，要么玛丽娜和我一起，要么是我们中的一个人，会带索尼娅离开主屋，进行一些常规的家庭活动。有时我们会带索尼娅在当地的一家旅馆住上一夜，然后在第二天早上一边看山羊一边吃早餐，之后在桑比尔治疗中心周围长长的棕色道路上散步。

现场治疗结束后，我通常会感到疲惫，想喝浓咖啡。这种疲劳感很强烈，就像夏天的湿热，让我想要躺平。在陪伴索尼娅的大部分时间里，我都保持着警惕。在桑比尔治疗中心的治疗过程中，当我们能达成某种新的共识，或者一时感觉是共识的东西时，这种警惕心就会消退，深深的疲惫就会浮现出来。这些治疗给了我希望，让我觉得我们最终能学会如何抚养索尼娅，也让我知道总是处于紧张状态有多么令人疲惫。

※ ※ ※

在桑比尔治疗中心，索尼娅接受了"坐下"的训练。当她想要控制别人或耍小聪明时，在她出现要失控的迹象之前，如尖叫、吐痰等，我们就会给她这个指令。这意味着她必须停下手头的事，坐下来。这是为了让她慢下来，让她想想在此之前发生了什么情况，并看她能否调整自己的行为。

我记得那是她在桑比尔治疗中心第一年末尾的那个夏天。

"索尼娅，我们去外面散散步吧。"我说。萨沙和玛丽娜也和我们在一起。

"外面阳光太强烈了。"她很快回答道。

阳光太强烈了吗？我不这么觉得。

这是我们博弈的开始，这与喂乔治的情况完全相反，原因也许是，这是我请求她做某件事，而不是她请求我做某件事。过去我会哄着她去，现在玛丽娜和我必须确定，是阳光真的太强烈，不适合一个10岁的孩子出门散步，还是索尼娅在耍我们，想巧妙地操纵和控制我们。如果她是在耍我们，我们就得想办法应对。

她不是随便这样说的，她这么做是为了让我们困惑。就这件事而言，我当然知道，她皮肤雪白，而在这个海拔高度上，阳光确实很明亮。我停下来思考，玛丽娜看着我。工作人员尽管在忙着照顾其他孩子，但也注意到了这件事。我能听到背景里孩子和辅导员的谈话声，还有桑比尔治疗中心厨房里洗盘子的声音。10岁的她站在桑比尔治疗中心的土坯房里，盯着我看，样子很可爱，而我的大脑就像一台老式的大型计算机，正在进行计算，考虑各种可能性，以及她说的话的合理性。这一切只花了几秒钟，但我在内心里进行了对话。

罗伯特曾告诉我们："如果感觉不对劲，那可能就是有问题。"

"坐下。"我说。她坐了下来。玛丽娜、萨沙和我走到几英尺外的地方，开始聊天，这是为了提醒她，尽管她试图扰乱生活，但正常的生活还是会继续。

过了一会儿，我问："我为什么让你坐下？"

经过一段时间的治疗后，在桑比尔治疗中心，她通常会坦诚直言，这一次也一样。桑比尔治疗中心可以一直让她坐着，直到她憋不住。如果她拒绝坦白，他们就会让她一直坐在椅子上，而其他孩子都会做各自的事。很明显，在这些情况下，她没有权力，她会变得沮丧，然后说实话。

"因为我想要你们。"她承认了。

"对。"

我赢了这一场博弈。

后来我们四个人出门散步。我们在治疗中心附近的干草丛里玩捉迷藏。接着,萨沙和索尼娅发现了一棵枝杈很多的树,几英尺高的地方有一个大分叉,他们爬到了分叉上。孩子们就爱玩这个。

当一次干预起作用时,我们就摆脱了原来的那种她考验我们、我们觉得不知所措的循环。这能让我们掌握一些主动权,让她慢下来。同时,她承认"想要我们",这一点非同寻常。她没有很清楚地描述将如何耍我们,对该行为的反思也不够,特别是考虑到她只有10岁。但她能很快地想到"阳光太强烈"这种话,而我没能马上解读出她的意思、看到背后的真相,这说明她有一种极其负面的天赋。

有时孩子会拒绝坐下。如前所述,在这种情况下,孩子必须被控制,工作人员称此为"治疗性控制"。有时工作人员会把孩子抱在膝上,让孩子把双臂抱在胸前,就像是套着一件紧身衣。有一次,在操场上一个孩子看起来情绪即将爆发,一位女性工作人员平静地抱住了那个躺在地上的孩子。当这些住校生开始拍打他们的腿时,另一位工作人员平静地走过去,按住了他们的腿。这两位工作人员继续泰然自若地与操场上的其他孩子交谈,而我站在一边,深感震惊。大约5分钟后,躺在地上的孩子开始哭泣,放松了下来,并表示愿意交谈。

在和索尼娅玩耍,带她吃一些当地食物之后,我们就打道回府了,回到银色的美国航空公司的飞机上,再次凝视云朵,最后回到拉瓜迪亚机场破旧的停车场。玛丽娜和我会争论接下来要怎么做,我们已经为此争论100次了。

有一个词叫"煤气灯操纵",是用来形容我们和索尼娅的那种对话的。这个词源自一个英国人创作的一部剧本,那部剧本大体上创作于鲍尔比完成首次研究的时候。这个词被用来指一些人,通常是精神病人,对他人使用的语言。在帕特里克·汉密尔顿的剧本《煤气灯下》里,一个女人觉得自己要疯了,因为每当她把身边发生的奇怪的事,包括公寓里的煤气灯在变暗,说给丈夫听时,丈夫(后来被证明是杀人犯)都会告诉她,这是她的幻觉。她最大的错误是以为她丈夫在说实话。

工作人员向我们介绍了这个词。索尼娅抱怨阳光强烈的尝试,以及我们之间的许多其他对话,都是典型的"煤气灯操纵"。她会巧妙地选择各种方式来挑战我们,或者巧妙地选择一些语言,用这些语言向我们施压,迫使我们搞清楚真实情况是什么。

我们常常得对她说的情况进行分析,以弄清楚真实情况。我对《煤气灯下》的作者汉密尔顿的了解不多,但这部剧的创作日期让我很好奇。在20世纪30年代,当世界陷入混乱时,我怀疑伦敦有什么迹象使很多人,不仅仅是鲍尔比,从不同角度意识到了同样的情况,鲍尔比是从精神病学的角度,汉密尔顿则是从艺术的角度。

※ ※ ※

每个群体都有自己的假设。桑比尔治疗中心假设,虽然索尼娅有种种奇怪行为,但她本质上是健康的,她的病情改善和我们的应对策略改善结合起来,将让我们如愿以偿,治好她的病。他们觉得,我们家的问题,在一定程度上是由于养育方式不当。鉴于我们自身的缺点,这是一个合理的假设。然而,玛丽娜也悄悄地,但又坚持不懈地,敦促桑比尔治疗中心质疑他们对于索尼娅的病情能好转的潜在假设。玛丽娜对胡扯有很强的辨别能力。尽管她认识到自己作为母亲也有缺点,但她坚持要问一些让对方不舒服的问题。

尽管桑比尔治疗中心拥有丰富的经验和智慧,但事实证明,该中心不太善于回答玛丽娜的质询,而是坚持自己的信条:听从他们的建议是最保险的选择。当我们问有什么证据能证明他们的做法行之有效时,他们不能提供任何证据。他们没有对索尼娅进行任何纵向研究。尽管他们会使用已有的最先进的研究方法,并定期与美国最资深的创伤研究专家交流,但我们只知道索尼娅在这里的情况看起来比在家里时好,除此之外都无法确定。

说句公道话,索尼娅能否好转这件事,也许本身就是不可确定的。这里存在太多变数,我们充其量只能保持希望。同时,索尼娅在桑比尔治疗中心待的时间越长,她似乎就越能意识到该中心的力量比她强,而不是她需要改变自己的行为。

她在桑比尔治疗中心总共待了两年。到最后,治疗中心认为,索尼娅已经能更好地控制自己喜欢操纵别人的本能了,玛丽娜和我也能对彼此的缺点和弱点持更淡定的态度,这能使我们的整个家庭变得团结。

桑比尔治疗中心在一点上是完全正确的:在罗伯特让玛丽娜和我关注自己作为父母的缺点后,我们之间的关系大大改善了。

我们开始以一种前所未有的谦逊和耐心对待彼此。

"对不起,我失去了冷静,我没有好好听你说话。"我主动承认。

"没关系,至少你现在注意到了这一点。"她会这么回应。这在以前是没有过的。

当然,玛丽娜和我有时相处得不愉快,但我们获得了一些新的沟通工具。当我在坎布里奇读研究生时,我们没有这样的工具,有时吵架会持续多日。以前没有人告诉过我,学会如何吵架对婚姻很重要。现在我终于学会了。

尽管我们取得了进步,但玛丽娜和我,尤其是玛丽娜,对彻底把索尼娅带回家持谨慎态度。

最初,带索尼娅回家住时,她在家待的时间很短,差不多是两天。按道理,我们应该在家里实践桑比尔治疗中心的做法。在索尼娅接受治疗的第二年,我们把她带回家过寒假,在此期间我们感觉到,无论她在桑比尔治疗中心学到了何种技能,这些技能的效果都是不可靠的。

当她的行为看起来不对劲时,我们会尝试引导她调整,而在我看来,她似乎在计算服从我们的要求划不划算。她确实会坐下来,接受我们的引导,但我凭直觉知道她的脑瓜在转。她有没有把任何学到的东西内化,我们并不确定。

她回到家后,我们发现又得采取以前的一些方式,例如要整天让她处在我们的视线范围内,并安排好一天的活动,以尽量避免发生什么事,让她感到紧张。如果她在接受我的引导时有一丝一毫的犹豫,以前的那种恐惧就又会在我心头泛起,我会担心她是不是又在耍什么花招。在紧张的时候，我会拍拍裤子口袋，看看钱包是不是还在。

随着时间的推移，治疗中心的工作人员开始遇到曾经困扰我家的情况：她会撒许多看起来不值得撒的小谎，然后用复杂的故事来为这些谎言辩解，即玛丽娜和我所说的"谎上加谎"。和以前一样，这些事本身都是小事，但加在一起令人担忧。

以下是一份典型的报告：

索尼娅从图书馆拿了一本书，她知道这本书是给十几岁的青年看的，而不是给她看的。根据工作人员的报告，当他发现她拿着这本书，加以询问时，她最开始说："哦，这本书也没什么不好嘛。"

工作人员拿走了那本书，接着问索尼娅，她是不是真的确定自己不知道这本书里有成人内容。索尼娅再次否认。然后工作人员让她坐下。当她被带离座位时，她说"我……担心自己因为拿了这本书而惹上麻烦"。

十有八九她根本就不是为此而担心。她所担心的只有一点，就是她在做错事时被抓到了，而忏悔只是为了掩盖她的真实想法。

索尼娅接受治疗第二年的夏天，萨沙和朋友们一起去徒步旅行。我们利用这段时间带索尼娅回家小住。她到家时萨沙还没有出发，他们俩有一段短暂的交集。我们想利用这个机会来进一步测试她有没有学会桑比尔治疗中心教的技能，以考虑让她回家。再经过几次这样的回家小住，我们就将做出决定，永久性地让她回家居住。

在我的回忆里，在这段小住期间，相对来说没发生什么大事。接着她回到了桑比尔治疗中心，萨沙也回家了。当萨沙打开自己银白色的苹果笔记本电脑，查看浏览历史时，他发现在他离家出行的次日，有人在谷歌上搜索"贾斯汀·比伯的裸体"。这意味着索尼娅曾看着萨沙登录他的电脑，记住了密码，等他走后偷偷登录了他的电脑。她对贾斯汀·比伯感兴趣这一点，我们倒不是很担心。我们主要担心她依然有强烈的算计心，毕竟她已经接受治疗一年多了。

索尼娅有时会不小心放松警惕。

这件事发生约一个月后，我们与桑比尔治疗中心的一位女治疗师进行了一次视频聊天。玛丽娜和我提起了偷窃这个话题。那是一个夏日，索尼娅在位于新墨西哥州的那个房间里和我们通话，那时我们对那个房间已经很熟悉了。那位治疗师就坐在她旁边。

"你在这里为什么不再偷东西了？总是要担心这个问题，让我觉得很难受。"我问。

"在这里偷东西没有意义，他们总能抓住我。"她漫不经心地说。

她的话让我心头一震。"这毫无意义"，说明不是说她意识到偷东西不对，而是她在桑比尔治疗中心无法成功地偷到东西。

随着时间的推移，我开始认识到，在这无心之言中包含着多少信息。我有一位同事，曾做过间谍，他把无意中说漏嘴的这种情形称为"泄密"。索尼娅曾"泄密"过一次。看起来，桑比尔治疗中心和我家唯一的区别是，成年人拥有的掌控力的强度。桑比尔治疗中心的监控摄像头，还有那里严格的奖惩制度，都意味着她偷东西会被抓到，而不是她内心不想偷东西。

那个夏天，在康涅狄格州，玛丽娜和我坐在地下室的一个凉爽的房间里，看一部名为《巴克》的纪录片。这部纪录片的主角叫巴克，在罗伯特·雷德福拍摄电影《马语者》时，他是雷德福的首席驯马顾问。巴克是一位驯马大师，能驯服那些有严重行为问题的马匹。很多时候，马的问题都与马主人有关。在这个意义上，他的做法与桑比尔治疗中心的做法有相似之处。他小时候曾遭到毒打，最终离家出走。他似乎拥有一种罕见的能力，能够感知马的情绪，接近它们。在很多情况下，他能迅速地让受惊的马平静下来，而且经常能为马主人提供明确的建议。但在这部纪录片的末尾，有一匹马他对付不了。那匹马的问题在于它自己，与马主人无关。巴克最终的决定很残忍，他说这匹马的主人必须杀死它，因为它很危险，会对人类构成威胁。

玛丽娜和我从这部纪录片中得到了一些启示。关掉电视后，我们坐在黑暗的屋子里，静静地凝视前方。我们的想法很相似。人类行为有一定的约定界限，索尼娅的行为时不时会超出界限，但即使以非常宽泛的标准来看，她的行为有时也会越界。治疗是没有效果的，我们的养育也是没有效果的。桑比尔治疗中心控制住了她，也许使她最好的一面展现了出来，但她内心中的动机似乎没有发生变化。她不是动物，她是我们的女儿，我们一辈子都和她连在一起，而且深爱着她。

2011年夏末，我们面临抉择。桑比尔治疗中心收治索尼娅的时间上限是两年，治疗费用也很昂贵。我们要么把她送到别的地方，要么带她回家，祈祷一切正常。

我的一个想法是让她永远待在桑比尔治疗中心，而我在附近找一幢小房子住下来，陪她。

至少在那里，在桑比尔治疗中心厚厚的灰泥墙后面的土路上，我们四个人可以享受在一起的时光。那个治疗中心是一个小小的安全岛。如果我们把她带走，而她又表现失常，我们可以把她送回去。所有学生都会问她发生了什么事，她将被迫思考自己的行为。那里的所有人都知道这些孩子是什么情况，也知道如何规训他们。我们本地的公立学校坚称索尼娅是"乐于助人"的，并认为她没有任何问题，但桑比尔治疗中心不同，那里的工作人员认识到，而且在报告中写道，索尼娅的"操纵能力"很强，而且她经常"挑战别人的底线"。他们还说："她似乎缺乏真正的良知。"

　　我们能做的只有对天祈祷。我最后一次飞往桑比尔治疗中心，接她回家。当我们离开校园时，我望着新墨西哥州辽阔的天空。车是租来的，我打开车门，悄悄做了个祷告。车驶出土路，离开了桑比尔治疗中心。

第九章　希望

韦斯特波特，康涅狄格州，2011年

时间是夏末，萨沙穿着一件印着巴拉克·奥巴马的衬衫，上面还印着"Hope"（希望）。

虽然人的希望各有不同，但我当时希望事情有好转，我认为玛丽娜和萨沙也是这么希望的。我们的希望是，索尼娅能改正她喜欢说谎和操纵他人的行为，转而感受到我们对她的深爱，也希望她能爱我们。我们知道她聪明，有运动天赋，也很有魅力。她有时会提到未来想从事的职业，如教师、教练或顾问，我觉得只需稍作努力，她长大后就能从事其中的任何职业。产生这种行为变化的前提是，她把家看作安全的港湾，而不是威胁。

我们尽一切努力提高成功的概率。

我们安排她离开以前上的那所公立学校，转到一所专为有学习障碍的儿童开办的私立学校。索尼娅没有失读症，但在与桑比尔治疗中心商量后，我们认定，要想让她转变，最好尽量减轻她的压力，而一所课程较简单、班级规模较小、教师较多的学校将对她有好处。附近镇上就有一所学校符合这些条件。

萨沙因为被一所寄宿学校录取而离开了家，要在那里度过高中的最后两年。转去寄宿学校是他自己的决定，这也让我们得以把注意力集中在索尼娅身上。也许是由于萨沙的阿斯伯格综合征不时发作，他在本地高中里有些不太合群。注意到这一点后，我建议他和我去看看附近的一些寄宿学校。他觉得其中一所很不错，后来他幸运地被录取了。

玛丽娜和我聘请了一位老师，她叫杰西卡，受过特殊教育培训。当玛丽娜和我都在上班时，或者当我们想出去约会时，这位老师可以帮助我们照看索尼娅。因为索尼娅即将进入青春期，所以我们觉得必须有人监督她，这样我们才能信任她。我们希望那个帮助我们照顾她的人是一流的，杰西卡符合要求。我们送杰西卡去桑比尔治疗中心接受培训。而且每周玛丽娜、索尼娅和我都会与桑比尔治疗中心的治疗师罗伯特通话，以对索尼娅建立每周管理机制。最终，考虑到索尼娅喜欢宠物，而玛丽娜对狗过敏，我们给索尼娅买了一只仓鼠。桑比尔治疗中心有很多动物，而康涅狄格州郊区是城区，我们觉得这只小动物有助于索尼娅适应这种转变。

我们还需要努力攒钱，桑比尔治疗中心对这一点没有说太多，但这个问题始终存在：养育一个有特殊需要的孩子很费钱，超出了我以前的预估。我们送索尼娅去上的那所特殊的私立学校，每年的花费约为4万美元。尽管这低于桑比尔治疗中心每年的学费（按2009年的美元计算是每月1万美元），但还是很昂贵。而且现在我们还要支付萨沙的学费。我当时在一家资金管理公司工作，觉得自己很幸运，能够支付这笔费用。尽管我有这么高的薪水，依然感觉我们大部分的钱都花在了索尼娅身上。

对手头没有钱的家长来说，似乎有三种选择：忍受，申请政府救助（但这通常需要聘请律师），进入可怕的黑市。基于2013年路透社的一项调查，在这些黑市上，一些养父母会把他们收养的有问题的孩子交给一些成年人，这实质上是一种遗弃，那些成年人通常会虐待性地利用这些孩子。要让像索尼娅这样的孩子得到政府帮助，就必须援引1990年的美国《残疾人教育法》，把索尼娅认定为"情绪紊乱"。当我们主张索尼娅在回到康涅狄格州后有权获得持续的支持服务时，我们的学区对我们的主张表示质疑，我想他们会质疑大多数提出此类要求的家庭。

根据路透社的那篇报道，很多孩子的养父母发现自己解决不了这些孩子的养育问题后，就把他们交给了陌生人，其中一些孩子来自俄罗斯。虽然以这种方式放弃一个孩子似乎不合情理，但我也可以想象，其中一些父母觉得自己面临一种绝对困境：要么持续受到这些孩子的折磨，要么划清界限。养育这样的孩子是一个大难题，而真正懂这个问题的人似乎是另外一批父母，那些父母曾试图抚养像索尼娅这样的孩子。

"她回来了你一定很兴奋吧。"彼得说。彼得是我的朋友，和我一起锻炼。

清晨5点45分，我们肩并肩，沿着一个坡度不大的斜坡骑自行车。

每周里有5天，在黎明时分，我和一群当地人一起锻炼，要么骑自行车，要么游泳。

我们会分享彼此在中年遇到的痛苦，了解彼此的家庭。

"她回来我们很高兴，但也有一点儿担忧。"我说。

"你们为什么担忧？"他问。

彼得有三个健康的孩子和一个美丽的妻子。他的孩子都在本地公立学校上学，暑假时会在本地冰激凌店做兼职，或者当夏令营顾问。他们都有各自紧密的朋友圈。

"听着，"他继续说，"我们小时候都做过疯狂的事。"

时节已是初秋，在这个时刻，我们需要一些灯光。几辆自行车在我们前面，尾灯像萤火虫一样闪烁着。

我们的车前灯穿透黑暗，我们每踩一次踏板，灯光就会左右摆动一下。

我喜欢彼得，而且经常不掩饰地羡慕他所拥有的正常家庭。

"她会没事的，她回到朋友身边后，我相信一切问题都会迎刃而解。"他继续说。

"我希望如此。"我说。我们前方出现了一座小山，我轻踩刹车，以放慢速度，跟在他的后面。

我不想告诉他跟索尼娅相处的风险有多高。

即使是那些承认存在这种风险的人，也很难找到合适的措辞。其中的一个直言不讳地说："嗨，你已经尽力了，但她有精神问题。"

"有精神问题"这几个字让我心中不安，我只能回答"也许吧"。

我无法做到盲目乐观，但我也不会把索尼娅归为精神病人。对我来说，精神病的表现是精神分裂。事实是，她的大脑受过伤害，难以接受我们的养育。这么说虽然平淡，却是事实。

我开车送索尼娅去上学、学游泳，或是去本地的一家农场，那里养着一些马，我有时会带她去。在此过程中，我会思考公共政策对像她这样的孩子的意义。我能得出的最明显的结论是，越早进行干预，甚至在出生之前干预，对孩子的作用似乎就越明显。一旦一个孩子的大脑受到了伤害，试图治愈这种伤害，就会消耗大量资金。对弱势群体中的怀孕妇女，如索尼娅的生母，施以大量的资金援助，是很有价值的。在有些孤儿院里，小孩没有被收养，没有进入家庭，使这个问题变得更严重了。

在养育索尼娅的问题上，我需要进行精准的平衡，而我的工作使这种平衡变得更不稳定。因为索尼娅的那些特殊要求，我需要挣很多钱，因此我需要在工作中做出足够大的贡献，为此就必须出差。所以当索尼娅最严重的不良行为爆发时，我往往不在家。当我不在家时，玛丽娜和萨沙都会抱怨。索尼娅会说她想我，但这很难说是真的。出差让我进退两难：为了赚钱支付照顾索尼娅的花费，我必须出差；但出差本身给我们家造成了更大的压力，也增大了索尼娅行为恶化的可能性。

随着时间的推移，我开始把家庭视为一座内部紧密关联的建筑。如果一块砖上出现了裂缝，这栋建筑就会倾斜。如果哪天我们和索尼娅相处不愉快，我在工作时就会焦躁不安。如果我在工作中焦躁不安，我的工作表现就会变差，这会导致其他人对我做出负面反馈，给我造成压力，我会把这种压力带回家。整个结构是一种自我强化的循环，既会向好的方面，也会向坏的方面循环。

尽管如此，索尼娅刚回家的那段时间，还是给我们带来了一些奇妙的感觉。我非常想念有她在身边的日子，想念女儿带来的那种独特能量。她在自己粉红色（她自己选择的颜色）的房间里跑来跑去；她对自己的爱好充满热情，比如烹饪；我会带她去弥漫着麝香味的马厩，她会和自己最喜欢的马聊天。

"霹雳，来这儿。"她边说边伸出手来。

那匹大马悠然走来，让索尼娅抚摸它的鼻子。

据她说，有一次，因为我把给玛丽娜买的花"插错了花瓶"，她哭了起来，这让我觉得心中一动。

"应该插到哪个花瓶里呢？"我问。

她大步走到家里的水槽前，打开水槽下面的橱柜，选了另一个花瓶。

我觉得这件事反映的并不是她的控制欲，而是对事物的呈现方式很敏感。

我经常在周六开车带她去寄宿学校看萨沙，开车到那里需要约90分钟。路上要经过一段曲折的道路，康涅狄格州的这段路原本是供马车通行的。我会利用这段时间，努力让索尼娅讲讲自己的感受。在开车过程中交谈是一个好办法，因为这会让我们不把注意力集中在谈话上，有时索尼娅或萨沙会在不经意间说一些他们平常不愿说的话。

最初，这感觉就像是我们都在尝试使用从桑比尔治疗中心学到的工具，就像刚接受训练的新兵终于踏上了战场。玛丽娜和我试图重建那些看起来很甜蜜的传统，这会让索尼娅"渴望"待在我们身边，这正是桑比尔治疗中心的治疗师建议的。我们的这些做法并不特别，可能所有亲密家庭都会以这样或那样的方式开展这些活动。

我们一起唱佛蒙特州家庭夏令营教的歌。在工作整一天之后,我们坐在她的房间里,她为女子啦啦队欢呼,我们为她鼓掌。我们去看她的游泳比赛,帮助她制定获胜策略。我们和一些值得信赖的朋友一起出去玩,这些朋友的孩子和索尼娅差不多一样大,她也很喜欢那些孩子,我们希望和同龄孩子交往能让她展现出自身最好的一面。与玛丽娜和我在成长中受到的关注相比,我们对索尼娅倾注了大量关注,尽管在我们住的这座郊区小镇上,这样的关注只是一般水平。

同时我们也观察她,并仔细倾听,看她有没有做出任何导致她回到桑比尔治疗中心的老问题。她回家后不久,她的新学校就提供了一个让她整宿住校的机会。让一个正常的孩子参加这样的活动,似乎对我们来说是一个极好的机会(不受牵绊的夫妻约会之夜!),但面对索尼娅,我们有些犯难。考虑到她会利用自身魅力来操纵别人,我们担心把她置于这种比较宽松的环境中会发生什么事。在学校、游泳训练场和家庭里,都有很明确的期望和界限。整宿住校活动之所以有趣,恰恰是因为在这样的活动中,界限比较模糊。她能忍住冲动,不去欺凌其他孩子吗?那里的成年人知道如何教育她吗?可能不知道。

我们三人坐在我的书房里,与罗伯特开了一次视频会议,讨论这一活动的利弊,并帮助索尼娅理解我们作为父母的困境。她的话被记在了会议记录中。

她说:"如果不让我去,我也能理解,因为这样的转变有点奇怪……但我相信老师们将会把这场活动安排得井井有条,如果不去,会显得有点不合群……因为我所有的朋友都会去。"

这段话听起来很正常，甚至考虑得很周到。她在权衡利弊，并愿意承认，从住院治疗到独自整宿住校，对她来说可能是"奇怪"的转变。重读这段记录时，我对她的话产生了不同的理解，也许是因为重读时我已经知道了接下来发生的事。当时她已经在这所学校待了三周。尽管十一二岁的女孩会很随意地用"朋友"这个词，但她在那里还没有朋友。事实上，她只是在一同上课的同学中有一些熟人。桑比尔治疗中心训练有素的工作人员会安排得井井有条，以防止她操纵他人，但这所学校的老师不具备这样的能力，他们根本不知道自己面对的情况是什么。我们在桑比尔治疗中心和家里唯一清楚的一点是，她其实不相信任何人。相反，她把宽松的环境视为操纵他人的机会。只有在始终存在严格界限的情况下，她才能表现出自己最好的一面。最后，她本质上并不是"有点"理解为什么我们作为父母需要对她施加控制，她讨厌控制。

她能以这样的方式组织语句、表达想法，令我十分惊讶。就像在新墨西哥州我提议出门散步时她说"阳光太强烈"一样，她的说话方式让玛丽娜和我必须弄清楚真相。对索尼娅来说，操纵他人是轻而易举的事，这仿佛就是她的本质。

在和罗伯特的会议结束后，玛丽娜和我讨论该怎么做。像这样的决策经常会加剧我们俩的意见分歧，我通常显得过于宽容和信任索尼娅，这让玛丽娜感到被孤立了，仿佛她是唯一一个能看穿索尼娅的面具的人。

我们俩坐在卧室的床上。

窗户开着。天黑得早了，夜里的空气也变凉了。

"我觉得她不应该去，她还没准备好，她也没有获得这样做的资格。她才刚从桑比尔治疗中心回来。"玛丽娜说。

"罗伯特说，如果我们想让她放松下来，我们就得先放松。"我回应说。的确如此，罗伯特告诉我们，如果我们放松，她也会放松。

"罗伯特不是上帝。只有索尼娅证明她已经没有之前那些行为，我才会放松警戒。"玛丽娜说。

"你得给她一个机会。"我说。

"这么说我又是那个坏人了？是谁先意识到她需要去桑比尔治疗中心的，是我还是你？"她答道。

玛丽娜说的对。她早在我之前就看出了索尼娅需要援助，而我当时否定了她的想法。

玛丽娜的判断是对的，但我们没有照做。我们决定允许索尼娅去参加整宿住校活动。

这使玛丽娜和我的关系变得紧张起来。玛丽娜觉得我不听她的意见，变得有点冷淡和好斗了，这是可以理解的反应。作为回应，我缩回自己的世界，变得更冷淡了，而这是玛丽娜所讨厌的。

"你们不能这么做。"在一次没有索尼娅参加的对话中，罗伯特警告我们。"没错，她会把你们俩关系中的紧张因素激发出来，但你们不能任由这一趋势发展。"他说。

当我愤怒时，我很难不变得冷淡，这就像是一种自然反应。也许索尼娅的撒谎本能也是她的自然反应。

就在索尼娅刚回家的这段时期，我带她去长岛冲浪，开车到那里需要大约一小时。我们把车停在硬沙石铺的停车场上，光脚下车，避开坚硬的碎石,走向松软的沙地。虽然已是秋天,夜晚的天空在变暗,但夏天的气息还在。我能听到海浪拍打沙滩的声音,我的心跳加快了一点。在海浪里度过的任何一天都是美好的一天。我依然天真地认为,在我的陪伴下,长期处在大自然母亲的怀抱中,可能会治愈她。

回家后,我在厨房的岛式操作台旁坐下来,吃了点东西。索尼娅在向玛丽娜讲述这次出去玩的经过,我在一旁听着。

"玩得怎么样,索尼娅?"玛丽娜问。

"妈妈,我们玩得很开心。我抓到了好多次浪。"索尼娅得意地说。

我留意到了这句话,她抓到浪了吗?肯定没有"好多"。我什么也没说。

"好的,还有什么别的事发生吗?"玛丽娜说。

"我真的饿了。"索尼娅答道。我又留意到了这句话,她没有回答这个问题。

我不想把一切工作都留给玛丽娜去做,于是介入了。

"索尼娅,你是不是有什么事情没说?"我问。

"嗯,什么?"她回应道。

这就是起跑线,争夺控制权的角力就是从这个时刻开始的。她知道,我知道她对这次出游的经过只挑了一部分说,她通过这种方式来探查我内心有多挣扎。她也知道,玛丽娜并不知道到底发生了什么,这给了她一个可以利用的角度。

"记不记得你漂走的那个时候?"我问。

这件事并非无关紧要，至少在我看来是这样。

"记得，有这么回事。"她刻意笑着说。

"还有我们说要把你的冲浪板拖到沙滩上的事。"

"哦，是的。"

真实情况是：海上有一道分界线，海浪在那里从白色的浪花变成柔和的波浪，冲浪者在越过这道线之后，通常要在冲浪板上坐一会儿，调整一下方向，冲浪板的头要指向海岸，找准时机，用力划水迎接海浪。索尼娅知道这套操作，但当我们接近分界线时，她坐在她那个紫色的大冲浪板上，任由波浪慢慢把她推得离我越来越远。我看着她漂走，头顶有白云，还有准备降落的飞机缓缓飞往肯尼迪国际机场。我们看着彼此，没有说话，也没有做手势。在她漂走大概100码之后，我游向她，告诉她要跟队伍一起走，跟我回到分界线那里。

这是一场测试，她想知道我的底线在哪里。

我向玛丽娜复述了这段经历。

"哦，没错，我把这件事给忘了。"她对玛丽娜说。

少说糟糕的方面，夸大积极的方面，慢慢故事就会走样，不再与我们的经历相符，就像一部动画片以一种形式开始，以另一种形式结束一样。由于我们已经投入了很多精力来应对她的说谎和操纵行为，所以我能很轻松地发现任何描述不准确的迹象。同样重要的问题是：索尼娅如何回应我们的引导。她是调整一下，开始更准确地描述相关经历，还是只做最低限度的努力？这一次，她只做了最低限度的努力。

索尼娅从桑比尔治疗中心回来后的几个月里，我逐渐发现，除非我亲眼看见，否则我不太相信她对任何事件的描述。

一次，玛丽娜、索尼娅和我又与罗伯特一起开视频会议。

"索尼娅，你似乎并不认为不说实话是什么大事。"我说。

"好吧。"她说。

"亲爱的，'好吧'是什么意思？"玛丽娜说。

"意思是你说的对。"索尼娅说。

罗伯特介入进来："索尼娅，再告诉我一些情况吧。"

"我不喜欢被他们抓到。他们抓到我之后，我真的很生自己的气。"

我把她说的话写下来，然后念给她听。

"你说'被他们抓到'，这意味着当你撒谎时，你不会感到不舒服，对吧？"

"可以这么说。"她说。

"'可以这么说'是什么意思？"

"我知道我应该为撒谎感到难过，但我不难过。"她答道。

"你说你生自己的气，有多生气？"玛丽娜说。

"很生气，我不喜欢那样。"索尼娅说。

"但如果你真的生气，你不觉得为了不让自己再生气，应该停止撒谎吗？"玛丽娜问。

我发现厘清索尼娅的话是很难的：你一追问，她的话就消失了。

当我们不追问索尼娅，让她说真话时，我们也曾有过美好的时刻。

一天晚上，当时夜晚已经在变长了，我们让索尼娅掌勺，让她经营这家"餐厅"。她穿上围裙，制作了菜单，给玛丽娜和我做了一顿饭。

"欢迎来到我的餐厅！"她笑着宣布。

餐桌旁摆着座位，菜单是用折叠的纸做的。她用了不同颜色的铅笔来画那些菜。她用烤箱烤了鸡肉，做了青酱意面和沙拉。

"'女士'怎么用法语说来着？请坐。"她边说边带玛丽娜坐到一张椅子上。

"而你，熊爸爸，坐在这里。"她边说边带我坐到我常坐的椅子上。

玛丽娜和我笑得很开心，我们很喜欢她做的饭和她的表演。

看起来如果我们给她控制权，或者让她有掌握控制权的错觉，例如这是她的餐厅，她最好的一面就会显现出来。也许这里埋着治愈她的种子，也许一旦她真的掌握了控制权，情况就会发生变化。我们试了很多种场景：读书，她读给我们听，玛丽娜和我扮演孩子的角色；游泳课，我让她设置一个"情景"，让她带我们进行游泳训练；发廊，她假装给我们理发。

问题在于，她毕竟还是个孩子，而我们是父母。虽然这些游戏玩起来很有趣，但最终还是我们设定规则，而不是她。每当我们设定规则时（"不，我们现在不能玩餐厅游戏了，你需要做家庭作业"），索尼娅就会重新做出难对付的行为。让我觉得奇怪的是，索尼娅可以前一秒和我们玩游戏，后一秒就做一些偷偷摸摸的事，转变起来毫不费力。她内心中并不觉得这两种行为是矛盾的。

生活在这种持续的迷雾中，意味着有时我会误以为她有恶意。秋去冬来，在一个阴沉的周六下午，一场新英格兰的大雪开始降临。我对索尼娅说，我们打算去本地的一个地方，进行一场即兴的夜间滑雪。任何在新英格兰滑过雪的人都可以证明，天气决定一切。虽然通常山上寒冷刺骨，但有时下一场瑞雪会改变一切。就像在新英格兰冲浪一样，你只需等待时机，然后抓住机会去玩。

我们把装备扔进车里之后就出发了。天气状况刚刚好，因为路面很滑，不会有太多人涌向山坡，但又有足够的雪落下形成一些粉末，不至于融化。

"我们能听收音机吗？"她说。

"当然可以。"

她找到一个电台，这个电台正在播放她这个年龄的女孩喜欢的流行音乐。

她坐在车前座上，双手舞动起来。

我回想起了大学时和朋友们的公路旅行。这些旅行给我留下了美好的记忆，现在也让我陷入了同样美好的情感之中。

我们没有说太多话。我听着音乐，此时我不用去剖析索尼娅的叙述，一时间陶醉于音乐中。

90分钟后索尼娅和我来到了滑雪场，这时天已经黑了。

我停下车，看着仪表盘上的所有指针都变平，感觉从排气口喷出的热气也停止了。在积雪覆盖的停车场里，我推开车门，感受着寒冷的冬日空气逐渐渗入我们温暖的车内。索尼娅和我穿上厚厚几层衣服，拖着沉重的塑料滑雪靴和滑雪板，来到那座小山脚下。

周围几乎没有人，但升降机会多开几个小时。我想雪有可能下得太大，导致我们难以回家。接着我打消了这个念头，和索尼娅一起走进升降机。

沿着山坡上升时，在用来照亮斜坡的大灯照射下，我们能看到厚厚的雪片飘落。我们一起坐在升降机里，然后一次又一次地滑下山坡，雪况越来越好。大约一个小时后，索尼娅开始抱怨她的一只脚是冷的。这听起来跟她在新墨西哥州说阳光太强烈，或者坐在冲浪板上漂走，是同样的情况。她是不是在耍我呢？我决定无视这件事，继续滑雪。每滑一次，她的抱怨就变得更强烈。

"爸爸，请让我停下吧，我的脚真的很冷。"她抗议道。

最终，我妥协了，我们走进温暖而破旧的小屋，踩在一张棕色的地毯上，看起来这张地毯多年来吸了很多洒掉的可乐。我脱下她的靴子，突然觉得自己就是个浑蛋。她那可怜的苍白的小脚是冰冷的。我按了一下她的腿，想看看血液会多快地回流到皮肤上，结果发现她的血液流动得很慢。我知道这意味着她真的很冷。随着她的身体暖和起来，血液开始流向她的脚，她开始痛苦地大叫，我知道这是真实的情感。

"索尼娅，我真的很抱歉，我不知道你的脚有这么冷。"我说。

"但我告诉过你，我的脚很冷。"她噙着眼泪说。

"我现在知道了你的脚很冷。但你对我说了太多次谎，我再也分辨不出来你说的是真话还是假话了。你知道我是什么意思。"我说。

"是的。"她说。

我觉得她并不理解我的话，但我没有向她施压。

很难判断她什么时候在说谎，什么时候不是。

她通常喜欢操纵别人，但并不是每次都这样。

滑雪事件后不久，我心中还是有些愧疚，于是带她和她班上的一个女孩去本地的一个溜冰场滑冰。

接上她朋友之后，我向她说了我的期望。

"嗨，索尼娅，我希望你在滑冰时戴上头盔，亲爱的。"

"好的。"她高兴地说。

她受过创伤，所以我们绝不会让她冒头部受伤的风险。

当时是2月，再过几个月她就12岁了。我理解她想让自己看起来很酷，虽然很多孩子都戴着头盔，但也有很多孩子没有戴。

和她们在溜冰场上滑了一会儿之后，我走下来，坐在金属看台上，沐浴在明亮的阳光中。在滑了几圈之后，我的身子终于暖和了。当我把注意力转回到冰面上时，索尼娅已经不戴头盔了。

我看着她滑完了一圈，她似乎注意到了我的目光，于是滑到她同学身边，靠在她身上，抓住她的胳膊。我觉得她是想让我更难介入，更难提醒她我们之前的约定。

那天晚上，我跟她谈起了这件事。

"你当时在利用朋友来给自己打掩护。"

索尼娅茫然地望着前方，脸上毫无表情。

"是的。"

我发现像这样的承认是令人沮丧的，因为其中没有后悔的意思。我渴望听到她后悔的语气。

她对玛丽娜的态度更差。

当玛丽娜挽着她的手臂，让她坐到座位上做作业时，索尼娅尖叫着说玛丽娜弄疼她了。

我们让她静坐了两次，每次都持续了很长时间，然后她承认这是她装的。

罗伯特指出，在这种情况下，"这个家庭似乎处于某种不稳定状态，信任正在动摇"。

※ ※ ※

后来，还是在那个冬天，我和玛丽娜去我们镇上的一家餐馆吃饭。从二楼，坐在一个砖砌的比萨烤炉旁边，我可以看到在夜空下，索格塔克河在缓缓流动。这是一个适合约会的夜晚。此时，一位照顾特殊需求儿童的教师正在照看索尼娅，这位教师是我们聘请的。我们吃晚饭的这家餐馆距离我们家有500码。我们不能让索尼娅单独待着，这似乎很荒谬。玛丽娜和我都是在几乎没有父母监督的环境中长大的。让一个快12岁的孩子和一位照顾特殊需求儿童的教师待在一起，似乎是一个错误的想法。但接着我想到了她划过的墙和桌面，打开过的面霜，扔过的苹果手机，藏过的食物、内衣和药品，就觉得让老师陪她待着是对的。

此时我们远离索尼娅，在一张铺着白色桌布的餐桌旁相对而坐，这样的时光对我们很重要。在我们经历的一切中，玛丽娜一直很稳定，无论是养育索尼娅的那些起起落落、努力让萨沙变得坚强和独立、和我们已经疏远的兄弟姐妹打交道，还是我在工作方面的持续拼搏。我们的关系是不稳定的：有时很温暖，相互钦佩；但当玛丽娜或者我觉得自己受到了威胁，或者我们二人都感觉受到威胁时，我们的关系就充满了争吵，变得冷淡。她总是推动我做得更好，她总是很合理地指出我的很多过错，特别是当我在感情上疏远她的时候。我的共情能力没有她那么强。

"我有一个主意。"她在餐馆昏暗的灯光下打量着我,小心翼翼地说。

"你说。"我说着,拿起一杯葡萄酒抿了一小口。

"几周前你有点恼怒地告诉我,你要和朋友去冲浪,要去参加一些办公室圣诞聚会,而做这些是为了让你开心。"她说。

"没错。"我答道。

听着我自己的语气,我知道她是对的,这是我在困境中自我放纵和缺乏自律的又一个表现。玛丽娜会对我说,要"竖起自己的尾巴",这是一种礼貌的说法,表达的其实是"不要软弱"的意思。这里我放纵的表现是,当玛丽娜单独和索尼娅待在一起时,我却在找一些不重要的乐子。

她继续说道:"我决定了,既然你要做你喜欢做的事,我也要做我喜欢做的事。我打算申请研究生,获得心理咨询专业的学位。以前俄罗斯没有这个职业,现在既然我知道了这个职业,我想试着干这一行,我觉得我能干得很好。"

"好的,你应该干这个。你会成为一名很棒的治疗师。"我说。罗伯特对玛丽娜说过同样的话。玛丽娜"高度敏感",她能看到一切,包括大多数人忽略的东西。既有这种视角,又有同理心且聪慧的她,会成为一名优秀的治疗师。

"一年的花费是多少?"我问。

"大约1.8万美元。"她说。

我觉得自己的经济负担又增加了一点。我必须攒钱供萨沙上大学,支付他和索尼娅的高中学费，现在还要支付玛丽娜的研究生学费。

一旦玛丽娜给自己设定目标，没人能够阻挡她。她有时开玩笑说，她和袋熊很像。有一次她打印了一份对袋熊的简介，放在我的桌子上。

"在有袋动物中，袋熊绝对是最喜欢玩耍的。它们的游戏方式通常包括撞头、互咬、跑开以吸引对方来追赶……但这些有袋类哺乳动物非常顽固，而且目标明确。因为很强壮，所以它们遇到障碍时通常会直接穿过，而不是绕开。"

玛丽娜很快就填好了申请表。在申请原因一栏，她写下了我们和索尼娅一起走过的旅程，以及她受的训练会对其他家庭产生的帮助。纽约大学和费尔菲尔德大学都决定录取她。她选择了费尔菲尔德大学，因为离我们家更近。很快，她就开始埋头做作业，并准备取得和桑比尔治疗中心的负责人同样的证书。她的目标是成为一名婚姻和家庭问题方面的执业治疗师，又称"LMFT"。这样她就能为那些与我们有相同经历的家庭提供治疗服务。

※ ※ ※

我们在桑比尔治疗中心受过训练，学会了如何进行"治疗性控制"。最初这个做法在我们看来很奇怪，几乎想起来就很不舒服。如前所述，如果孩子不接受言语引导，就需要对其进行肢体约束。正如我们在桑比尔治疗中心看到的工作人员所做的那样，这种约束并不会伤害孩子。

在索尼娅去桑比尔治疗中心之前，当我们遇到索尼娅发作的时候，比如把身子扭来扭去、对我们吐口水、不听我们说话时，就是进行"治疗性控制"的时候。更好的做法是在她吐口水和扭身子之前就进行"治疗性控制"。孩子越激动，就越难沟通。所以我们作为父母，要努力在事态失控之前阻止事态升级，对索尼娅进行"治疗性控制"，用这个动作来提醒她，我们爱她。

当然问题是，随着索尼娅的身体逐渐长大，进行"治疗性控制"的难度也变高了。患有反应性依恋障碍的孩子可能会很暴力，很难对付，因此当父母把他们送到像桑比尔治疗中心这样的寄宿治疗中心时，中心会提供"帮手"，这些人是受过训练的、有能力进行"治疗性控制"的大个子，他们会来家里把孩子带走。在桑比尔治疗中心的周末家长交流会上，我们和雇用过这些人的家长交谈过。无论如何，对作为家长的我们来说，尽管进行"治疗性控制"很正常，但这依然是一件大事。

2012年5月，我们被迫对索尼娅进行了"治疗性控制"，这是自她从桑比尔治疗中心回来之后的第一次。索尼娅本人向罗伯特承认了这一点。

"你们这一周过得怎么样？"罗伯特在视频会中问我们，他的态度一如既往地乐观和阳光。

"不太好。"玛丽娜说。

"索尼娅对我们撒谎。我们要求她坐下，她拒绝了，保罗对索尼娅进行了'治疗性控制'。"玛丽娜说。

罗伯特看起来很失望。

"我做得其实并不是很好。"索尼娅说。

她已经离开桑比尔治疗中心大约9个月了,她从这段治疗中获得的积极势头似乎已经停止了。

※ ※ ※

大约在索尼娅不再坐下接受规训的时候,玛丽娜出门旅行了。

玛丽娜出门期间,一天早上,我告诉索尼娅,我会起得很早,在5点半去本地的游泳池游泳,然后我会准时回家,叫她起床吃早餐,送她上校车。利用游泳这一小段时间,我可以一边在充满氯气的水里游泳,一边努力整理混乱的思绪——关于家庭、工作、写作,以及人们醒来后会担心的一切。我告诉她,如果她起床后我还没有回来,就在她房间里看书。她同意了。她当时12岁,而游泳池离我家只有几个街区。我双手合十,希望不要发生什么不好的事情。

不到7点时,我从游泳池回到家,索尼娅已经起床了,在做早饭。

"早上好,熊爸爸!游泳游得怎么样?"她热情地说。

有什么事情不对劲。索尼娅的睡觉模式已经变得和十一二岁时的萨沙一样。他们小时候,每个人都醒得很早。进入青春期后,他们的睡眠周期改变了,想睡得尽可能久一点。索尼娅挑选没有人在家的一个早晨打破这个习惯,早早起床,自己做早饭,这在我看来很奇怪。这也和我们前一天晚上的约定截然不同。虽然不按约定来是一件小事,但这件事和其他事很像,比如滑冰时不戴头盔,这让我变得小心起来。

"早上好，索尼娅。我们之前说好的，我会叫醒你，对吧？"我答道。

"是的，但我精力很充沛，早早就自己起床了。"她说，脸上带着灿烂的笑容。在我看来，这笑容有些勉强。我环顾了一下厨房，似乎没有什么不对劲。

一楼放着玛丽娜的电脑，就在厨房旁边，设有登录密码。出于本能，我看了看这个房间。这里似乎也没有什么不对劲的。

"索尼娅，你开始吃早餐吧，我要检查一个东西。"

我登录电脑并查看了网络浏览记录。有一系列关于贾斯汀·比伯的链接，那是索尼娅崇拜的偶像。

"索尼娅，你用过妈妈的电脑吗？"我冷冷地问。

"没有。"她带着一贯的自信说。

"你在撒谎。"我直截了当地对她说。

"我讨厌你不相信我。"她带着特有的自信说，脸上露出委屈的神色。

我得去上班了，而她得去上学了。我应该把她留在家里，但我不能。在那一刻，我渴望拥有寄宿治疗中心对她的控制力，那就是让她坐下，直到她说实话，同时不打乱其他方面的生活节奏。

那天晚上，我们继续谈早上没有谈完的事。

"你对我撒谎了。"我说。

她坐了下来，我向她重申了我有无可辩驳的证据，她屈服了。

"好吧，我用过。"她说。

就像那次对萨沙做的那样，她曾看到玛丽娜输入密码，偷偷记了下来，然后拒不承认。这又是一次"谎上加谎"的情况。

像大多数其他情况一样，最初的行为是良性的。如果她和我说，她想看关于比伯的新闻信息，我会同意的。令我担忧的是，她迅速否认这一行为，试图操纵我，以及事后没有任何歉意。

最终，我们唯一想让她做的就是说实话，遵循基本的规矩。她既不愿意说实话，也不愿意遵循规矩。我不在乎她是不是一个优秀的学生，是不是一个优秀的运动员，甚至也不关心她有多大的好奇心和雄心。但诚实是必须的。她完全可以说实话，但她拒绝这么做。在她看来，说实话相当于向我们屈服，允许我们关心她，而不再试图控制我们。

我们都开始陷入一系列不愉快的模式中。索尼娅继续我行我素，我们继续规训她。在接受治疗时，她认为自己遵循新的行为模式（说实话）占七成，不良行为（撒谎）占三成。这是她否认自己实际行为的另一种做法。残酷的事实是，住院治疗和心理治疗似乎都已经不起作用了。渐渐地，玛丽娜和我开始大声谈论，要把索尼娅送回桑比尔治疗中心或者其他类似的地方。

※ ※ ※

索尼娅使我重新思考我之前对我们的主要养育者玛丽亚和理查德的看法。因为他们未能处理好与孩子们的关系，我之前对他们有成见。现在我开始换个角度看问题，并想象有一天，有人和成年的索尼娅难以相处，他会问："她是由谁抚养大的？"也许玛丽娜的姐姐娜迪亚一出生就是一个难相处的孩子，就像我母亲形容我哥哥那样，生下来就是一个挑战。也许无论是玛丽娜的母亲玛丽亚，还是我的父亲理查德，都无法成功地抚养自己难对付的孩子，就像我们对索尼娅的抚养濒于失败一样。也许世界上有一些家长拥有帮助索尼娅的能力。早前罗伯特与我们交谈时曾这样说过，不过随着时间的推移，他似乎对这一点不太确信了。

也许尽管有大量研究，但确实没有可靠的模板来抚养一个患有反应性依恋障碍的孩子。

尽管桑比尔治疗中心的工作人员很自信地表示他们的方法能改变孩子，但也许并不存在好的治疗方法。如果一个孩子的父母性格很不好，那么这个孩子得到的标准建议就是与父母保持距离。但如果是孩子的性格不好，父母就不能这么做了。虽然索尼娅的潜在行为模式几乎没有任何改变的迹象，但我仍然觉得我和索尼娅之间有一条纽带，我对她负有某种责任。鲍尔比说这些孩子永远无法完全康复，这句话一直萦绕在我心头。也许期望他们完全康复太过乐观，也许他们不会康复。

在与罗伯特交谈时，我们反复讨论的一个问题是，当索尼娅做出某种让我们家很痛苦的行为时，她自己是什么感觉，如果她有感觉的话。

"孩子，当你试图对爸爸妈妈说谎并被抓到时，你内心是怎么想的？"在一次每周心理治疗过程中，罗伯特问她。

"我不喜欢被他们抓到。"她说。

"这个你说过了，我们知道。罗伯特问你的是另外一个问题。"

玛丽娜说。

"这是一个好问题。"我补充道。

"我心里的感觉是什么？我头脑一片空白，会想一些让我生气的事情。"索尼娅问。

头脑一片空白是一个重要的线索。

她现在快13岁了，她开始提到一些从她很小的时候我们就在她身上看到的东西：当我们抓到她的不良行为时，她脸上露出淡漠、空洞的表情，这是她与现实脱节的表现。

现在当玛丽娜和我让她陷入困境时，她会自动地头脑一片空白。这是一种习得行为。

罗伯特试图帮她回忆起这件事。

"亲爱的，这是你很久以前就开始做的事，也许从你还是个小不点的时候就开始了。"他说。

索尼娅对"小不点"的说法微微一笑。

在这次交谈中，罗伯特后来又问索尼娅，如果她能和自己的生母说话，她会告诉生母什么。

"我会告诉她，我和现在的父母生活在一起真的很高兴，但因为你，我和他们的关系一直有问题。"她说，这句话中的"你"是指她的生母。

这听起来很甜蜜，她很乐意和我们在一起。我渴望得到这种承认。这就像是一种灵巧的魔术，因为这将她的不良行为归咎于她的生母。把我或玛丽娜的某些怪异行为归咎于我们的父母，具有一定解释力，但不具有道德分量。最终，我们都得为自己的行为负责。

甚至对索尼娅来说也是这样，尽管她显然不应为自己幼时的遭遇承担责任。同时，我知道要改变自己的行为有多难，比如我小时候打架，成年后性格冷淡。有时改变似乎是不可能的。如果索尼娅想和我们建立关系，就需要进行这样的努力。大多数时候，我们并不清楚她有没有兴趣付出这样的努力。

※　※　※

在往返于商务会议的路上，我凝视着窗外，无论是密西西比河、尼加拉瓜瀑布、哈得孙湾、北极、西伯利亚、底格里斯河、安第斯山脉，还是戈壁。回到家时，玛丽娜引用了英国乐队莎黛唱的《调情圣手》的歌词："调情圣手，四处漂泊……"她的声音有一点儿尖锐。她想表达的意思是，虽然我对出差有很多抱怨，但与在家抚养一个患有反应性依恋障碍的女儿相比，出差是轻松的事。

在一次去中国香港出差时，我给萨沙打电话。那是在2012年12月。我知道那一天会出通知，告诉他有没有考上他的第一志愿布朗大学。

萨沙经历了不少困难。对他来说，在中学及中学毕业后理解社交中的隐性含义，学习如何调情、应付不断增加的学业负担，都是困难的事。但他一直努力前行，我们也和他风雨同舟。我们就如何抚养像他这样的孩子接受指导，在必要时给他额外的帮助，无论是运动还是上学方面的事，或者是学习如何正确地发送短信。萨沙颇有勇气，而且毫无疑问，我们拥有的资源对他帮助很大。萨沙和索尼娅之间有一个巨大的不同：他的主动性是深植于内心的。萨沙的问题不在于缺乏动力，而在于没有掌握方法。

萨沙在人生旅途中的每一个关键时刻，如艰难的考验、毕业舞会等，都会与玛丽娜和我就如何调整方法频繁对话。我们几乎从未与自己的父母进行过这样的对话。萨沙和我每天都交谈，即使在我出差时。

"嗨，伙计，最近怎么样？"我问。

"挺好的，只是我的室友让我很烦。"他说。

"怎么回事？"

"我想晚睡听音乐，他想早睡，这真的很烦人。"萨沙说。

"是呀，不过也许可以试着从他的角度看问题。"我建议道。

有时我觉得我说的话并不重要，重要的是他可以向我倾诉他当天在努力解决的问题。

在香港，我把闹钟定为早上5点。因为我知道布朗大学的录取结果会在美国时间下午5点公布在网上，而美国与香港有12个小时的时差。我从床上爬起来，把一袋咖啡倒进咖啡机，看着窗外，第一缕晨光开始照射在维多利亚港。几分钟后，我拿起我的黑莓手机，给萨沙打电话。虽然我很想知道结果，但我不想显得太在意，那样的话，假如他没有被录取，他会感觉到我的失望。

"嗨，伙计，怎么样？"我说。

"我被录取了，我真的被录取了！"他说。

他告诉我，在结果公布的前几分钟，他的两个朋友过来陪他，如果录取了就帮他庆祝，如果没录取就陪他一起难过。他能和朋友共度这一时刻,在我看来,是和大学录取同样令人兴奋的事。很多自闭症患者都上不了大学,更别说有朋友陪他们度过人生了。

这件事对我的意义,比我自己讲的要大得多。我给几位密友发了短信,包括摄影师保罗。在莫斯科我发现玛丽娜怀孕时,我曾和保罗在一起。

他立即回复了:"恭喜!这是长期奋斗的结果。"

是的。在这一刻,萨沙的奋斗似乎有了一个幸福的结局。当然,未来他还要适应大学生活,并面对所有其他挑战,比如找到一份工作,和成年人交朋友,也许还要找一个人生伴侣。

当玛丽娜和我把孩子们的故事讲给别人听时,他们几乎总是聚焦于幸福的结局。

"我认识一个像索尼娅一样的女孩,她现在在蒙大拿州做兽医,组成了自己的家庭。"朋友告诉我们。

有些故事并没有幸福结局,这是很可怕的。对很多人来说这太可怕了,以至于他们意识不到这一点。当我得知萨沙被布朗大学录取时,我感到一阵意想不到的快乐。这也使我回忆起,在养育索尼娅的过程中,我是如何学会与那种持续不断的忧虑共处的。

※ ※ ※

2013年秋天,萨沙在上大学,索尼娅在一所新的私立学校上学,玛丽娜和我在蒂尔加滕公园散步。玛丽娜喜欢旅游,所以我们决定来柏林玩三天。绿树成荫,公园充满原生态气息,天气温暖宜人。

我看过二战后这个地方的黑白照片。这里的伤疤随着时光的流逝愈合了,尽管在这里生活的人也许仍有心理伤疤没有愈合。

我们沿着勃兰登堡门旁边坚固的大屠杀纪念阶梯往下走,感受这栋纪念建筑旨在激起的巨大的幽闭恐惧感。我们摸了摸旧柏林墙的一些坚实的石板。我们发现了一座描述民主德国生活的博物馆,其中有一间样板公寓。

玛丽娜坐在一间陈列室里的旧民主德国沙发上。这个陈列室是为了向游客展示当时人们的生活状况有多差。玛丽娜的反应则恰好相反。

"这些人生活得比我们好,我们那时没有像这样的家具和公寓。"她说。

我笑了。因为俄罗斯人通常会嘲笑民主德国人软弱。

在柏林漫步时,我思考着我们的关系。随着年龄的增长,我们都变得更温柔了。我们慢慢学会了如何拆除我们关系中的许多简易爆炸装置。

长途出差归来时,我会在机场给她发短信:"我们什么时候吵架?我一进门的时候?还是你想等一天再吵?"

"哈哈。"她简洁地回复。

玛丽娜的咨询研究拓宽了我们的视野。

在柏林,她讲述了她在课上学习过的一些案例。每个人都有问题,虽然具体情况不同,但都会造成巨大的痛苦。她提醒我,在我们住了近10年的韦斯特波特的街区里,一位父亲被判有罪,另一位父亲被诊断出患有严重的精神疾病,还有一位在酗酒,有几个家庭破裂了，许多对父母失业，经济变得拮据。一些家庭同时面临好几个问题。我们不再过多地关注自己的挣扎，而是关注挣扎现象本身。

虽然索尼娅没有变，但玛丽娜和我变了。我发昏的时候——这种情况经常出现——玛丽娜会给我一个提示，然后我会做出回应，而以前这种情况下玛丽娜经常会直接爆发。我们享受彼此的陪伴，从中得到了前所未有的乐趣。即使是做最简单的事，比如喝咖啡或散步，感觉都比以前更美妙了。

在这样的背景下，柏林之旅给我们带来了特殊的感受。我们的互动发生在相互理解的基础之上。我们时而聊柏林的时尚，时而聊玛丽娜在保加利亚度过的童年时光，时而聊对一些朋友的观察，我们与这些朋友在柏林相遇，共进晚餐。孤独感消失了。小时候在自己家里，我们都觉得自己是局外人，而现在我们融入了彼此的生活，这改变了一切。

当然，离开索尼娅几天需要做细致的准备。

首先，我们向照顾特殊需要儿童的老师杰西卡表达了这个想法。当时她已经结婚了，而且刚生了第一个孩子。我们试着让索尼娅在他们的公寓里住了一晚，他们的公寓在附近的一个镇上。据杰西卡说，一切顺利。索尼娅已经13岁了，而且我们觉得杰西卡很了解她。

但在柏林的第二天，我们收到了一条短信，接着我们打了一通电话。

"索尼娅的表现不好。"杰西卡告诉我们。

"怎么回事？"我们在视频聊天中问道。

"我觉得她在撒谎，让她靠近我的宝宝让我感到不安全。"她说。

啊，这听起来很糟糕。我们试图通过电话解决这个问题。

"诱发因素是什么？"

"并不是行为本身的问题，而是明显的说谎。"杰西卡说。

我知道那是什么情况。很多时候，索尼娅的实际行为是相对无害的，但她不说实话令人不快。

杰西卡告诉我们，她发现她的剃毛器上满是金发。当她问索尼娅这件事时，索尼娅直接说她没有用它刮过腿毛和汗毛。索尼娅随后反咬一口，说杰西卡故意编造了整个故事，找她麻烦。索尼娅很擅长让一个人质疑自己的理智。与指向我相比，当她把矛头指向别人时，我会更容易发现这一点。这一次她把矛头指向了杰西卡。

"这感觉很奇怪。"杰西卡说。

"令人头皮发麻。"我答道。

"如果她因为这样的事对我说谎，我不知道她还会做什么，晚上把我的宝宝一个人留在她的卧室里，我觉得不舒服。"杰西卡说。

我们很熟悉这种感觉。

我们请求与身在新墨西哥州的罗伯特开个紧急视频会议。接着玛丽娜、我、杰西卡、索尼娅和罗伯特一起参加了会议。互联网真是神奇啊。

"嗨，罗伯特。"我们说。

"你们都在哪里呀？"他用友好的语气问。

"玛丽娜和我在柏林度假。我们不在家时，索尼娅住在杰西卡的公寓里。"我说。

"明白了。发生了什么事？"他说。

"杰西卡打电话告诉我们，她在和索尼娅相处时面临一些挑战。"我说。

"和我说说具体情况。"罗伯特说。

"嗨，罗伯特，我和索尼娅进行了一场奇怪的谈话，让我感到很不舒服。"杰西卡说，接着她把告诉我们的事告诉了罗伯特。

"索尼娅，杰西卡和她丈夫都不是金发。所以，如果剃毛器上满是金发，那只能是你的金发。说谎是我们反复讨论的话题之一。你在说谎。你先承认这一点，我们再说别的。"我说。

"我可能是用了一下剃毛器。"索尼娅说。

"不！"玛丽娜说，声音里有明显的怒气。罗伯特和杰西卡稍稍扬了扬眉毛。"我们不打算弄明白'可能'是什么意思。用简单的语言说话，索尼娅。"

"我用了剃毛器。"索尼娅说。和往常一样，她说的时候不带感情。

"索尼娅，你内心中有一些地方是非常、非常破碎的。"罗伯特说。

这句话在我脑海中回荡。我把这句话写了下来。罗伯特认为她破碎了。他曾很乐观，告诉我们要寻找变化的迹象，而现在他认为索尼娅的内心破碎了。

回到家后，我们开始为13岁的索尼娅寻找寄宿治疗机构。把她留给杰西卡这样经验丰富的人，出去度一个周末，都会出岔子，这不禁让我们想，以后她上高中时，我们是否得时刻待在她身边。

她越大，这种年龄上的不适感就越强。我们还担心那些入睡后的夜晚。索尼娅是什么时候溜进去拿杰西卡的剃毛器的？应该是夜里，因为白天她和杰西卡待在一起。我们现在睡觉时都要把钱包放在身边。但我们家一楼有处方药，我们是不是要把那些药放进我们的卧室？是不是要买一个保险箱？要买一个多大的保险箱？当我们输入电脑密码时，已经不让她看了。是不是要在输入密码时，让她待在另一个房间？但待在那个房间里时，她又可能会耍一些花招。像往常一样，一旦开始问这些问题，我们就快要把自己逼疯了。

柏林之行的高兴劲儿很快消散了。我们又去蒂尔加滕公园安静地散步了一次。

"我觉得她的情况在恶化，我们需要确保她的安全，并保持我们的理智。"玛丽娜说。

"你的意思是说？"我问。

"我是说，她需要回到桑比尔治疗中心或者类似的地方，进行调整。"玛丽娜说。

※　※　※

虽然与索尼娅沟通屡屡不快，但也有一些很有趣的时刻，让我很容易忘记之前发生的事情。

罗得岛州有一处冲浪海滩，当地人称之为"托尼"。在天气好的时候，那里如玻璃一般干净。在东海岸冲浪和在西海岸冲浪不是一回事，美国的冲浪运动最初是在西海岸的马里布等地流行起来的。在东海岸，安全的海浪很少见，主要发生在风暴席卷海岸的时候。安全的海浪是指层次清晰的海浪，而不是混杂的交叉洋流。我只有周末才能冲浪，要想在周末遇到安全的海浪，就更难了。

萨沙在布朗大学上一年级时，周末会与我们相聚。有一次，索尼娅和我去看他，而玛丽娜要留下为客户提供服务。我提前查看了冲浪天气预告，发现虽然日程很满，但我们应该在周六早起，享受海浪。

索尼娅和我住进了普罗维登斯市学院山附近的一家民宿。我们早早起床，把装备扔进车里，把冲浪板架在车顶，开车向海岸驶去。我在唐恩都乐店门前停下车，买了一杯咖啡。在车里喝一杯热咖啡，是冲浪前的一个关键仪式。

我一边喝咖啡一边和索尼娅聊天。我惊讶于我们之间的关系竟然可以显得如此正常。车平静地向前行驶，索尼娅没完没了说谎的事仿佛没有发生过。

我们把车停在路边，下了车，停车处的街对面是一家酒吧。索尼娅带着她的紫色大冲浪板，要走到水边比较费力。为了走到水边，我们走上环绕酒吧的木质露台，然后走下楼梯，走向一段狭长的海滩。我带着我的黄色长冲浪板。

下水后，冲浪板很快漂浮了起来，我们开始划向分水线。

在马图纳克海滩，海浪稳定而强劲，而且势头逐渐减弱，因此冲浪者可以用手划回分水线，而不必费力冲过汹涌的海浪。这和长岛的海浪不同，长岛没有这样的水道。9月，罗得岛夏季的人群已经散去，在这个清晨，这里似乎只有我们两个人。

最初，索尼娅在分水线上懒懒地划着，不去抓浪，同时还在观察我是不是要说什么。我没有说什么，她觉得有些无聊，于是开始抓浪。站在冲浪板上，冲浪技术好，并不意味着你就一定能抓到浪。这需要把握好时机，拼命往前划，然后让浪抓住你，推你向前。当我抓到一个浪时，当任何人做到这一点时，都是一个值得欢呼的时刻。一时间，我觉得自己仿佛身处大自然的血液之中，大自然以自身的脉搏拉着我前进。

成功抓浪一次之后，我又划回分水线，海浪正在那里聚集力量。我脸朝下伏在冲浪板上，所以不伸长脖子就难以看到任何东西。越过分水线，跨坐在冲浪板上之后，我的目光就能越过海浪，看到谁在那儿。但我还没有越过分水线。

脸朝下用双臂划水时，我突然听到了13岁的索尼娅那独特的尖叫声。她很兴奋。索尼娅站在冲浪板的后端，双手向两边展开，像十字架上的耶稣一样，乘浪前行。

"爸爸，看！"她经过时尖叫道。

"索尼娅！"我也向她喊道。

砰，我们联结在一起了。那几毫秒就是我想要的生活。

玛丽娜和萨沙都在做一些有意义的事，我觉得我和他们两个都联结在一起。在那一刻，索尼娅只是在享受冲浪，她的冲浪板在秋阳下闪闪发光，冲浪板下的海水像一块块天鹅绒飞毯一样不断展开，唰唰作响。

※　※　※

到了2014年2月,家里的情况越来越糟糕。索尼娅从新墨西哥州回来已经两年多了。我本来打算带索尼娅和一些我家的朋友去佛蒙特州度寒假,进行一次越野滑雪之旅。然而玛丽娜和我面临一个迷宫般的谎言,不得不解开。

"索尼娅,我听学校的老师说,在今天的糕饼义卖活动上,你请其他孩子吃东西了。"玛丽娜先开口问道。

"是的。"索尼娅坐在餐桌旁说。她脸上的表情仿佛在说:请我的朋友们吃点东西有什么不好的?

"这钱你是从哪儿弄来的?"玛丽娜问。从说"哪儿"这个词的语气来看,玛丽娜已经有了一丝愤怒。

"我在我储物柜上找到的。"索尼娅说。

"你在你的储物柜上发现了钱?"我问。

这听起来很荒谬。

"我真的希望你现在不是在说谎,随意拿钱这种行为很不好,为此说谎更不好。"我又说。

"我知道。"索尼娅说。

那天晚上我们去找了杰西卡。她告诉我们,上次和索尼娅在一起时,她的钱包里丢了20美元。知道这一新信息后,我在第二天早上继续质问索尼娅。

最近几个月,我们和罗伯特谈了很多把索尼娅送回治疗中心的好处。他进一步建议,干预是合理的做法,这与玛丽娜的想法相符。

那天晚上，当索尼娅回到房间后，玛丽娜和我讨论了一项计划。

"她必须离开。她和以前一样频繁撒谎，她不坐下接受规训，我们要时刻盯着她，现在她又把目标对准了杰西卡，甚至罗伯特都说她'破碎'了。"玛丽娜说。

"好吧，我们送她去参加一个野外项目，罗伯特说这也许会有效果。这种项目为期很短，日程很紧凑，结束后我们就可以把她带回家。你觉得怎么样？"我已经研究了好几个这样的项目，并在威斯康星州找到了一个我们喜欢的。

"好。"玛丽娜说。

次日清晨，当索尼娅吃早餐时，我坐在厨房的岛式操作台和她说话。

"索尼娅，我知道你的钱是从哪儿弄来的了。"我说。

"我没有偷你的钱。"她直视着我的眼睛，很快地说道。

这个回答揭示了她的心理。索尼娅不经意间泄露的一个想法是，如果这钱是从别人那里偷的，她的过错就有所减轻。这一瞬间揭示出她内心是多么混乱，和鲍尔比笔下的小偷完全一样。

我震惊地盯着她。也许她觉察到自己说漏嘴了。

她赶紧加上一句："你觉得我是从哪里偷来的？"

我觉得她是想把我拉进她的世界。她想成为提问的人，而不是回答问题的人。

"我不需要回答你这个问题，你知道你是从哪儿偷来的，现在你却对我一次次地说谎。昨天你还对我们说，钱是你自己找到的。现在你却说不是从我这里偷来的。不能这样，索尼娅。我们送你去桑比尔治疗中心之前跟你说的话,现在依然管用。我们有一些基本规矩,如果你不遵守规矩,或者我们不能教你遵守规矩,你就得走。"我说。

她带着厌倦的神色点了点头,那意思是说:没错,这话你跟我说了一千次了。

我们曾多次告诉她,如果她继续自己的行为,我们也许就得再送她去接受住院治疗。

"事实上,我们周一就出发。"

"去哪里?"她问。

"树林里。你会知道的。"我说。最终,我们去了威斯康星州的树林。

她能立即觉察到局势发生了逆转。从这一刻起,我们和她之间不再是平等关系,而是竭力要明确由谁来控制谁。我也不想这样。她跟我玩权力游戏,所以我要动用我作为成年人的权力,让她听话。

另外,就在我们准备把她送进树林的时候,我们在她的电子邮件中发现了一段诡异的对话。我们曾告诉她,她没有隐私权,我们可以选择阅读她的电子邮件和短信。玛丽娜发现了这件事。一个陌生的年长男子通过电子邮件联系她,问愿不愿意跟他见面。她同意了。没等见面,她就被送到威斯康星州的树林里去了。虽然对网上的陌生人做出回应的13岁女孩可能不止她一个,但从她的反应中可以看出,她的冲动控制能力和判断力都很差,她的这些思维方式会带来恶果,而我们保护她远离这些恶果的能力在变弱。我们觉得必须尽最大努力让她远离危险,无论是吸毒、与陌生人发生性关系,还是其他风险。我们越来越觉得,很难在家里做到这一点。

第十章　离去

威斯康星州索普附近，犹他州盐湖城附近，2013—2015年

索尼娅在威斯康星州的树林里跋涉了100天。和桑比尔治疗中心一样，这个项目也有时间限制，100天是上限。许多孩子在一个月后就离开了。

她的这段旅程快结束时，玛丽娜和我去看她。那时已是春天。我送她去时周围就像冰窖一样，现在雪已经基本上都融化了。我们周围的松树上正在长出绿色松针，而我们脚下是一层掉落的棕色松针。在治疗师安娜的指引下，我们沿着一条小路走，绕过一个弯道，看到一些帐篷和孩子。每个人都穿着防雨裤和羊毛或羊皮上衣。索尼娅穿着一条黑裤子和一件旧的灰绿色羊毛衫。孩子们的脸被冷风吹得通红，情绪平静，身上散发着汗味。

她一看到我们就跳了起来，蹦蹦跳跳地跑了过来。在那一刻，她的反应像是爱。仅在这一瞬间，我对她产生了大多数父母对孩子的感觉，就是那种相互联结并深爱的震颤感，就像那次一起冲浪时一样。那一刻，她的第一反应是要拥抱。我们拥抱了一下，我差点流下眼泪。

我们陪她在树林里玩了两天。我们三个人，以及她的治疗师，坐在树荫下简单的折叠椅上，与那群孩子隔着一段距离。

"我想你们。"她说。

她现在说话很慢。当她说谎和操纵别人时，她说得既快又自信。现在她看起来更平静，有点更爱思考了。这和她飞快地说"我没有偷你们的钱"的时候形成了鲜明对比。

但即使在这里，她也偷过东西。

"我们必须检查，以确保孩子没有把食物带进帐篷。如果帐篷里藏了食物，就会成为一个安全问题，因为动物可能会闻到气味，并试图闯入帐篷。"安娜说。有一次工作人员进行检查时，发现索尼娅偷了香肠，并带进了帐篷。

"我是偷了。"索尼娅说。她的语调有些不平静，显出一丝自嘲的意味。

"最初她不愿意承认。我们请她在小组讨论时谈谈这件事，但她拒绝了。所以我们让她独自待在那里。"安娜边说边指着一个地方，那里离他们的营地不远。"通常一个孩子要在那里待几小时，然后回到组里。"她说。

"你在那里待了多久，索尼娅？"我问。

"三天。"她答道。

她的语气里没有虚张声势，只是对事实的承认。我怀疑她可能不适应工业化世界。在这里，在遵循严格有序的野外生活秩序的日子里，她呈现出了从我认识她以来最健康的状态。

玛丽娜和我还在索尼娅不在场的情况下见了工作人员。

安娜直言不讳："她有犯罪倾向，她偷东西、说谎。我很担心她。"

安娜的老板，这个项目的负责人，则比较温和。

"我们不建议她回家。我们把她从原生状态中拉出来，置于更健康的环境中，但她还没有彻底稳定。如果你带她回家，这里的治疗效果将会很快消失。"他警告道。

呃，这听起来很难办。玛丽娜和我最初讨论送她来这里时，是为了进行"调整"，让她沉下心来，看她已经在多大程度上偏离从桑比尔治疗中心出来时所宣称的状态。但现在，一个客观的第三方告诉我们，不要带她回家。他们没有任何动机这么做，不管她去别的治疗中心还是回家，对他们都没有任何影响。他们其实是在告诉我们，她的健康状况并没有我们想的那么好。

他们还让一位临床心理学家对索尼娅进行了测试。这位心理学家善于治疗受过创伤的儿童，在全国享有盛誉。和桑比尔治疗中心的诊断一样，他也诊断索尼娅患有反应性依恋障碍。他给她做了几天的测试，对她进行了一系列行为评估，与她以及她的治疗师对话，还请玛丽娜和我对他的问题做出书面回答。总体上，他觉得她很聪明，言语敏捷。在长达15页的评估报告中，他指出，她在衡量"执行功能"的测试中得分很低，与之对应的是大脑中控制自控力、延迟满足和冲动的区域。"在抑制量表上得这样的分数的人，通常很难抵抗冲动，也难以在行动前考虑后果。"他写道。索尼娅在这些方面的得分处于最低水平。

这很有说服力。每个人都有冲动，但她抵抗冲动的能力比一般人弱得多。

玛丽娜和我坐飞机回家。这个野外项目给我们推荐了一些机构，我们很快拜访了其中的一些，主要是在犹他州。该州法律允许父母把18岁以下的儿童送进住院治疗机构。

我们去看的最后一个住院治疗中心，是用原木建造的，由一个简易旅馆改建而来。我们和该中心的招生办主任坐在一起，问了我们曾问过别人的问题。

他们有没有治疗过患有反应性依恋障碍的儿童？这里的教育有多严格？他们如何对待互联网问题？在这里治疗过的女孩有没有后来上大学的？他们的治疗模式是什么？谁是这里的负责人？他们的激励方法是什么？玛丽娜现在是一位有执照的治疗师，再加上她作为母亲的经验，使她能问出很尖锐的问题，特别是关于他们的治疗框架的问题。

一位体格健壮、思维清晰、逻辑严谨的女士直接回答了我们的问题。

"我们使用多种治疗方式，选择哪种取决于孩子的具体状况。这里大约有36个女孩，其中约1/3是被收养的。"她说。

她还帮我们联系了他们的一位治疗师，这位治疗师的态度很开放，欢迎我们提问题。

我们发现这个叫作"瓦萨奇"的治疗机构由项目主管所有。这里的孩子都住在一个大房子里。他们早上6点半起床，去20英尺外的一栋楼吃早餐，然后在8点前去另一栋建筑上课，直到12点。然后他们接受不同类型的治疗，直到下午3点。他们全年学习，我们觉得这一点很好，因为我们知道索尼娅已经在学习方面落后了，特别是在树林里待了100天之后。该机构也有马，在训练有素的治疗师的指导下，这里的女孩会练习马术。她们经常在星期六做一些社区服务。星期天她们大扫除，做作业。

考虑到这个治疗中心不是连锁机构，由项目主管所有，治疗患有反应性依恋障碍的儿童，不拘泥于任何一种治疗方法，儿童在这里全年学习，还有马术训练，我们觉得这是一家最适合索尼娅的机构。我们付了定金后走了。

第二周我们又坐飞机去那个野外项目，这一次萨沙也去了，因为学校放假了。我们接了索尼娅，然后直接坐飞机前往瓦萨奇治疗中心。

在去犹他州的路上，在明尼阿波利斯机场，玛丽娜和我心中充满忧虑。一旦离开治疗机构，索尼娅对我们施加控制的能力就会增强。表面上，我们和机场里的其他家庭一样在找登机口。索尼娅走路和说话都像一个正常人，但她的脑袋里有问题。那时我们已经知道，桑比尔治疗中心和那个野外项目也证实了我们的怀疑，用外行的话来说，她的身心并不健全。因此，她的行为总是不可预测的。以前因为她还是个孩子，所以我们尽量把她留在身边。但现在她已经14岁了，我越来越能想象出她成年后会是什么样子。既然她的父母都对她感到不安，我可以想象，她很难与任何其他人建立牢固的关系。尽管我仍然抱有希望，但她的病情出现重大好转的可能性日益渺茫。

※ ※ ※

瓦萨奇治疗中心和桑比尔治疗中心很像,只不过是为高中女生准备的。如果说桑比尔治疗中心是一所舒适的低年级学校,那么瓦萨奇治疗中心就是一所更严格的为青少年服务的学校。和在桑比尔治疗中心一样,看到年轻女孩努力与周围的人建立健康的关系,这让我感到很悲伤、很痛苦。因为瓦萨奇治疗中心里的女孩正在步入成年,她们似乎特别焦虑。我想,恋爱关系,或者仅仅是性关系,会给治疗像这样的女孩增加难度,这一点也得到了工作人员的证实。

像在桑比尔治疗中心一样,我们定期和索尼娅的新治疗师视频聊天。他是一位思虑周全的得克萨斯州人,自称JP。

该中心还有一项网络应用,可以让索尼娅给我们发电子邮件,邮件只能发给我们。

最初,这些交流是温暖和令人乐观的。

2014年7月她写道:

> 嗨爸爸!
>
> 我想念你!抱歉这封信不是很长,我得去吃晚饭了,稍后再写完。告诉妈妈我也会给她写信!!我爱你们!

9月,玛丽娜和我去看她。和在桑比尔治疗中心时一样,我们试着一起做一些简单的事,比如散步,而索尼娅会努力不说任何带有明显操纵性的话，也不做这样的事。

11月底，她给我们写了一封感恩节的信。

感恩节快乐!!! 嗨！你们好吗?!?!?! 你们感恩节过得怎么样？有意思吗？你们能不能给我发几张照片？我很想念你们。我希望自己也在家……但我知道这是对我最好的安排。我希望能很快见到你们!! 我爱你们。

一天，在一次视频聊天治疗过程中，我们让她坦白一些我们没有发现的谎言。

"我不记得有这样的事。"她说。她在治疗过程中经常这么做，给出我们所说的"最低限度"的回应。

"不可能，我们不可能每次都抓到你。"玛丽娜回道，给她施加了一点压力。

"是的，你再也不会因此而陷入麻烦了。你已经在瓦萨奇治疗中心了。为什么不摒弃前嫌，跟我们说实话呢？"我说。

令我们意外的是，几天后她给我们写了一封信。JP的敦促起了一点作用。

我几乎每天都偷你们的钱。有时甚至一天两次。有时是为了学校里的事，有时是为了游泳训练的事。如果没有拿到钱，我就管朋友要一些钱，我从来没有告诉过你们，我借了一些钱，然后没有还……说实话，我偷了你们很多钱来买吃的。我知道，如果跟你们说过的话，我肯定说是要用来干别的事，但我把那些钱都用来买吃的，或者给其他人买东西了……我偷了妈妈的化妆品，在学校里化妆，因为我觉得不安……在参加游泳训练时……我还从其他女孩的包里拿吃的和/或钱，我还告诉教练我要去洗手间。

读这封信时，我们深感震惊。我们本以为她的行为不会再震惊到我们了，但她再次令我们吃惊。玛丽娜、杰西卡和我都没有发现这件事，她是怎么偷钱的？她一定是在观察我们何时去洗手间，然后等待我们忘带钱包的时候。或者她是从玛丽娜的钱包里偷钱，每次偷一美元左右。偷钱给别人买东西是一件有趣的事。是不是除了给对方买东西，她不知道如何吸引别人？还是说她觉得，如果别人欠她的情，她操纵起别人来会更容易一些？也许两种情况兼有。

还有一次，她的治疗师要求她用左手而不是右手写字，并描述她内心隐藏的想法。

我恨周围的每一个人。我想伤害他们，让他们在痛苦中哭泣，而我会大笑……他们都是这个世界上的无用之人。如果他们不离开，我就逼着他们离开。我会一直伤害他们，直到他们离开。你们都是地上的蚂蚁，我要踩碎你们……现在他们都走了，我下一个目标是谁？我感觉身体里藏着另一个人。也是一个好人。她想从我身体里逸出。我把她推到一边。去××的，我吼道。她消失了。我是坚不可摧的……我妈妈是一坨屎，她给我制造痛苦。我爸爸也是。我恨他们……有本事就抓住我啊，但你们没这个本事。

我慢慢地读着这番话。如果她真是这么想的，就能解释很多事。她的行为与她写的相符，她平常叽叽喳喳说的话却与她写的不符。她真的是这么想的吗？还是说她只是想通过这样写来给别人留下印象？

从她蹒跚学步的时候起，我们的全部努力都建立在一系列假设之上：问题总有解决办法，付出就有回报，爱能治愈心灵。我开车时会路过我家附近的一栋房子，房子上有一行简单的字：付出更多的爱。看到索尼娅的这番话，感觉就像是我的头被木板砸了一下。也许有时受伤太深，无法修复，也许需要很长时间才能修复，比如几十年。

当罗伯特在新墨西哥州指出我的问题时，我感到惭愧。我希望融入一系列紧密而深厚的人际关系中，起点就是我的家庭。我的一些行为损害了这种关系，我为此而感到的惭愧促使我做出改变。除非索尼娅大脑里的神经突触告诉她，她有问题，她需要解决问题，否则无论什么住院治疗、药片和疗法都无法帮助她改善。

那一刻我感到，养育孩子就像是一场冒险。我们收养了一个很难相处的孩子。我们知道有一些家庭在收养方面很有经验。亲生孩子未必更容易养育，玛丽娜和我的父母都生了很难相处的孩子。在收养索尼娅之前，我曾傲慢地以为，正因为玛丽娜和我不断努力，我们才能取得生活上的成功。现在我对这一点产生了怀疑。玛丽娜和我出生时大体是健全的,或者有足够的韧劲来承受生活的挑战,但我们的兄弟姐妹和索尼娅不是这样的。也许事实就是这么简单。

※　※　※

尽管我不情愿地意识到,索尼娅也许不会好转了,但我一直在努力寻找希望。2014年冬天,在她离开之后的近一年时间里,即参加那个野外项目和在瓦萨奇治疗中心期间,玛丽娜、JP和我决定,尝试带她回家住几天。一定程度上是因为她已经离家很久了,所以我产生了一股乐观的情绪。

没错,她写的那番话很惊人。但至少她现在坦白了,对吧?而且她也在长大。也许随着大脑的发育,她会表现出一些更成熟的迹象。我梦想着我们能一起做一些节日里做的事,比如做饭、购物、唱歌和会见密友。我觉得我为家庭和睦做了很多努力。我觉得我应该这么做,这几乎是理所当然的。当然,没有任何事是我必须做的,我也无法控制她。这一切都取决于索尼娅。

12月,在这次回家探访之前,JP敦促她为此写一份计划。

> 我的回家之旅:我希望这次回家之旅很顺利。"很顺利"是指我想保持诚实、负责任,并尊重我的家人。这份计划是一份"目标、挑战与行动计划"。我想克服我的冲动。如果我真的在冲动之下做了一些事,我必须面对后果。在这份计划中,我为每一部分设定了目标:诚实、负责任和尊重。

然后她非常慎重地阐述了她的计划。在"诚实"项下她宣布：

> 我所说的诚实是指绝不说谎。我知道这对我来说不容易。但我知道我能做到！……我将坦白我生活的实情。

这项计划后面还有很长。她又写了一份日程表，读起来就像一位禅师正在走向一条精神之旅。早起，留出做作业的时间，每天锻炼一小时，也有独处的时间。基于她做出的承诺，还有她在野外度过的100天，以及她在犹他州接受的数月治疗，我觉得可以带她回家一次。

为了使她能够实现这个目标，我们决定缩短这次回家之旅，就定在圣诞节之前的几天，然后送她回犹他州。每个人，包括瓦萨奇治疗中心的工作人员都知道，即使平稳度过这几天，对她来说也是一个挑战。我们同意JP的意见：如果她表现得不好，我们就提前把她送回瓦萨奇治疗中心，以表明态度。

"索尼娅，这趟旅行是一个机会，你可以借此展示你取得了多大的进步。但你也知道，如果你说谎或者对父母耍花招，他们会把你送回来，对吧？"JP在一次视频治疗会议上说。

"我知道。"索尼娅说。

圣诞节前几天，我开车去肯尼迪国际机场，在达美航空所在的候机楼等她。那是在12月底，一个阴沉的日子，气温接近零摄氏度。我停下车，走进候机楼，拿了一张特殊通行证，去接一个"无人陪伴的未成年人"。我通过安检，注视着机场的人流。我觉得这是人们要赶在节日里与家人重聚。从某种意义上说，我们现在又回到了正常的人流之中，而不是掉进精神治疗机构的兔子洞。她是一个回家过节的孩子。这感觉不太像是从寄宿学校回家，而像一种正常的节日行为。我觉得我自己被这幅景象吸引住了。她的内心并没有破碎，她只是从一所特殊学校回家了。我有很惊人的自欺能力。

我沿着走廊往前走，经过了熊猫快餐和皮爷咖啡店。我走到门口时，她正在下飞机。和往常一样，她向航空公司工作人员展示魅力。好像几乎所有人都吃她这一套。

我发现她的体重增加了，大约有三四十磅吧，对她小小的身躯来说，这增幅不小。我回忆起在她接受住院治疗之前我们关于食物的那些对话。

"我饿了。"那天晚上我们一带她回家，她就坚持表示。

"我懂，游泳训练很累的。我再给你盛点儿蔬菜汤。"我答道。

"蔬菜汤？哦，算了吧。我不喝了。"

这种情况反复发生。

这样的饮食压力，加上游泳，让她保持苗条。但现在瓦萨奇治疗中心的重点是让索尼娅说实话，而不是吃得健康。那里的其他女孩有相反的问题：她们不想吃饭，患上了危险的厌食症。看起来，那种持续暴食的儿童，是瓦萨奇治疗中心的关注盲点。

食物的意义不仅是维持身体健康。如果一个人能够控制饮食，在体重暴增时发现这一点，说明这个人是在用逻辑而不是情绪来做决定，而索尼娅显然不是这样。她需要严格要求自己，抑制自身最糟糕的冲动，这样才能修复我们之间的关系。她需要认识到，她操纵别人和说谎的本能，与她的暴食行为来自同一个源头。要想痊愈的话，她就必须专心控制自身的非理性冲动，相信客观事实，而不是相信自己的胡言乱语。

"嗨，欢迎回家！"我说，并且尽可能显得高兴。

"爸爸！"

她拥抱了我一下。

达美航空公司的女员工仔细检查了我的身份证。我能看出她很认真地对待这项工作，这是她的职责。我很感动。她的工作可能很辛苦，一天都很忙，但涉及这个关键步骤——让别人接走一个无人陪伴的小孩时，她显然有很高的责任心。

"在飞机上过得怎么样？"我问。

"很好。我坐在一个小孩旁边，他和他妈妈一起去纽约。"她说。

我看着她，信了她的话。这正是高度了解一个人的表现：简单的话可能隐藏深意。我觉得，与刚开始的时候相比，我现在更加训练有素了。经过长期练习，我现在能够很轻松地把自我分为两半，一半是友好的爸爸，另一半是冷静的观察者，仔细审视她有没有出现操纵他人的企图。

我注意到她以一种轻松愉快的方式开始了这场谈话，这立刻让我变得谨慎起来。要让这趟回家之旅顺利进行，她需要付出比以前更大的努力，注意自己的言行。

通常情况下，这种轻松的平静会掩盖一些令人不愉快的事实。玛丽娜和我把索尼娅身上轻松的那一面称为"幻境"。那是她心中幻想的自己，在那里她有密友，是一个自信、外向的人，身心都很健康。当现实生活很令人不快时，待在"幻境"里可能很舒服。其实她并不渴望亲密的人际关系，也不自信，这种轻松的平静掩盖了巨大的空虚。我小时候也经常这样做，至今有时仍会这么做，所以我能理解"幻境"的吸引力。但她会把这种做法极端化，这就是她的行为模式。

我们和索尼娅之间没有那种轻松诚实的交流，即她既真诚地讲述自己内心的挣扎、展示自己的真实一面，又热情和健谈。

"他是一个很有趣的小孩，他只想玩电子游戏。"她说，她指的是飞机上的那个小孩。

我觉得，她可以用很多其他方式来展开这场对话。她可以说她对这趟回家之旅感到担忧，也可以说很高兴见到我们，或者说她不知道能不能很好地把自己的计划付诸实践。她可以用很多方式表明，她明白我们对这趟旅行的期待是什么。

我感到担心，但没有说什么。

我知道，这种不疼不痒的对话是一种保持控制的方式。用虚情假意的对话来避免真正有意义的对话。在她不断说话的时候，我不得不考虑如何回应。是让她继续说下去，还是等她收回心，缓缓地重新设定对话的方向？这样想让我感到非常厌倦，但我对此已经习惯了。这是我们之间的博弈，这趟回家之旅已经开始几分钟了，我们也博弈了几分钟了。

"嗨，让我们少说点闲事吧。"我说，尽量保持温柔。

"好吧。"她边说边把目光移开，她完全明白我的意思。之前她没有意识到我的想法。她其实并没有做任何错事，但她知道这种毫无意义的闲聊是一个陷阱。

※　※　※

第二天，索尼娅和我一起去本地的游泳池游泳。这是我们以前经常一起进行的一种令人放松的活动，她自己制订的回家计划中也有这一项。游泳总是能让我们两个人更加愉快。

为了不出岔子，并与我们过去的做法保持一致，我带了一份书面的游泳训练计划。她以前参加竞技游泳活动时就是按这样的计划来的。根据距离的长远，训练分为几个不同的划水和冲刺练习。通常，在完成每个部分的训练，游出很远之后，我们会获得一种成就感。游泳队的孩子在按计划训练时，会产生一种使命感和自豪感，我和索尼娅一起训练时也会产生这样的感觉。

我先游了500米热身。她在我旁边的泳道上。与我们平时游泳时不同，她开始潜入水中，像海豚一样划水。好玩吗？当然好玩，但这也是她对我的考验。我会回应吗？我没有。这违反了她自己写下的计划吗？是的。我一边游，一边觉得我对她这次回家原本抱有的希望在消逝。

到游下一圈时，她停在泳道的尽头，开始摆弄护目镜，仿佛护目镜坏了，妨碍了她游泳。我转身时，她瞥了我一眼，我怀疑她是想让我和她说话。我没有理她。她知道自己的行为越界了，但她在以模糊的方式越界。我能猜到她会说："得了，爸爸，我只是在修我的护目镜。这算什么事吗？"

我内心的对话还在继续。她应该马上回家吗?是的,因为这一行为反映了她的关键问题。但我放过了这件事,继续游泳,最终在大约一个小时后走出了泳池。她觉得我这是在暗示她,她也得走了。

我们在各自的更衣室里洗了澡,然后在入口处碰头,走向汽车。她又开始聊天了,还是那种轻松愉快、浮于表面的聊天,这也许是因为,在她看来她赢了。

"回到游泳池里进行一次很好的锻炼很有意思。"她说。

"哦。"我回答道。我注意到了"很好的锻炼"这几个字。她知道事实上并非如此。根据我之前受到的训练,我没有接她的话。赞成她的说法,承认这是一次很好的锻炼,会是一个陷阱。我既没有说"干得漂亮",也没有批评她,说"你在撒谎",尽管那一刻我头脑里冒出了这样的想法。

我们上了车,开车回家。然后我想起来,玛丽娜要我去一趟商店,买一些东西,为过圣诞节做最后的准备。

"嗨,我得去一趟杂货店。你有没有什么要在家做的事?还是说你没事,可以跟我一起去?如果你有事,我可以把你先带回家,然后自己去杂货店。"我对索尼娅说。

我知道她每天都要做作业。她14岁了,像所有高中生一样,她有作业要做。我不记得她是不是早上已经把作业做了。我也知道,无论如何,她需要自己找时间来做作业。我需要关注很多细节,就像在一场牌很多的游戏中算牌一样。

"我没事,我很乐意帮你买东西。"她欢快地说。

我要给玛丽娜打电话确认一下吗？她是不是正在提供治疗服务，无法接电话？

我决定赌一下，于是开车去了全食超市。超市里摆满了美味食品。外面的天灰蒙蒙的，寒冷刺骨，而超市里的货品琳琅满目。货架上堆满了来自世界各地的红肉、奶酪、蓝莓和蔬菜。我想起在20世纪90年代初看到的俄罗斯商店的货架，甚至想起20世纪70年代我小时候在华盛顿特区吃的食物。我本来可以跟索尼娅说说这件事，但我忍不住去想她到底有没有做作业。我们买了需要的东西，然后回到家，把买的东西放在厨房里，从那里能看到挂着白灯的圣诞树。圣诞树下放着我们给对方的礼物，还有一些礼物要送给到时来我家的密友。

我走上楼，听到玛丽娜开始和索尼娅交锋。我听到玛丽娜问索尼娅作业的事。我意识到，这不是个好兆头。如果玛丽娜在问索尼娅作业的事，那么索尼娅很可能没有写完。我不能完全听清她们说的话，但我能听出语气，玛丽娜听起来很疲惫和严肃。后来我去问玛丽娜是怎么回事。

我们一走进自己的卧室，远离索尼娅后，玛丽娜马上对我说："她今天一点儿作业都没做。"我们不想让她听到我们说话，不想让她知道，为了搞清楚她的情况，我们付出了多大的努力。玛丽娜接着说："她告诉我，你对她说一定要跟你去买东西，所以她没有时间做作业。"

我的怒气一下子上来了。

"她在说谎。"我说。

"实际情况是什么？"玛丽娜问。

我给她讲了游泳的事，我在泳池里心中的不爽，以及我曾对索尼娅说她可以选择回家做作业。

"好吧，我们要把她送回去。"玛丽娜宣布。

我知道她的建议是对的。我们已经给索尼娅设定了一道界限，她必须跟我们说实话。也许有的人可以和说谎者保持正常关系，但玛丽娜和我不行。也许这是我们作为养父母的局限性。我们都对试图操纵他人的人感到敏感。当索尼娅还是个孩子的时候，我们就在无数次治疗过程中向她阐明了这一点。她去过新墨西哥州和威斯康星州，现在在犹他州接受治疗。玛丽娜和我可以原谅很多事。即使索尼娅缺乏雄心、好奇心、魅力或幽默感，我们也依然会爱她。但如果她不断欺骗我们，我不知道如何去爱她。当然，我可以把这忽略过去，然后说我在遥远的地方爱她，但那是哪门子的爱呢？那将是一种我无法理解的人际关系。

我决定送她回去，这让我非常难过。以创纪录的时间，索尼娅又一次把事情搞砸了。我们警告过她，如果她说谎，我们就把她送回瓦萨奇治疗中心，所以现在必须这么做。

玛丽娜和我商定，我上楼去我的办公室，悄悄地给她改签机票。索尼娅不必知道这一点，我们会在最后一刻向她宣布。

我走进办公室，输入密码，打开电脑。办公桌上堆满了书。

我打电话给航空公司，等了一会儿，电话被转接，又等了一会儿，最终给她改签了机票。片刻后，客人们就来了。

平安夜是一场大聚会，大家围坐在一张厚实的木餐桌旁，烛光闪烁，映在红酒瓶上。一些老朋友来了，他们的孩子是我们看着长大的。我羡慕他们的孩子。每一年，女孩们在餐桌旁都会变得更自信、更口齿伶俐。包括萨沙在内的男孩们，则变得更自如了一些，也熟悉了此类交谈中的高潮和低潮，在此类交谈中大家很容易自嘲，但也充满世俗气息。人们的互动中充满不成文的规则，这些规则很微妙，对进入人生的下一阶段也很重要。这顿饭的乐趣之一，就是看着晚餐的进程徐徐展开。索尼娅是例外，在她身上似乎没有发生这样的进化。索尼娅没有像其他人一样倾听别人的话，因此她错过了一个又一个阶段。因为她在学校里既不读书也不专心，所以她的谈话仅限于有趣的俏皮话。

"气候政策必须改变。"朋友的女儿说，她和索尼娅差不多一样大。"人们买了太多垃圾商品，然后浪费能源，导致地球变暖。"她补充道。

索尼娅什么也没说。

"索尼娅，你的新学校怎么样？"我们的一个朋友问。

"我觉得很无聊，"索尼娅带着灿烂的笑容说，"我其实读书不怎么在行。"她补充道。她在说"读书"时加重了语气，让人觉得仿佛她没读多少书是一种成就似的。瓦萨奇治疗中心没有为戏剧、运动等课外活动留出时间。因此在这些对话中，她主要是一个倾听者，而不是能够贡献对话内容的参与者。由于她的说谎行为，我们在决策表上把她的得分又调低了一点儿。和她一起长大的其他女孩已经走上了另一条路，很快地吸收了许多新观点，并在音乐、艺术和外语方面发展了自己的兴趣爱好。教育拓宽了她们的视野。

第二天是圣诞节，我们有一个持续多年的传统，就是和我们认识的一家以色列人一起拆礼物。我们称这个节日为"圣诞光明节"。仪式开始前，我坐在蓝灰色的客厅里，端着一杯咖啡。这时索尼娅走下楼梯，走在所有孩子的前面。她充满自信，昂首阔步，这气势我从十英尺开外就能注意到。她知道她没有履行自己的约定。她也许觉得，由于正值圣诞节，而且这次回家只待几天，所以我们不会规训她。我的目标是以一种尽可能直接和低调的方式，行使我们作为父母对索尼娅的约束权。我不能动气。

"索尼娅，早上好。"我说。

"嗨，爸爸，圣诞节快乐。"

"圣诞节快乐。听着，你说谎了，你拿我来打掩护，说我说你必须跟我去买东西，以此作为你不做作业的理由。这是典型的老做法了。因此，你明天就回瓦萨奇治疗中心吧。"我尽量不动声色地说。

她看着我，表情很冷淡。

"好吧。"她干脆地说。

那表情的意思是：好吧，你抓到我了，我不在乎。

在外人看来，我们的规则可能太死板了。对普迪的孩子来说是死板，但她不普通，她非常清楚自己在做什么，我们打过交道的每一位治疗反应性依恋障碍的专家都强调清晰、简明的限制与规则的重要性。在她为自己设定标准之后，如果我们不执行已有的约定，就是在辜负她。如果我们把"说谎"这个词换成"毒品"，也许其他家长就会理解。根据瓦萨奇治疗中心的药瘾专家的说法，她成功说谎时激活的大脑区域，和一个小孩吸毒时激活的区域是一样的。

次日一大早，我带她去机场，黎明时分，我们开过白石大桥。但我们误了飞机。我一生中只有这一次没赶上飞机，我出差时坐过几十次甚至上百次飞机，从未发生过这样的事。我怀疑这件事可能有什么隐喻。我当然是想让她坐上那趟航班的，但也许我把这件事搞砸，反映出我内心深处对再次送她走有某种反对情绪。次日，玛丽娜送她去了机场，最终让她上了飞机。此后，她再也没有回来过。

※　※　※

我为索尼娅没有度过她应有的青春期感到难过。对我来说，青春期是一段开放的时期。我发现了一些门，打开门，走进门。在每个房间里都有一些新门，通往更多的房间。在那个年纪浏览母亲的书时，我发现了陀思妥耶夫斯基、乔伊斯、迪内森和海明威。我翻开这些书阅读。有一次，我父亲去伦敦进行科研之旅，邀请我哥哥和我去看他，我当时15岁。我们飞过去，乘坐火车抵达帕丁顿车站，走出火车后，我们对格子屋顶和伦敦的魔力惊叹不已。人们走路和说话的方式都不一样，我意识到，如果我能找到一种方法来探索世界的话，有广阔的天地在等待我去探索。青春期的乐趣还有很多：俱乐部、班级旅行、暗恋和聚会。

而索尼娅呢？在我看来，她的圈子越来越小了。这很不幸。她周围也有这些潜在的可能性，但她看不到，或者不想看到。吸引她的似乎是很低级的东西，如食物、睡觉和娱乐。

※　　※　　※

　　2015年春天，我们又去看了索尼娅。我们约在瓦萨奇治疗中心的马棚见。马术治疗项目背后的想法似乎是，对任何容易受惊的人，马都不会好好相待，因此训练马术能迫使女孩们学习内在的自我控制。马就像一面镜子，如果孩子内心保持一种冥想式的平静，这些马就会确定方向，平稳前行。

　　索尼娅对驯马很在行。她想让马喜欢她，当她为此努力时，马会做出积极反应。她的恶意似乎不会释放给动物，这不禁引人思考。她身上似乎有个开关，可以控制冲动。心理测试显示，她几乎没有自控力。但当她和马在一起时，似乎有某个开关关上了。

　　玛丽娜和我对马一无所知。如果说我们有什么反应的话，那就是对这种身大脑小的动物有某种程度的恐惧。当玛丽娜和我四处走动，欣赏木制的横梁结构时，索尼娅走出我们的视线，悄悄把一匹较大的名叫托尔的马拉出了马厩。我们绕过拐角时，她站在那里，那匹马就站在旁边，她脸上露出了腼腆的笑容。我们此前并没有明确地说"不要把马带出马厩"，但她知道，我们肯定希望她先征求许可。

　　经过一番哄骗，我们终于让她把托尔带回了马厩，拴上门。我们三个坐在几张摇摇晃晃的户外座椅上，讨论刚才的事，高大的蓝、绿、灰三色山脉耸立在远方。

　　索尼娅辩称自己没有错。

　　"我觉得你们想近距离看看托尔。"她抗议道。

"真的吗？你知道你妈妈和我对马都不熟悉，这感觉像是一场权力游戏。"我说。

我们向她施压时，一只猫跳上她的膝盖。她开始和猫玩起来。

"嗨，伙计，我现在不能玩，你得走了。"她说。

她慢慢地把猫抱起来，不大情愿。她心烦意乱地看着我们，仿佛是在说："我确实想和你们说话，但你看，因为有这只该死的猫在，我不能和你们说话。"

次日我们坐飞机回家。想了几个小时，我们才意识到自己被耍了。她曾多次用这种巧妙的招数骗我们，回想起来，这些招数似乎可以一眼看穿。不征求我们的同意就把托尔带出马厩，被猫分心。通常我们先是产生一种哪里不对劲的感觉，然后我们必须追踪到源头。我们可以确信，我们被耍了。也许这是一种达尔文主义的感觉。通过合作来完成一些艰巨的任务，需要相互信任。也许正是自我保护的需要，使我们中的大多数人能随着时间的推移辨别出骗局。

在索尼娅拒绝承认马厩事件的实情之后，我们就不再和她联系了。

我告诉JP，如果索尼娅想恢复与我们的治疗会议，她就必须跟我谈谈马厩事件。这听起来很严厉，甚至不合理，但我们的直觉是，我没有别的更好的选择。几周后，在JP和集体治疗小组的催促下，她最终给我们写了一封信。

你们告诉我不要把托尔带出来，但我还是带出来了，不是因为我想让你们近距离看它，而是因为我想让你们抓狂。然后是那只猫,我弹了弹手指,把它引到我的膝盖上,它上来后,我表现得好像不想让它待在这儿一样。你们质问我这件事,我表现得好像不知道你们在说什么。当我试图操纵别人时,我一直表现得若无其事,在这方面我一直在对你们说谎。

如她所说,她总是想让我们抓狂,玛丽娜和我不知道怎么做才能阻止她这么做。那个野外项目的治疗师曾警告说,索尼娅可能变成一个犯罪分子,这令我们心头一紧。在JP的帮助下,我们决定,在下次去犹他州时,带她去参观一所监狱。如果说谎导致不良后果这一点过于抽象的话,也许现实会震撼她,令她思考说谎的后果。

※ ※ ※

"咯吱,咯吱。"监狱厚重的金属门在大口径的金属轮子上滑动,缓缓打开。如果你在听到那声音后崩溃了,只能怪自己胆小。

我的心在狂跳,我能感觉到腋窝在出汗。这声音就是为震撼人而设计的。"监禁"这个词让我觉得震撼。我脑海里闪过被关在这里的黑暗幻想。

这是2015年的阵亡将士纪念日。萨沙、玛丽娜和我去犹他州进行一场家庭旅行。我们一起去旅行是很难得的。在托尔事件后,玛丽娜和我绞尽脑汁地想,如何以我们自己的方式进行一场家庭访问。

我们在盐湖城租了一个小公寓过周末,玛丽娜、萨沙和我在那里醒来。在往返新墨西哥州和威斯康星州之后,这又是一次长途跋涉。因为走的次数太多，我现在已经知道盐湖城哪些路边咖啡店里的浓缩咖啡口味不错了。我们开上15号公路，向北前往瓦萨奇治疗中心。一开始，在犹他州炙热的阳光下，在治疗中心的场地上，我们全家人围坐成一圈，试图与索尼娅对话。她看到我们很吃惊。我们一直努力成为设置沟通条件的一方，但我们没有提前说这次来访计划。很快，像往常一样，她开始争抢控制权。最初，她不愿谈任何严肃的事，然后试图把话题转移到唐纳德·特朗普身上，她的目标是回避一切其他事情，只集中在一点上：她在犹他州，而不是像其他同龄孩子一样待在家里。

大约谈了半小时无关紧要的事情后，我宣布我们要去旅行。

"带上你的装备跟我们走，你只需要一条长裤和一件合适的衬衫。"我说。

"我们要去哪里？"她问。

"你会知道的。"玛丽娜和我同时说。萨沙什么也没说。我们事先已经告诉他，不要跟索尼娅说要去哪里。如果她不掌控主导权，索尼娅会感到不满。但不掌控主导权的时候，正是她学到最多东西的时候，这种情况下她的戒心会暂时放松一些，似乎对学习和谦虚的自我反省也持开放态度。

她突然停住不走了。

"我不想去。我不去。"她说。

我看着她。她也瞪着我，似乎在评估谁更强大。在这个时刻，从体型和力量上来说，都是我占优势。我们的脑海中可能都浮现出了这个画面。

"这不是由你决定的。"我说。这是我促使她顺从的最后努力。

她扫视了一下治疗中心的场地,然后再次看着我。她知道,住在这儿的女孩和工作人员随时都有可能经过,为了避免尴尬,她不想被人看到这一幕。假如我们身处治疗中心之外,她会有更多选择,她会表现得好像自己是正常人,而我们是不讲道理的人。在这里,工作人员和学生都知道她的情况,这个事实给了我们一点博弈权。如果她在场地上失去冷静,工作人员可能会限制她的特权,或者会迫使她在集体治疗中讨论这件事,那是她所不喜欢的。在这件事上,形势比她本人强。

她停顿了一下,不再说话了,然后走进木屋宿舍,换了衣服出来,我们一起走向那辆租来的车。

这再次提醒了我,养育一个患有反应性依恋障碍的孩子意味着什么。这是一个周末。其他家庭在海滩上,或者与朋友共进早餐,而我们则要去监狱。索尼娅与萨沙的区别很明显。萨沙经常不同意我的观点,有时很固执,不讲道理,但他最终至少会考虑一下我的观点。如果我说我们一定得做什么事,即使我的请求只包含一点合理的逻辑,他通常也会顺从。索尼娅不是这样,她不关心我想什么或者想要什么,或者更确切地说,她关心,这样她就能反着来了。她对老师、同学和教练也是如此。我只是更敏锐地感觉到了这一点,因为我仍然渴望一种更真实的父女关系。

我开车沿着高速公路行驶,经过了几个通往那所监狱的出口。那是一座巨大的政府建筑,由白棕色的煤渣砖砌成,接待区的中央有一根旗杆。我们四个人走过去,我打开了没有上锁的门。

左边有一个电话，我拿起电话，拨通了，说了我们要去找谁。几分钟后警卫出来了。他和我年纪相仿，略微有点大肚子，表情疲惫，眼神中充满思虑，我觉得我见到过很多这样的眼神。他说话直截了当。

"好吧，我会带你们进去，让你们了解一下监狱生活。这位年轻的女士，我们往里边走时，你要听我的话，因为这里的一些人有点危险。"他带着轻微的犹他州口音说。

索尼娅站在那里，双臂交叉抱在胸前。

我们走到第一扇巨大的推拉门前。他按下蜂鸣器，控制室里的一名警卫打开了门。我们五个人走进去，门在我们身后关上，发出一声响亮的令人警觉的声音。

我们明显感到这座建筑带来的沉重压力。这个建筑旨在粉碎一个人的意志，就像在屠宰场里，尽管动物的本能要求它们向外跑，但屠宰场的构造会迫使它们顺从一样。我想象自己被关在这座建筑里。

我们首先参观了刚进来的人待的房间，这个房间目前是空的。戒毒的囚犯会被关在小房间里，他们似乎会被单独留在那里，不停地呕吐和排泄，直到毒瘾减弱。这个过程完成后，他们会用水管清洗房间。

然后我们继续往里走。在一侧，我们看到了关押精神病罪犯的房间。他们太危险了，连警卫都不敢靠近。他们有自己的房间和一间接待室。在他们仍被锁在牢房里的情况下，警卫会把食物放在接待室。然后警卫会离开，以电子方式打开牢房的门，让囚犯去接待室拿东西。如果囚犯拒绝回牢房，他们就会把他留在接待室里，直到他屈服。当时一名囚犯就躺在接待室里，身上盖着一个东西，看起来像是他的床垫。警卫通过扬声器与囚犯交谈。隔着窗户，我们路过了一群出来活动的男囚犯，其中的几个发狂般地看着索尼娅。

警卫用一系列故事来教育我们。

"是的，那家伙是个杀人犯。他的女朋友在女囚区。他们俩谋杀了那个女人和前夫生的孩子。他们把孩子带到山里，剁成小块埋了，但他们两个都被抓到了。"他指着院子里一个瘦削的家伙说。

我们的最后一站是女囚区。女囚们被锁在一个没有自然光的大房间里。一群人正坐在一张金属制的餐桌旁，聊个不停。这让我想起瓦萨奇治疗中心里的女孩，她们也聊个不停，好像被关在一所学校里没有什么大不了的，就像在这里，这些人被关在一座巨大的煤渣砖建筑里，也不觉得有什么大不了的。事实上，这里奉行的原则和索尼娅去过的那些治疗中心的原则相差不大。权力必须由外部力量实施。那些治疗中心在奉行这一原则时更温和一些，但这一原则是存在的。孩子们不能离开，他们没有隐私。工作人员对他们也没有信任。那种敬畏的渴望又在我心头涌起：如果有上帝的话，求你了，不要让索尼娅来到这里。

大约一个小时后，我们开始往回走，离开这座迷宫。出来后，我们感觉自由简直是一种特权。然后我们开车去一家意大利熟食店，那个店的对面是盐湖城的一座市中心公园。在头一个小时里，索尼娅兴致勃勃。

"我不喜欢那地方，那里真的很可怕。"她说。

"什么东西那么可怕?"玛丽娜问。

"那些可怕的家伙,那些门和蜂鸣器。我永远也不想去那儿了。"

"那你觉得,你和我们相处时的行为、你在瓦萨奇治疗中心里的行为,和你的这一愿望相符吗?"我问。

"不符。"她说。

又过了几分钟,她突然改变了话题。

"嗨,我们能去吃冰激凌吗?"她说。

我们刚刚吃了一顿丰盛的午餐,她在瓦萨奇治疗中心期间体重增加了很多,她的态度突然变得这么轻松,在我看来有点奇怪。

玛丽娜和我对视了一下。我们可以留她在城里和我们一起过夜,因为我们租了公寓,而且瓦萨奇治疗中心的工作人员也会同意。

如果她不想停留在不舒服的感觉中,我们也不想逼她。我觉得我们今天已经给了她足够多的鞭策。要想更深地反思,她需要鞭策自己,而她似乎对此没有多大兴趣。所以,我们决定把她送回瓦萨奇治疗中心。

※ ※ ※

索尼娅在犹他州待得越久,我就越感觉不到希望。我想知道她的行为在多大程度上与创伤有关,多大程度上与基因有关。我明白为什么说她的情况可能是幼时挨饿导致的,但其中是否也有遗传因素呢?

我想知道能否和她的生母谈谈,找出答案。加里宁格勒的那位侦探曾说,她的生母有点懒散,行为不定。索尼娅从未对自己的亲生父母表示过兴趣。我们还告诉她,她有一个同母异父的弟弟,他的家人通过收养机构联系过我们。索尼娅依然没有兴趣。但我对此感兴趣。

我联系了一位俄罗斯的老朋友。

"我们叫他们奇普和戴尔。"在克罗地亚,这位朋友喝着白葡萄酒说。时间是2016年8月。我们的这位朋友是俄罗斯国内的一位策略大师。当年玛丽娜怀着萨沙住院时,就是他给我制订的入院看望计划。多年后,凭借同样的技能,他创立了一家俄罗斯顶尖的私人医疗公司。我向他求助,当时我们都在克罗地亚,于是一起喝酒。

"他们干这种事情很在行。"这位朋友说。他说的"在行",意思是习惯于探索俄罗斯的阴暗面,包括秘密警察、贫困和犯罪活动,以及与原材料有关的一切,原材料是俄罗斯财富的源泉。这两个人都曾是克格勃成员。我希望尽可能地了解索尼娅父母的情况,以解开困扰我们的谜团。她就像一棵树上的树枝,我觉得了解树干和树根的情况,可能有助于我们理解她。

奇普和戴尔给加里宁格勒的老熟人打了电话。索尼娅就来自那座破败的城市。

"他们找到了那位母亲,索尼娅的生母和一个男人住在一所破旧的房子里。邻居说她没有什么事做。"几个月后,我们的朋友告诉我。

也是在那一年,后来我去莫斯科出差时,跟奇普碰了面。我们是在我住的酒店大堂里碰面的,那家酒店在特维尔大街,离红场不远。奇普有点胖,背着一个小背包。

他喝了一口咖啡,拿出一根烟抽起来,接着我们讨论了这件事。

"关于那位母亲,还有别的情况吗?"我问。

"没有了,线索已经断了。"他说。他解释说,他曾向加里宁格勒当地警方求助,他们派出了一辆警车,向他汇报情况。似乎没有什么可追查的。他不知道地址,但当地警察大概知道。

我试了最后一种办法。我在加里宁格勒聘请了一位俄罗斯律师。他搜遍了所有记录,包括警方、房产和监狱记录。他只找到了一条新线索:索尼娅的生母在送走孩子(除索尼娅外至少还有两个孩子)多年后,因在公共场合酗酒被捕。这条线索很有价值。要在俄罗斯因酗酒而被捕,需要满足许多因素。玛丽娜的父亲维克多虽然经常喝到晕倒在大街上,但他从未被捕过。如果警察以酗酒罪名逮捕索尼娅的生母,这意味着她是一名老酗酒者。

我住在俄罗斯时,曾见过一个这样的女人。那是在玛丽娜怀孕期间,我正在从当地的市场往家里走。我经过一小片草地,这片草地在几条路中间。我正走着,一个大约四五岁的小女孩从一处灌木丛后面走了出来。她脸上沾满了泥,衣衫褴褛。她问我要一些东西,但我听不懂。

"你妈妈呢?"我问。

女孩带着茫然的神情看着我,仿佛一时间没有听明白这个问题。也许我的口音把她难住了。

"她在那儿。"她指着大约15英尺外的一座建筑说。

我走到灌木丛后面,发现了一段向下的楼梯,通往一扇门,那里也许是一个变电站。那里有一个女人，比她女儿还脏，坐在楼梯旁，烂醉如泥。她抬头盯着我，眼神既呆滞又狂野。她似乎病得很重。在那一刻，我觉得酒精是一种灾祸，降临到人类身上，让人类变回动物。

"你需要帮助，站在这儿别走。"我对那女孩说。

我去找了一名当地的警察，他正在当地的市场上巡逻。他带着恼火的神情看着我，不情愿地朝那个女孩走去。

第十一章 尾声

韦斯特波特，康涅狄格州，2018年

索尼娅在瓦萨奇中心的治疗快结束时，玛丽娜和我在视频聊天治疗过程中变得更直言不讳了。让索尼娅接受住院治疗确保了她的安全，但这似乎并未使她的行为发生多大的变化。在探望她或留宿的过程中表现得和蔼、热情（新墨西哥州那些治疗师称此为"亲缘性"态度）也没有带来多大变化。所以我们改变了方法。

现在我们通过文字、谈话和亲身经历知道，在表面的热情之下，索尼娅是很冷淡的，甚至是刻薄的。意识到这一点让我觉得不舒服，我会对抗这种想法，但这似乎最准确地反映了事实，而要纠正她，起点就必须是对她形成准确的认识，并弄明白什么干预起作用，什么干预不起作用。

"恨所有人是一种什么样的感觉？"我问。我真的很好奇，我无法想象那是一种什么样的感觉。

玛丽娜和我坐在办公室里，看着电脑，电脑屏幕上是索尼娅和那位瓦萨奇中心的治疗师。

索尼娅和JP可以看到，在我右后方，放着一张索尼娅的可爱照

片，当时她才五六岁，在表演舞蹈。她原来住在我办公室楼下的房间里，现在那个房间不像有人住过的样子。

索尼娅最初似乎有点被我的问题吓住了。

"呃，对，那个嘛。"她说。

"那个嘛"是她最新的口头禅。这是一张挡箭牌，她借此拒绝回答她不喜欢的问题。

玛丽娜和我沉默地坐着。玛丽娜教过我"停顿一下"，意思是当索尼娅说"那个嘛"这种话时，我们先不急于让她说清楚意思，也不急于澄清我的问题。我们只是坐在那里看着她。

索尼娅看了看JP，JP也停顿了一下。

过了一会儿，我又问了一个问题："没有想法吗？"

"嗯，我想我有点儿不知道要说什么。"索尼娅答道。

"好吧，如果你不知道要说什么，我们就不用继续谈了。"玛丽娜插话道。

又是一阵沉默。索尼娅把目光移向别处，似乎有点沮丧。

"把这个问题当作家庭作业吧。"我补充道。

"再见。"玛丽娜说。我们挂断电话，提前结束了这次通话。

我们事先曾和JP达成一致，如果索尼娅在治疗中不付出努力，我们也不付出。

几天后，她给我们写了一封电子邮件。虽然是JP催促她这么做的，但她其实也可以选择不写。我发现这一点很奇怪，如果她不想和我们有太强的关系，为什么写信给我们呢？很多时候，她的行为不太合理，不能构成一个连贯的整体。她的动机似乎经常是矛盾的，既想跟我们交流,又把我们推开。

> 对此我真的觉得很难堪。尽管我知道那就是我的本性。事实上,我不觉得我已经完全接受了这一点……我一直试着避免这一点,因为我假装我是另外一个人。即使到了今天,我也很难承认我是一个浑蛋,我只是假装所有人都爱我,让自己好过一点。也许看起来不是这样,但事实的确如此。我假装不感到羞愧,因为我觉得羞愧、内疚和/或难堪是软弱者的情绪,而我是一个软弱者这个事实让我觉得不舒服。目前为止就是这样,我能改变这一点。

这些话究竟是什么意思?不管读多少遍,我还是不太明白。如果她对自己的本性感到难堪,她早就应该调整自己的行为了。她是否承认自己内心充满仇恨?她没有强烈地否认这一点,但也没有承认这一点。她真的"很难承认"这一点吗?我没有看到相关证据。又读了几遍后,我发觉我的困惑才是关键。她的话其实没有什么意义。即使在电子邮件中,她也试图与我们角力,看似遵从我们的要求,但实际上是试图制造混乱。当她承认撒谎时,她的用语简单而直接:"我偷了你的东西。"以前我总是被迫梳理这些晦涩的语言,而现在我终于知道,这些话并不是她随机写下来的。

渐渐地,我们和她的联系越来越少。

最后几次去探望她时,有一次,我们又尝试去游泳。也许从她圣诞节回家的经历中,我就该明白不应该这么做了。但当时我们依然觉得，游泳的时刻，往往是她安定下来、可以和家人和谐相处的时刻。这一次不是这样。这次游泳让所有人都觉得不愉快，就像提前结束谈话一样，我们提前结束了游泳。后来她就自己的行为给我们写了一封信。

> 一起游泳时，当你们停下来说话时，我会更快地游向你们，以便让你们看到我来了，这样你们就会停止说话。我还会故意去轻拍妈妈，向她显示我比她游得好。当你们开车送我回去时……我想把她惹毛……我竭尽所能地想让你们知道，去下我是一个坏主意。我甚至用了"你们真的要饿死我吗？"这张牌。

最终，我们完全不再去瓦萨奇治疗中心看她了。

她长到18岁之后，就不能继续待在瓦萨奇治疗中心了。她18岁生日后不久，就从高中毕业了，我们决定不参加她的毕业典礼。既然我们都无法在电话中和她简单交谈，我想我们也不必再去一趟犹他州，去支持她了。

索尼娅结束在瓦萨奇治疗中心的治疗后，玛丽娜和我面临一个抉择。我们可以支持索尼娅，也可以让她自己摸索。

我们决定不提上大学甚至社区大学的可能性。动力必须来自她自己。她没有谈论这件事，而瓦萨奇治疗中心的许多女孩都上了大学，其中一些还上了很不错的大学。

在韦斯特波特，距离索尼娅高中毕业只有几周时，玛丽娜和我起得很早，坐在床上讨论该怎么办。

玛丽娜在床头柜上放了一台咖啡机。谁先醒，谁就用手肘轻推另一个人起床。

"喝咖啡吗？"我们中的一个会问。

我们俩笔直地坐在床上，脚还留在温暖的被窝里，按两次按钮，接两杯咖啡，然后端着咖啡讨论我们的选择。窗外的树枝繁叶茂。

"她离开瓦萨奇治疗中心后，我就不想再给她付学费了。"玛丽娜说。

"我同意，继续付学费对她来说是不健康的。事实上，多年来她一直只做最低限度的努力。是我们在推动她康复。如果我们继续支持她，会制造出一个寄生虫。"我说。

"我同意。"玛丽娜说。

"那我们就告诉她，等她毕业了，她必须自己找工作、找住的地方，我们不会支持她。"

那周晚些时候，我们把这个决定告诉了JP。

"我理解，这么做有道理。通常像索尼娅这样的女孩离开我们这里之后，一开始会堕落，因为她们终于可以喝酒和过性生活了，但我们发现，她们通常不会堕落得太厉害，比如住到大街上。这个地方对她们的一些影响会持续存在。"JP说。在我看来，这番话是比较乐观的。

一想到索尼娅在没有任何支持的情况下在社会上摸索，我就感到害怕。我不知道索尼娅会不会在工作时说谎。这么做的话，她会被开除的。我不知道她有没有能力存钱。她会和什么样的男人在一起？这些问题都让我紧张。

直到她离开瓦萨奇治疗中心前夕，我们都不知道她将住在哪里。负责过渡的工作人员带她看了几个房间，当时她在一个日托所上班，挣的钱付得起那些房间的租金。但索尼娅拒绝了。他们甚至告诉她当地的流浪汉收容所在哪里。最终，离开治疗中心的大约前一天，眼看着就可能去流浪汉收容所时，她在一个家庭里租了一个房间。

离开瓦萨奇治疗中心后不久，她给我们写了一封信。

嗨，爸爸妈妈！

我打算开始每个周末给你们写信，因为我已经进行了很多反思，同时我真的很想念你们，多年来那么对待你们，我感到很内疚。是的，我现在好多了……我需要你们帮我一个忙，我需要我的医疗卡或其复印件，因为不久后我要去牙医那里做检查。

我们从瓦萨奇治疗中心得知，真实的情况是，离开该中心时，她向工作人员索要她的保险卡。那张卡很重要。她工作的许多地方要么不能提供完善的健康保险，要么完全不提供健康保险，而在26岁之前，她可以享受我的健康保险。工作人员拒绝给她保险卡，说她需要找我们要。所以她写了这封电子邮件，以试图获得那张卡。这封信里有一个谎言（她会和我们保持联系），一次操纵企图（通过抚慰我们来获得她的保险卡），还有另一个谎言（她其实并没有去看牙医——否则我会看到账单，而我一直都没有看到）。我给了她一张她的卡的复印件。此后的周末，她没有再给我们写过信。

307

※　※　※

之后的几年里,我们只能通过社交媒体,通过偶尔收到的古怪、神秘的电子邮件,来了解索尼娅的生活。从我所知的情况看,她喝酒、很凶地抽大麻、吸电子烟,而且似乎一直在犹他州她住的地方附近。我不知道她靠什么谋生,也不知道她具体住在哪里。我看到了很多关于她的视频,比如被烟雾环绕、听说唱歌曲以及在浴室的一面镜子前自拍。她不给我们发生日祝福,所以我们也不给她发。她怎么做我们就怎么做。如果她给我们发一封只有一行字的邮件,我们也发给她一封类似的邮件。

对索尼娅来说,我所知道的支持她的唯一方式就是保持距离。如果这是爱的话,它是一种奇怪的爱,与我和玛丽娜及萨沙的关系截然不同,也与多年前我从孤儿院抱她回家时所渴望的关系截然不同。我通过保持距离让她知道,我们最初送她接受治疗时告诉她的规矩依然有效。如果想与我们保持关系,她就必须说实话,她需要做出努力。

我们咨询过的每一位专业人士都建议,和索尼娅划清界限。最直截了当地表达这一观点的,是一位塞尔维亚精神病学家。她与玛丽娜共事过,很有才华,不过有些不修边幅。她同意看一些索尼娅的诊断文件,比如她参加野外项目期间进行的心理评估,以及她在瓦萨奇中心接受治疗时给我们写的一些信。

我们去了那位精神病学家在罗得岛州的杂乱的家。除工作外,她还吹制玻璃,演奏大提琴。她的大提琴放在角落里的架子上。

她快速地读了那些报告。

"嗯，哦，这里很有意思。"她用钢笔指着几个字。

然后她愉快地抬起头，宣布了她的结论。

"当然，不见她本人，我无法做出诊断，但作为朋友，我会告诉你们我看到的情况。"

"你看到了什么？"玛丽娜说。

"她无可救药了。唯一的治疗方法就是彻底远离她。"

这位朋友这样预测几年之后，我们和索尼娅完全断了联系。她的预测看起来是准确的，但不知道是因为软弱，还是因为作为父母的爱，我始终不能接受这个结论。我仍然会在起床时希望收到一封索尼娅写的电子邮件，其中准确地写明她在哪里、在做什么，以及她想与我们进行真正的对话，与我们联系。我怀念在森林里与索尼娅散步的时光，我怀念与她滑雪和冲浪的时光。当我坐飞机去加利福尼亚州或亚洲时，当屏幕上的地图显示飞机正在飞越犹他州时，我总会注视着屏幕。她就在下面的某个地方。我很怀念我曾试图创建的美好家庭。

※　※　※

索尼娅改变了我对一切事物的看法。

我现在知道创伤能永久性地改变一个人，甚至影响大脑神经。这是鲍尔比在很久之前发现的。他研究的儿童失去了父母，然后发生了永久性的变化。这是一种因果关系。鲍尔比研究的那些儿童最后成了小偷,尽管索尼娅也偷东西,但她最大的问题是说谎和操纵他人。

索尼娅改变了我对家庭的看法。我现在把我认识的家庭分为两类:有难相处、不正常成员的家庭,以及没有此类成员的家庭。这的确过度简化了,但这具有很强的说服力。据我所见,后一类家庭根本无法理解前一类家庭。不正常的家庭成员会向正常的成员施加情感压力,往往也会施加经济压力。

索尼娅改变了我对玛丽娜的认识。玛丽娜早于所有人看清楚了索尼娅,从某种意义上说,她也早于所有人看清楚了我们的夫妻关系。她规训索尼娅,也规训我。她为什么能做到这一点?我不能确定原因是什么。但我知道,我以及许多我们最初找的专业人士,都怀疑她的判断。我当时为什么否定她的判断呢?在某种程度上,可能是由于我的傲慢。也可能是因为,她是以一种更具情感性而非逻辑性的方式提出问题。无论是哪个原因,我都没有好好听她的话,也没有承认她的权威性。我曾多次向玛丽娜道歉,这里我再道歉一次。我当时完全错了。

索尼娅提高了我对谎言的灵敏度。如果你像玛丽娜一样,从小跟一个酒鬼一起长大,你就会更容易认出一个酒鬼。玛丽娜显然可以。在聚会上她会扫视全场,看谁爱酒过度,然后悄悄对我耳语,就像一个观鸟人一样,让我注意那些特殊的"鸟"。发现说谎者是一种类似的才能。对我来说,在经过索尼娅持续的操纵企图的磨炼后,我能更容易地发现说谎行为。

最后,索尼娅改变了我对许多信念的看法,我把这些信念宽泛地定义为"理想主义"。我曾很愿意倾尽全力,消除一些让我震惊的巨大错误,如贫困或流浪,我至少会热心地支持慈善活动,或者其他让世界变得更美好的活动。我现在则有些矛盾。如前所述,根据联合国的数据,全世界有数百万孤儿。虽然我知道许多家庭收养了这些孤儿,育儿经历也很美好,但由于我自己的经历,在能为纠正世界上的错误做出多大贡献这个问题上,我的态度变得谦恭多了。我觉得募捐活动做不到这一点。索尼娅曾遭到严重虐待,我们努力爱她,但她拒绝了我们的爱,就是这么简单的一个情况。收养机构不会提前告诉你会发生这样的情况,但在和朋友们分享本书草稿的过程中我发现,这种情况并不罕见。能够改变现状的并不是慈善活动,而是通过制定一系列的税收政策和法律,优先在早期对儿童进行干预,并对孕妇进行产前检查。如果有人从一开始就对索尼娅的生母进行干预,阻止虐待和让索尼娅挨饿的行为,也许后来的很多事情就不会发生了。

※ ※ ※

我对俄罗斯的好奇心是被陀思妥耶夫斯基激发的。从某种意义上说,在他的影响下,我经历了后面的一切:学俄语,娶玛丽娜为妻,生卜萨沙,收养了索尼娅。在索尼娅基本退出我们的生活之后,我的时间更充裕了。我回到办公桌旁的白色书架旁,拿出一本破旧的《卡拉马佐夫兄弟》。我觉得这是一本只有俄罗斯人才能写出来的书,它既植根于欧洲的叙事传统,又与之格格不入。这是一本传统的关于谋杀的悬疑小说，谜不是那么难猜，但它同时毅然决然地直触一种近乎中世纪式的基督教节奏，讲述了一个农民对命运和热情的认识。

我把书翻到我多年前标记的一页，讲的是阿辽沙和伊万两兄弟的一场对话。阿辽沙努力按照基督教的戒律生活，伊万则是理性主义者，觉得逻辑与上帝的存在无法相容。

伊万说："我收集了许多关于俄罗斯儿童的资料，阿辽沙。有一个5岁的女孩，为父母所憎恨……这是许多人的特点——喜欢折磨孩子，而且只折磨孩子。在所有其他类型的人看来，这些折磨孩子的人表现得温和仁慈，就像有教养、人道的欧洲人；但他们很喜欢折磨孩子，甚至是在这个意义上喜欢孩子。正是孩子的无助诱惑了折磨者，正是那些没有庇护所也无人可求助的孩子们天使般的自信，令邪恶的折磨者热血沸腾。当然，每个人心中都藏着一头野兽——一头狂怒的野兽。那些有教养的父母对这个可怜的5岁女孩进行了各种形式的折磨。他们无缘无故地打她、抽她、踢她，直至她全身瘀伤。然后他们更加残酷：把她关进冰冷的厕所里一整夜，因为她没有在半夜提出让人来接走她（仿佛一个像天使般酣睡的5岁孩子能经过训练自己醒来和提出要求一样），他们给她脸上涂抹污物、逼迫她吃粪便，而这么干的人正是她亲生母亲。"[①]

也许伊万的这番话是对索尼娅的命运最简明的解释。虐待儿

---

① Dostoyevsky, Fyodor: *The Brothers Karamazov*, W.W. Norton & Company, Inc.: New York, p. 222-223.

童不是新鲜事。至少陀思妥耶夫斯基笔下的这个女孩受虐待时已经5岁了。索尼娅被虐待时还不会走路，她是真的"没有庇护所也无人可求助"。玛丽娜被绑架时大约7岁，这件事虽然仍对她有残余影响，但并没有毁掉她。我母亲去世时我6岁。我一直在想一个问题：为什么玛丽娜和我长大后基本正常，而索尼娅以及我们的兄弟姐妹不正常？想得越多我就越觉得，这既有运气因素，也有时间因素。

运气因素是，玛丽娜和我也许生来就比一般儿童更具适应力；时间因素是，索尼娅经受创伤时很小，而我们经受创伤时年龄要大一些。运气因素和时间因素都是随机的，但具有决定性影响。毕竟，我母亲患上乳腺癌是很不幸的。人在她那个年龄死亡的概率很低，只有百分之几。

※ ※ ※

玛丽娜的治疗服务现在接受预约。

我家房子旁边有一间小公寓，我们将其改造为她的办公室。

客户从她私人诊所的入口进入，坐在沙发上，对面是玛丽娜，婚姻与家庭事务执业治疗师。

不出意料的是，患有反应性依恋障碍的儿童的家长会去找她。

许多家长都说，跟玛丽娜聊过之后，他们才开始不再抓狂。一种得到理解的感觉涌上了他们的心头，这和我们在桑比尔治疗中心找到的感觉一样。

她现在已经看到了很多像索尼娅那样的儿童：表面上很有魅

力,甚至在学校里很正常,但在家时让人头疼,有时甚至给家人带来危险。

一大早,就是玛丽娜说的奶牛还没起的时候,玛丽娜靠在枕头上,手里端着一杯浓咖啡,跟我讲了一些她的治疗案例,当然,在此过程中她隐去了客户的姓名。

"我遇到他的时候,他的情况看起来比索尼娅还要糟糕。"她说,她指的是前一天我遇到的一位客户。

他是一名非裔美国男孩。他知道玛丽娜结婚了,并问能不能见见我。前一天,那时我还在写作本书,我在回家时遇到了他。

他大步走过来,伸出手。我和他握手,说很高兴见到他。

"他看起来很热情,很有风度。"我对玛丽娜说。

"你根本不知道!"玛丽娜边说边喝了一口咖啡。她讲了他是如何大闹学校的,虽然学校采取了很积极的措施来管教他,但效果适得其反,因为学校不明白这个孩子行为的源头。

玛丽娜慢慢获取了他的信任,而当他开始信任她时,他们就建立了融洽的关系,他的行为也向好的方向发生了变化。

"能帮助像他这样的人感觉很棒。"她说。

玛丽娜成功治疗过许多客户,其中的一些不得不忍受一个儿童所能忍受的最严重的创伤,比索尼娅的创伤严重得多。但治疗对很多这样的客户是有效果的,对他们实施的干预措施比我们对索尼娅实施的要温和得多。

虽然玛丽娜很擅长向别人提供建议,但在索尼娅的问题上,她很难理性对待。对玛丽娜来说,索尼娅是一个永远无法愈合的伤口。

一次,索尼娅所在的治疗中心让她在犹他州开始一份暑期工作,这是治疗的一部分,也是索尼娅人生中的第一份工作。当时是玛丽娜坚持要求工作人员确保索尼娅上下班的安全,尽管她当时已经不和索尼娅说话了。她仔细询问工作人员,索尼娅上下班要走什么路线,以及谁会看护她。

萨沙已经从大学毕业,目前在加利福尼亚州一家知名公司做软件工程师。他的阿斯伯格综合征已经不再是一个重大障碍,在我看来,这已经变成了他的一种独特性,使他能从超然的角度看问题。他仍然喜欢和大家一起吃饭,一起散步、滑雪、游泳,一起出去玩,对从小跟父母一起长大的玛丽娜和我来说,这样的爱好是不可思议的。从这一点来说,在与萨沙的关系方面,也许我们打破了循环。他拥有一个稳定的家庭和某种程度的安全感,这是玛丽娜和我所欠缺的。在两个孩子中,我们成功抚养了一个。

索尼娅和萨沙都离家后,玛丽娜和我频繁出游。玛丽娜小时候曾觉得她最远只能去保加利亚,这种心态依然影响着她,所以她对美国护照以及旅行自由感到很高兴。去的地方越远,她感觉越好。在阿根廷吃一块入口即化的牛排,在越南昆仑群岛与猴子擦身而过,去哈瓦那的一家伦巴俱乐部玩,在拉贾斯坦邦一座莫卧儿古堡听西塔尔琴演奏,她是一名轻松而热忱的旅行者。

她反复回忆说:"在莫斯科,你第一次带我出去吃饭时,我们喝的是加州白葡萄酒。你说了祝酒词,说愿我们还能享受很多像这样的夜晚,在巴黎、在伦敦、在旧金山。"她承认,她当时心想:"你这个满嘴谎话的骗人精,我们根本不可能一起去那些地方。"

※　※　※

2018年秋天，树叶飘落的时节，我的思绪飘回到了华盛顿。我回忆起20世纪70年代初一个秋高气爽的日子，那是在华盛顿炎热的夏日里我们所渴望的日子。

我想起了那个时候。我拾起一片树叶，它呈现出最完美的秋叶红，没有任何颜料和蜡笔能准确地绘出那种颜色。它一定是当天掉落的，可能会保持这种颜色几个小时，然后像其他落叶一样变棕、变干。当然，作为生命体它已经死了，但通过某种伪装，它看起来正值盛年。

我抓住这片树叶，跑上粉刷过的混凝土楼梯，打开我家那间20世纪20年代的平房沉重的黑色前门，当时这种平房在华盛顿西北部很常见。屋子里阴暗而安静，棕色的全屋地毯掩盖了一切声音。我爬上楼梯，来到卧室门口。我敲了敲门，我知道不能不告而入。

"妈妈……我能进来吗？"

"等一下。"她说。

我等了一会儿。现在回想起来，我觉得她可能是在戴假发。

"好了，进来吧。"她有些无力地说。

我悄悄走进去。她静静地躺在白色绣花床罩下面，细长的胳膊搁在床罩上面，面朝窗外。她几乎没有动，只是用了一点力气，把头稍稍转向我这边。我把那片鲜艳的红叶放在白色的床罩上，红白对比明显，让红叶显得更鲜艳。她看了看那片叶子——我觉得她会喜欢这类东西的——然后看着我。

"哦，保利。"

她太虚弱，不能出门，所以我把外面的东西带给她。我依然喜欢和她待在一起。尽管她已经几乎走不了路，但我喜欢和她说话。

每次见到一片美丽的秋叶时，这个场景就会在我脑海中浮现。梦到母亲的次数减少了，但有时仍会梦到。上一次梦到母亲时，梦中的我是个成年人。她在华盛顿我家房子的餐桌旁和我说话。我们在喝咖啡，那可能是周日的一次早午餐。

"好久不见。"我说。

萨沙、索尼娅和玛丽娜就在旁边，而我在和母亲聊天。虽然她已经去世了，但梦中的聊天场景就像她仍活着一样。

"是的，我知道。但我一直在看着你。最终，一切都会很美好。"她说。

她静静地凝视着我，她的眼神似乎在暗示："当一切都破碎时，你没有必要这么害怕。我死了，你经历了一些艰难时刻，但跟我预想的一样，你在继续前行。"

这时我醒来了，心中有一种异常强烈的平静感。在那一瞬间，我觉得仿佛母亲一直陪着我，那个空白被填满了。过了这么多年，她仍在梦中如此生动地出现，说明母子之情是非常原始的一种情感。她在我心灵深处的某个角落，我内心也渴望母亲能陪伴成年后的我。我与母亲之间的纽带始终存在。在清晨明亮的阳光中，我开始想，在梦中她说的话是不是真的。

我们渡过了难关。我现在有萨沙和玛丽娜。2018年，玛丽娜和我在布鲁克林一家时髦酒店的大厅里举行了结婚25年庆典，高朋满座。萨沙做了精彩的演讲。我们是幸福的一家。整个故事展开地既如此之慢,又如此之快。在令人痛苦的时候,特别是索尼娅的情况最糟糕的时候,时间似乎停止了,一切过得很慢,但同时又很快。在深梦的隧道里,可以想象,或者说我可以想象,我能去到母亲在梦里出现的那个上界,回头凝视下边这个活人世界里的不安。

也许我们一直试图提炼的教诲,有一天会使索尼娅的内心远离黑暗,走向光明。对我来说,光明就是真理,包括有意义的人际关系、工作、好奇心、美丽、安全、成长和谦逊。我一直希望索尼娅的情况会好转,因此我无法想象放弃希望、接受现实是什么样子。也许我曾看到的她的一些方面,比如冲浪板上热情洋溢的她、小时候玩开餐厅游戏的她,将会占据主导地位。也许不会。我最大的担忧是她的人生没有好的结局。美国人不喜欢没有快乐结局的故事。

※　※　※

写下上述文字几年后,在索尼娅20岁生日的前几天,距本书出版还有一个月时,索尼娅在社交媒体上为一个致力于减少儿童饥饿的组织发了一条筹集资金的请求。我捐助了50美元,因为这项活动看上去很有意义,同时我也试图温柔地传递一个信息:"我爱你。我仍然在关注你。"自她住院治疗结束后,我们就没再说过话。通过浏览公共档案,我知道她被控欺诈,正在等待审判。我捐款的第二天早上,索尼娅通过社交媒体给我发了一段录音。

我只是想跟你说声谢谢,并祝贺你写了这本书。看起来这本书真的会大受欢迎。我只想让你们知道,我很想念你们,我真的想让……你了解我的近况。因为我近况不佳。我不想说谎,我过得确实很艰难。我在努力熬过去。我以前都熬过去了,这次也能。我只是真的很想和你说这些情况。

那天,我们通话了。她似乎变得更具自我反省意识,也更直率了。我感到很欣慰。索尼娅说她也很高兴。次日,她联系了玛丽娜。玛丽娜哭了,她噙着眼泪说:"这就像是切尔诺贝利,我用钢筋混凝土把自己内心的那一部分封闭起来了。"

也许光明的力量正在逐渐取胜。我问索尼娅能不能谈谈她的想法。她写道:

在经历了司法系统里的那一切之后,我不得不做出很多改变。我生平第一次对自己的行为感到懊悔。最初我很抑郁,我开始依赖药物。然后有一天,我至今仍不知道怎么回事,我醒来后就戒掉了一切,从那之后我就一直保持着清醒。我现在正在努力考上美容学校。我在……努力……我和一个朋友住在一个公寓里。这一直都不容易,现在依然不容易。我想我现在依然在司法系统里受审。我爸爸说,在书里,很多时候人们都在寻找一个美好的结局。我不知道这个故事是否完全美好,但我知道,我正在一天天地努力走向那个美好结局。